U0911585

● 中国农业科学院农业经济与发展研究所研究论丛（第6辑）

基于成员权视角的
农村集体产权制度改革与
集体经济发展评论

夏 英 曲 颂 张瑞涛 著

中国农业科学技术出版社

图书在版编目(CIP)数据

基于成员权视角的农村集体产权制度改革与集体经济发展评论 / 夏英,曲颂,张瑞涛著. —北京：中国农业科学技术出版社，2021.2

ISBN 978-7-5116-5196-9

Ⅰ.①基… Ⅱ.①夏…②曲…③张… Ⅲ.①农村-集体财产-产权制度改革-研究-中国②农村经济-集体经济-经济发展-研究-中国 Ⅳ.①F321.32

中国版本图书馆 CIP 数据核字(2021)第 028130 号

责任编辑 周丽丽
责任校对 马广洋
责任印制 姜义伟 王思文

出 版 者 中国农业科学技术出版社
北京市中关村南大街 12 号 邮编:100081
电　　话 (010) 82109194(编辑室) (010) 82109702(发行部)
(010) 82109709(读者服务部)
传　　真 (010) 82109194
网　　址 http://www.castp.cn
经 销 者 各地新华书店
印 刷 者 北京建宏印刷有限公司
开　　本 787 mm×1 092 mm 1/16
印　　张 13.25
字　　数 320 千字
版　　次 2021 年 2 月第 1 版 2021 年 2 月第 1 次印刷
定　　价 48.00 元

版权所有・翻印必究

目　　录

第一章
导　论

第一节 研究背景与相关概念

一、研究背景

农村集体经济组织在中国国民经济和社会发展中发挥了重要作用，但是由于长期以来农村集体经济产权不清，也形成了管理混乱、资产流失、效益低下、空壳运转等诸多体制性弊端，制约了集体经济的健康发展。在完善社会主义市场经济体制的新阶段，伴随着城镇化的深入发展，传统的农村集体经济共同共有的产权制度已经越来越不适应社会主义市场经济发展的客观要求，必须加以改革。

农村集体产权制度改革的精神最早形成于党的十六届三中全会，到 2015 年形成系统完整的顶层设计。2003 年在有条件的地方实行农村集体产权制度改革，标志着我国农村改革正式拉开序幕。自 2010 年起连续 10 年，中央高度重视农村改革，为农村集体产权制度改革构建了较为完善的顶层制度设计。其中，2013 年，党的十八届三中全会通过的《中共中央关于全面深化改革若干重大问题的决定》强调："保障农民集体经济组织成员权利，积极发展农民股份合作，赋予农民对集体资产股份占有、收益、有偿退出及抵押、担保、继承权"。2016 年 12 月，中共中央、国务院联合发布的《关于稳步推进农村集体产权制度改革的意见》（全书简称《意见》）（中发〔2016〕37 号）指出："要先行试点，有序推进经营性资产股份合作制改革"。2016 年中央一号文件以农村集体产权制度改革为主旨，全面部署农村集体产权制度改革工作，指出第一阶段从 2017 年开始力争用 3 年时间完成全面清产核资，在此基础上，第二阶段将经营性资产以股份或份额形式量化到集体成员，有序推进经营性资产股份合作制改革，力争用 5 年时间完成全部农村集体产权制度改革的所有事项。党的十九大报告进一步强调，"深化农村集体产权制度改革，保障农民财产权益，壮大集体经济"。2017 年中央农村工作会议和 2018 年中央一号文件均提出"深入推进农村集体产权制度改革"。2019 年中央一号文件再次强调："深入推进农村集体产权制度改革"，妥善解决改革的后续问题，如建立健全集体资产管理制度、确认农村集体经济组织市场法人地位和制定税收优惠政策等。党和国家之所以高度重视农村集体产权制度改革，是因为此项改革是完善农村基本经营制度、提高农民财产性收入以及改善农民生活和发展农村经济的有效路径，这也是国家乡村振兴战略的主要内容之一。农村集体产权制度改革是我国农村改革进程中的主动选择，是绕不过的改革深水区，也是历史发展的必然结果。

为了顺利推进该项改革，目前，中央农办、农业农村部会同集体产权制度改革部际联席会议成员单位，先后组织开展了五批集体产权制度改革试点，共有 28 个省份、89 个地市、442 个县整建制开展试点，已在全国面上推开。北京、上海、浙江 3 省市已在 2016 年前基本完成改革；全国现在共有 23.8 万个村、75.9 万个村民小组建立了集体经济组织，占总村数的 40.7%，村民小组占比超过 15%。同时，已有超过 13.1 万个镇村组通过产权制度改革，将农村集体资产折股量化建立了股份经济合作社。根据农业农村部政策与改革司主编的《中国农村经营管理统计年报（2019 年）》数据显示，2019 年，村级账面资产持续增长，村均收入 102.52 万元，股东人均分红 364 元。农村集体产权制度改革有效激活了农村集体经济发展动力。

农村集体产权制度改革是深化农村改革和完善农村基本经营制度的必然选择，也是具有中国特色的集体产权理论的一次创新。农村集体产权制度改革从开始实施至今，已经取得了丰硕的成果。作者团队有幸自 2013 年以来一直参与原农业部农村经营管理司、农业农村部政策与改革司有关农村集体产权制度改革的重大问题调研、改革试点工作评估，以及相关课题研究，积累了大量一手改革试点评估材料和丰富的实践探索案例。而目前集体产权制度改革领域的研究成果大多是碎片化的经验总结、局部的改革评价，缺少涉及农村集体产权制度改革的系统化研究，更少有剖析我国农村集体产权制度改革的制度贡献，以及针对产权制度改革对发展壮大农村集体经济的绩效评价。因此本书以实地调研和案例分析为前提，以剖析农村集体产权制度改革的创新性为切入点，聚焦我国农村集体产权改革的制度贡献，对包括“三块地”的资源性资产、经营性资产等在内进行改革评论，发现和论证现阶段农村集体产权制度改革的实施路径及集体经济发展存在的新问题，以期为形成具有中国特色的农村集体产权理论做出理论贡献，为进一步深化农村集体产权制度改革提供理论指导，也为促进农村集体经济组织立法与农村集体经济的发展壮大提供理论支撑与决策参考。

二、产权、农村集体产权

（一）产权

马克思将产权（Property rights）理解为人们（主体）围绕或者通过财产（客体）而建立和形成的经济权利关系（周茂清，2004），其拥有比所有权更为宽泛的范畴，是一束包括所有权、使用权、用益权、决策权和让渡权的权利束（张军，1991）。当经济学家提到资源配置时，本质是讲产权在经济参与主体之间的交换分配，反映的是产权主体之间的关系。即产权不是指人与物之间的经济关系，而是由于物的存在和使用引起的人与人之间被认可的社会关系。因此，诺斯指出产权的排他性，不仅指产权的排他性行为，也指产权主体之间的排他性。登姆塞茨（1967）指出：“产权是社会的一个工具，它的意义来自这个事实，它们能够帮助一个人在与他人交易中形成一个可以合理把握的预期……谁拥有产权，他人就会允许他以某种方式行事。”产权作为一种社会工具，通过对产权界定的逐渐清晰，可优化资源配置，实现外部性问题内在化，从而实现降低交易成本，实现资源的有效配置。产权理论传入中国的时间较晚，但学术界的争论同样激烈。大部分争论与西方学者相似，但韩志国（1994）从法律层面分析产权，认为产权即为财产权，其中财产权包括物权、债权和股权。而从社会学解释产权不是一束权利束而是“一束关系”，即“一个组织的产权结构和形式是该组织与其他组织建立长期稳定关系，适应其所处环境的结果”（周雪光，2005）。

国内外学者对产权的界定莫衷一是。通过整理文献发现主要分为以下两种观点，一是经济学家认为产权是人们依托物形成的一种经济权利关系；二是社会学家认为产权是人与人之间通过物的交换形成的社会关系。不论产权是如何定义的，都具有排他性、可分割性、可让渡性。

本研究结合国内外学者对产权概念的界定，并根据调研的实际情况，界定产权是包括所有权、占有权、收益权、继承权等在内的，同时依托物的存在交换形成的一种权利束。这些权利具有排他性、可让渡性、集中性和可分离性。同时产权还具有激励约束和优化资源配置的功能。

（二）农村集体产权

从现有研究的理论成果看，农村集体产权是一种权利束，其中的关系既包括人与物之间的关系；也包括人与人之间的关系，有关农村集体产权的界定是随着经济、政治和社会等外在环境的变化逐渐调整，以适应新时期农村的变化。代表性的观点有农村集体产权是具有中国特色的一种产权形式，是一定时期的政治产物，集体产权具有合理性（党国英，2013）。集体经济是指若干个个体通过联合与合作实现共同发展的一种经济组织形态（黄延信，2015）。实践中，我国农村集体产权制度改革聚焦成员权及其实现，其要义是调整集体经济组织内部财产权利关系和结构，要求是“归属清晰、权能完整、流转顺畅、保护严格”，产权改革的目标是发展壮大集体经济。农村集体产权的概念与集体经济的概念不同，但相互作用、相互支撑。

从所有制角度分析，集体产权属于“社区共同共有的产权”（党国英，1998），即社团产权（傅晨，2001）。与社团产权不同，集体对资源的使用做出决策时需要决策机构按照民主程序征得全部或者大部分集体成员的同意；若集体成员的意见未被采用，集体成员可采用“用脚投票”转让其权利。

从西方产权理论角度分析，农村集体产权是建立在以农村为边界确认的成员基础上，按照一定的规章制度，对集体共有资产配置过程中形成的各项权利集合（郭强，2014；刘安凤，2016；朱大威等；2018）。从社会学角度分析，农村集体产权是一种社会合约，属于人与人之间特定行动关系协调的产物（折晓叶等，2005）。

农村集体产权具有不完整性、共有性和排他性等特征。农村集体产权的不完整性是指集体成员对集体资产的控制权，如土地所有权等与收益权相分离；或者“完整的集体产权权利束里有一部分被删除”，不利于交易的有效进行或提高交易成本。农村集体产权可分为“共同共有集体产权”和“按份共有集体产权”，不论何种形式，共有性均限制在农村集体内部，对非集体成员具有排他性（陈天宝，2005）。

本研究参考学者观点和实地调研情况，定义农村集体产权为以农村（包括撤村、并村）为边界，以界定集体成员权为基础，集体成员对集体资产享有占有权、收益权、继承权、抵押权、担保权和有偿退出权等权利的集合。

（三）农村集体产权制度改革

按照制度经济学原理，产权的基本功能与经济学中的资源配置有直接关系，有效的产权制度安排对经济增长具有显著的促进作用。按照“归属清晰、权责明确、流转顺畅、保护严格”的总要求，对我国农村传统集体经济的产权制度进行改革，旨在提高集体经济组织成员的财产性收益，增强农民的获得感、幸福感和安全感，不仅有利于农村集体经济持久发展，也有利于完善中国农村基本经营制度。

新时代中国农村集体产权制度改革是指在中央改革政策推动下，农村集体经济组织在地方各级政府有关部门具体组织指导下，以集体经济组织成员为主体，第三方专家协助配合，合力对村集体经营性、非经营和资源性资产核定并进行股份合作制改革的一种制度变迁行为。其内容主要包括：一是对集体账内、外存量净资产、集体企业资产、土地等进行清产核资；二是按照尊重历史、照顾现实等原则，确定集体经济组织成员资格；三是在确定的时间节点内，按配股或份额将集体资产分配给集体成员；四是集体成员不同程度地享有股份权能，并自主决定股权管理方式；五是集体经济组织注册登记为股份经济合作社或经济合作社，作为特殊法人按章程管理。在改革方式上，新时代中国农村集体产权制度改革综合了“自上而下”的强制性产权制度改革和“自下而上”的诱致性产权制度改革的特点，即具有强制性和诱致性相结合的混合型产权制度变迁特点。农村集体产权制度改革可有效激活主体、激活要素、激活市场，对增强农村集体经济发展活力、提高农民财产性收入、开创农村现代化建设新局面具有重大意义。

第二节　研究综述

农村集体产权制度改革是具有中国特色的农村制度探索性改革，对壮大集体经济、盘活农村集体资产、拓宽农民收入渠道等具有重要作用。目前，国外学者较少针对中国农村集体产权制度改革展开相关研究，但国外学术界关于产权理论的研究成果极其丰硕，为中国农村集体产权制度改革提供了基础性理论参考。国内关于农村集体产权制度改革的研究与不同阶段改革实践相辅相成，发挥了推动和指导改革实践的积极作用。早在20世纪80—90年代，以广东、江浙、上海、北京为代表的发达地区农村自主开展了的产权制度改革实践探索，与此相关的理论研究也逐渐出现。但受改革实践地域性小、不成态势的制约，研究仅限于小范围，具有明显的非主流特点。这种状况自2015年以来逐步得到改变。以2016年中共中央、国务院《意见》的出台为标志，农村集体产权制度改革开始按照中央顶层设计和相关部门加大力度、主导跟进的工作部署有序推进，出现了一批试点经验和典型做法，目前产权改革的制度成效在部分地方初步显现，为深入研究农村集体经济产权制度改革奠定了丰富的实践素材。近几年来，农村集体产权制度改革的相关研究取得明显进展，内容涵盖集体产权界定、改革路径、产权制度改革作用与发展壮大集体经济、改革面临的问题与成因、产权改革的经验总结及政策建议等方面。

一、产权界定与集体产权内涵

在人类社会发展历史中，对产权的界定经历了由“易”到“难”、由“简单”到“复杂”、由“外”到“内”的过程，产生多种认识。马克思认为产权的本质是生产关系，且主要是生产资料所有制关系在法律上的表现。产权经济学家对产权的解释莫衷一是，但对产权是一种权利达成共识。登姆塞茨（1967）指出“当内在化的收益大于成本时，产权就会产生，将外部性内在化。内在化的动力主要源于经济价值的变化、技术革新、新市场的开辟和对旧的不协调的产权的调整……新的私有或国有产权的出现总是根源于技术变革和相对价格的变化。”产权与外部性之间存在密切关系。“产权的一个主要功能是导引人们实现将外部性较大的内在化的激励。”因此，产权不是指人与物之间的关系，而是指由物的存在及关于它们的使用所引起的人们之间相互认可的行为关系（配杰威齐，1972）。“产权是一个社会所强制实施的选择一种经济品的使用的权利”（阿尔钦，1991），即产权等同于使用权。产权是一束权利束，拥有比所有权更为宽泛的范畴（阿贝尔，1992），但产权并不是无所不包的权利。有观点认为，对产权界定做以下概括是比较科学和可行的：其一，产权是与财产有关的、具有排他性的权利；其二，产权是能够流动或可让渡的权利；其三，产权是具有可分性的一束权利；其四，任何产权，都必须是有边界、可计量的权利（周茂清，2004）。就集体产权而言，集体产权一定程度上等同于集体所有制，是“一种社区共同共有的产权”（党国英，2014），但受到一定限制（傅晨，2001），是一种具有中国特色的不完整的共有产权（朱大威，2018），总的来说，农村集体产权制度是由国家控制，但由集体来承受其控制结果的一种中国农村特有的制度安排（周其仁，2004）。与其他学者观点不同，折晓叶等（2005）认为产权是一种社会合约，是特定行动关系协调的产物；且农村集体产权的演变是一个动态调整的过程，每一时期的集体与集体产权都有独特的形式与结构，可分为构建、强化、变革和创新 4 个阶段（郭强，2014）。对于我国当下农村集体产权制度改革语境下的“股份权能”，王洪平（2019）认为在我国现行制度下，“集体产权”尚未被赋予“股份权能”，所以政策文件才提出要“赋予农民对集体资产股份权能”，从应然角度讲，“股份权能”本就应当属于集体产权的权能之一，其所指应是“集体产权的股份权能”。可见，学界对产权、集体产权界定无唯一性定论，对集体产权、共有产权和集体所有制等之间关系的看法尚有较大分歧。同时，对产权实现形式的研究相对更薄弱。现有研究学者多数认为农村集体产权的股份制改革是农村集体所有制的有效实现形式，股份合作制是农村集体经济发展的必然选择（贺福中，2017；许经勇，2017；杨杰，2015；张洪波，2019）。

二、农村集体产权制度改革的路径

学术界关于产权制度改革路径方面的研究较多。改革开放以来，我国形成了以《中华人民共和国农业法》（以下简称《农业法》）为基础的多层次、全方位的农业法律制度，但为保障农村集体产权制度改革试点工作顺利进行，需要进一步整合、完善和剔除相关政策文件（黄延信等，2014）。大多主流研究将加快试点试验推进农村集体产权制度改革措施，落脚在出台成员资格认定办法、规范股权管理办法、完善治理结构、培育发展产权市场，以及调整完善现行法律法规和政策规定等方面（程春丽，2018；宋洪远等，2015）。黄延信等（2014）从集体资产量化范围、成员资格界定、股权设置和股权管理 4 个方面对我国农村集体产权制度改革路径进行了理论分析，在鼓励地方探索、规范政府作用视角下，提出包括暂不量化非经营性资产和资源性资产、原则上不提倡设集体股、加快建立农村产权流转交易市场和取消对集体资产股权流转交易的限制、政府应为农村集体经济组织制定专门的登记管理办法、解决改制后新型集体经济组织税费负担过重、集体经济组织成员缴纳红利税等具体对策建议，进而构成产权明晰、产权激励、拓宽市场、延长链条和维持特色5个前提条件促进农村集体经济增长（张应良等，2019）。王洪平（2019）从《中华人民共和国物权法》《中华人民共和国宪法》（以下简称《宪法》）层面深入研究，认为通过建立健全农村集体经济组织，使集体经济组织和村民委员会在职能上各自回归正位，有效实现二者的职能分离，从而贯彻实现宪法的原初制度设计，在此意义上，现行的改革政策，不仅坚持了物权法底线，而且还坚持了宪法底线。梁春梅等（2018）将农村集体产权制度改革与减贫相结合，提出要充分挖掘和提高农村集体产权制度改革的减贫效应，需建立健全农村集体产权制度改革减贫要素的平等交换机制、权利和机会平等机制、治理机制和利益联结机制。农村社区腐败也是农村治理的关键，而明晰产权主体、实施政经分离、完善赋权增能3个方面可以建构有效的预防和治理农村社区腐败的长效机制（陈荣卓等，2017）。农村集体产权管理在乡村治理和基层自治中的重要意义，但需要农村集体产权管理对农村集体产权重新定位，推动农民民主意识建成和政府职能转变，建立集体产权利益方多方共治的局面，才能加速农村基层社会治理转型（陈小嫦等，2018；仝志辉等，2019）。

少数学者就部分关键问题针对性地提出解决路径。一是激活主体。随着农村集体产权制度改革的不断推进，最关键的问题是成员资格的界定（刘竞元，2019），以及解决集体产权归谁所有问题。正确处理农民集体、农村集体经济组织和村民自治组织之间的关系以及认识到农村集体经济产权制度改革是新型集体经济发展的重要内容。同时，随着改革的纵深推进，农村集体经济产权社会化是趋势，所有制封闭结构被打破，农村集体经济组织成员以外的主体可以享有农村集体产权中的经营权（周延飞，2018）。但要预先廓清集体经济和民营经济、集体经济发展和集体资产管理、集体产权制度改革和“三变”改革以及村委会和农村集体经济组织四者之间的关系，从深化农村集体产权制度改革、集体资产管理体制改革以及农村集体经济组织运行机制改革等多种改革途径加以完善（郭强，2014；刘义圣，2019；马永伟，2013）。二是激活要素。要按照市场机制运行，推进集体产权深度分离与开放，分类处置不同类型集体资产，加快集体经营性资产的量化与股份化改革，保障集体成员主体的经济收益权及自由处置权，促进要素的自由流动与经济融合，切实发挥产权的市场化价值，保障现代社会广大农民的经济效益及经济权益（李增元等，2016）。其中，积极推进农村集体产权制度改革，探索农村集体经济的有效实现形式，农地产权重构是推进农村集体产权制度改革的重点领域（关锐捷等，2015；韩长赋，2015；叶兴庆，2018；叶兴庆，2015；唐鸣，2017），要着力抓好农村土地确权登记颁证工作、着力推进征地制度改革、着力加强农村集体“三资”管理，细化集体土地用益物权种类、丰富权能（齐只森，2013），进一步扩大农用地产权结构、集体经营性建设用地产权结构和集体非土地经营性资产产权结构的开放性（叶兴庆等，2019），完善有利于推进农村集体产权制度改革的税费政策，从而引导农村产权流转交易市场健康发展（胡东莉，2017）。三是激活市场。鉴于产权制度是否完善与要素市场化程度之间存在因果关系，许经勇（2019）和周密（2018）指出经济体制改革必须以完善产权制度和要素市场化配置为重点，做到“政经分开、资地分开和户产分开”和“股改、地改和户改”（王敬尧等，2012），加快要素价格市场化改革，大幅度减少政府对资源的直接配置，为农村资本有效进入市场起到保障作用。

三、关于股权设置、量化与运营等股权管理方面的研究

（一）股权设置

股权设置应以成员股为主，是否设置集体股由本集体经济组织成员民主讨论决定。对广东省南海区的集体股权分配制度在实践中的制度变迁过程、动因及其绩效进行分析评价发现，目前改革实践中从“确权到人”向“固化到户”完善的集体股权分配做法的合理性。并针对“股权到户”分配制度下仍存在产权残缺问题，提出集体股权在市场经济机制的完整构建下，应突破内部流动限制，以实现集体股权的自由配置与完全流动。农村集体产权制度改革的关键是农村集体资产的量化以及资产股权化（马寒，2019；张占耕，2016），尤其是集体股的存废问题以及股权管理的模式选择，要尊重群众选择，依据实际情况，避免设置过于理想化的产权制度安排（黄延信等，2014；王思民，2016；朱莹莹，2016）。农村集体产权制度改革试点村都设有基本股（ 即人口股），是以集体成员身份为划分依据，也称身份股，在股权设置中比例占大头；部分村庄还制定了差异化策略，主要体现在成员个体劳动、资金等要素贡献差别方面，另设劳龄股、老龄股、岗位股、贡献股、募集股、承包地股等不同股种（夏英，2018）。

（二）股权量化

农村集体产权制度改革的关键是股权量化和资产股权化，主体农民的参与和决策是根本。从资产类型上看，集体资产产权制度改革主要是对资源性资产、经营性资产和非经营性资产三部分的量化。部分学者认为在中央没有制定统一标准前，各地可不同步量化三类资产，先以量化经营性资产为主，保障成员财产性收益，再根据成员需求或资产有条件得以开发利用时，再量化非经营性资产和资源性资产（黄延信等，2014）。从资产归属层级上看，南方省份主要涉及村小组和行政村两级；北方省份则主要在行政村一级，有的还涉及镇级集体资产的量化。从资产核算方法上看，可繁可简，如有的村因集体经济组织成员同质性较高，则选取简单算法（夏英，2018）。但关于股权量化的总体原则是不应过度提高土地股的比例设定，以免埋下新生儿和嫁入女等新加入集体的成员要求无偿分得土地诉求和取得集体经济组织成员资格的潜在危机（甘伯愚，2017）。

（三）股权运营

农村集体产权制度改革难点是改革完成后通过多种经营方式，盘活集体经济，“做大”集体经济“蛋糕”，以及如何公平、公正、有效的分配“蛋糕”（朱大威等，2018）。股份的自由流转才能实现股份的价值和增值。在产权制度改革过程中，一些地区探索建立农村产权流转交易市场，部分地区将农村集体产权流转交易纳入农村集体“三资”信息化监管平台（黄延信等，2014），为农村集体股权流转提供了平台。但受产权制度改革推进程度和政策法律体系的约束，我国集体股权运营尚未取得显著成效，学术界对此也较少关注。

四、农村集体产权制度改革的影响因素及作用机理

新制度经济学的有关理论已经向我们揭示出当事人对外部利润的积极响应引致制度

创新。同样，在家庭经营基础上产生的农村集体资产股份合作制，作为一种新的制度安排，也是经济当事人对外部利润积极响应的结果。随着城镇化和工业化进程的加快，农村生产经营所处的制度环境和经济环境发生重大变化，如国家经济社会发展理念和涉农政策出现较大调整，以及社会经济发展进入新阶段，这导致农民与集体资产（主要是土地资源）间的关系发生相应的变化，早期的农村股份合作制改革应运而生。当时农地股份合作制改革被认为是农村土地制度改革最优的选择（蒋励，1994），也是继家庭联产承包责任制之后的又一次伟大创造（李英杰，1999）。随着土地股份合作制改革成效的逐渐显现，股份合作制改革的对象由土地扩展到经营性资产和其他资源性资产，即现阶段开展的农村集体产权制度改革。产权制度改革被认为是一场深刻的革命，是可以媲美大包干的第二次飞跃（张红宇，2020）。

林毅夫（1999）等认为，中国的资源禀赋奠定了农村集体产权制度建立的基础，而重工业先导的赶超战略则进一步推动了农村集体所有制的建立。农村集体产权制度改革受多种因素的影响，其中，能人对于农村集体产权改革在村落领域的实施有直接影响的判断，以安徽省夏刘寨村为例，探讨村治能人推进农村集体产权改革的理论逻辑，透视其背后的乡村社会运行机制（罗琦，2018）。俄国村社制度变迁对我国农村集体经济组织制度产生具有本源性影响，有效利用村庄共同体制度遗产发展集体经济，也是引领弱势农户群体实现共同富裕的重要途径（苑鹏等，2018）。印子（2018）从政治学视角研究农村集体产权制度变迁的逻辑，集体产权变迁与基层治理结构之间并非线性的因果逻辑，反而呈现出复线的循环关联，并在基层政权治理能力、国家与农民关系两方面产生重要政治后果。2011 年，广东省发生的“乌坎事件”为我国农村治理敲响了警钟，因此需着力于完善村庄内部治理机制的集体产权改革，防止集结起来的农民为获得更大利益而与国家进行利益博弈，进而造成农村社会的土原子化（贺雪峰，2017）；进一步从政治和治理角度分析发现，集体经济发达的沿海地区围绕集体经济管理和利益分配所产生的矛盾推动农村集体产权的政策演变，成为农村基层治理关键领域之一（桂华，2019）。农村集体产权改革的动因包括市场化、城镇化和工业化，目标从宏观角度来讲，要实现资源要素的平等交换；从微观角度来讲，要赋予农民更多的财产权利，增加农民收入（张红宇，2015）。但通过对全国 9 省 156 个村的调研数据发现，集体产权制度改革存在区域异质性，而较大的资产规模与传统的集权式村治减缓了确权进度（闵师等，2019）。

部分学者则从国家、集体、村干部、农民、资本等主体的关系、行为的变化，以及这些主体对制度改革的反向影响出发研究农村集体产权制度改革。在农村集体产权制度改革过程中，产权主体不能人格化和产权边界模糊的产权制度影响我国农村集体产权制度改革推进。农村集体产权制度改革与农村发展尤其是扶贫工作息息相关（许惠渊，2004）。研究中发现农村集体产权制度改革中存在的精英俘获危害主要体现在经济、社会、政治三方面，造成扶贫能效降低、村庄治理内卷化、贫困代际传递，因此需梳理精英俘获问题的内在机理，探索出规避精英俘获和村庄治理转型的路径和对策，促进社会公平和推动贫困农户脱贫进程（戴碧涛等，2018）。

五、农村集体产权制度改革作用及绩效评价研究

制度绩效是指一项制度运行过程中所带来的收益。农村集体产权制度改革作为我国一项创新性的农村制度改革，其改革效果如何也是社会各界关注的焦点。对于农村集体产权制度改革的作用普遍存在共识，即有利于建立城乡要素平等交换关系、有利于增加农民财产性收入、有利于加快城镇化进程、有利于巩固党在农村执政基础（黄延信等，2014）。北京市开展产权制度改革的时间较早，研究发现产权制度改革后农民的生活水平有所提高，农村集体分红有较大幅度增加（王宾等，2014），同时指出产权制度改革后保持新型集体经济组织健康发展是促进农民增收的重要途径（方桂堂，2019）。有调研表明，村集体经营性资产拥有的平均价值并不高，人均只有 241 元左右，产权制度改革对农民未来增收影响将相当有限，而要显著提高农民的财产性收入，需要深化包括集体建设用地、宅基地和资源性资产的改革。股权设置是产权制度改革的一大特色，且集体经济组织的股权结构对农民收入和集体经济效益有显著影响。部分试点地区设置一定比例的集体股，但集体股比例对农民收入和集体经济效益产生负面效应，即集体股比例越高，集体总收入和农民收入越低（杨杰等，2015）。产权制度改革产生的绩效是多方面的，从国家、市场和农民三重维度分析产权制度改革绩效发现，农民利益发展是当前农民的主要诉求，农民利益发展离不开现代市场，要采用有别于完全自由化市场、又遵循一定的市场逻辑的过渡性市场策略，实现农民利益保护与利益发展秩序的均衡（马池春等，2018），从而实现制度逻辑下净收益最大化（郭晓鸣等，2019）。

此外，农村集体产权制度改革深刻反映了“产权明晰—要素流动—包容性增长—贫困消除”的理论逻辑，具有显著的减贫效应（梁春梅等，2018）；同时发现农村集体产权制度改革也影响妇女权益保障（惠建利，2018；王晓睿等，2019）。有关改革绩效的影响因素多与发展壮大集体经济的影响因素一致，聚焦在集体经济发展能力、地域社会经济环境、市场发育水平等方面（张应良等，2019）。

六、农村集体产权制度改革存在的问题与成因

农村集体产权制度改革是农村改革中具有根本性的重大制度变迁和创新探索，但在改革过程中存在一些问题，现有文献相关研究主要集中在以下 4 个方面。

一是研究问题主要集中在产权制度改革的操作层面。如对农村集体产权制度改革初期在思想认识、资产量化和改革范围、成员身份确认、股权设置及管理、股份权能流转、产权交易市场、集体经济组织认定注册等方面归纳分析，指出农村资源产权界定不清晰，产权（权能）残缺；农村资源产权量化不完善、遗留问题大；农村资源产权让渡不顺畅，交易成本高；农村资源产权经营不顺利、市场风险高（方桂堂，2017；房绍坤等，2019；孔祥智，2017；钟桂荔等，2017）；新型集体经济组织的法律地位不明确（齐只森，2013）。梳理全国 9 省 156 个村调研数据发现，改革地区经营性资产价值尚存，但增值潜力低于预期；已经量化的价值较大的经营性资产对农民增收助力有限；各村经营性资产分布和改革进程存在明显差异，部分地区改革方案有待改进（黄季焜

等，2019），为真正深化农村集体产权制度改革提供参考。

二是随着改革的进一步深化，改革过程中选择性倾向突出，村干部积极性不高，农村集体经济组织登记为法人后税费负担加重，以及政社不完全分离，集体经济组织承受市场风险能力弱，存在分红不公平等新问题凸显，集体经济组织激励机制问题的亟待解决，为改革后农村经济的持续健康发展带来严峻考验（郭晓鸣，2018；李增元等，2018；张红宇等，2014）。

三是深化农村集体产权制度改革面临的相关法规和政策约束问题，在成员资格认定、股权管理、治理结构等方面法律法规不健全（宋洪远等，2015；赵家如，2014）；财税和金融政策与农村集体产权制度改革相脱节，政策支撑条件不足无法有效保护产权（林冬生，2016；刘现伟等，2017）；政策优惠力度不足，集体经济组织税费负担重（黄延信等，2014；张文律，2015）；社会保障制度建设与改革步伐不一致，农民市民化配套措施不完善；公共服务体系覆盖不均匀（齐只森，2013）；关于支持农村集体经济发展和农村集体产权制度改革的具有针对性、可操作的细化实施办法数量少（韩俊，2019），与基层干部、群众期盼存在一定差距。

四是主要从多个视角，深入剖析个案农村集体产权制度改革中的特殊困境。如张文律（2015）以温州农村集体产权制度改革为例，探究村股份经济合作社和土地合作社运行协同问题；夏英（2018）通过对大兴、闵行、南海等 12 个试点区域进行做法成效的总结，指出目前六项股份权能实现程度不一，亟需从法律层面深化改革细则；翟峰（2017）通过分析四川省农村集体产权制度改革试点的“温江模式”“龙华模式”和“三水模式”，认为妥善处置集体经济组织与村委会或社区管理的关系问题是农村集体产权制度改革的重要领域。随着我国产权制度改革的不断推进，深化产权制度改革面临的问题引起学者的注意。进一步深化产权制度改革重点需要解决农村集体经济组织面临的身份地位困境、产权流转困境和可持续发展困境（张斌，2019）。深化产权制度改革的困境可通过与新产业发展、农民就业增收、新的集体经济发展形式、乡村治理能力，以及党的基层领导相结合（张红宇，2020），做好新时代产权制度改革，推进乡村振兴战略。

在问题成因方面，一是将农村集体产权不完善的原因主要归结为农村要素市场化程度低、法律法规滞后（许经勇，2019）；二是将问题根源定位于农村集体产权制度改革相关主体的缺位、错位和越位。从村干部层面，制度缺位导致村民自治异化为村干部自治，村干部自治进而导致农村集体产权失效（董江爱等，2016），部分干部和群众认识不到位也是导致改革不彻底的因素之一（胡东莉，2017）。地方政府层面，一些地方政府对集体产权改革采取较为“模糊”的态度和“悬置”的处理方式，使得改革进度受到不同程度的阻碍（袁方成，2013）；从金融供给主体层面，受上级部门支持力度不足以及股权价值难以量化评估的影响，银行等金融机构无动力和权限自主创新农民股权抵押担保产品（夏英，2018）；司法机关层面，对产权制度改革产生的纠纷总体立场比较消极，未为案件处理提供有效的规则指引，集体成员维权失败具有普遍性（赵新龙，2019）；产权制度改革过程中政府和农民两种相反方向的规制约束力量，使农村集体产权长期处于脱嵌与嵌入的双重运动中，与真正意义上的市场保持距离（管兵，2019）。

三是认为农村集体产权制度改革受历史、经济和法律等多方面因素综合影响。成员身份界定困境是农村集体经济组织的法人地位不确定和职能定位不清晰导致；产权流转困境主要表现在产权流转的封闭性和产权流转机制不畅，导致农业要素市场化程度不够；可持续发展困境主要是指农村集体经济经营模式单一、内部治理结构不完善、税收优惠少和收益分配过度分红（张斌，2019）；农村集体资产管理问题的根源是产权量化不明晰（志新，2006）。

七、农村集体产权制度改革经验总结

具有中国特色的探索性农村集体产权制度改革于20世纪70年代末期开始萌芽，80年代中期得到发展，90年代以后得到广泛发展。我国开展农村集体产权制度改革采用“先试点、后推广”的逐步推进形式，总结试点地区经验，有利于减小交易成本，降低不确定性，减少全国推广的阻力。1992年出现的广东省“南海模式”；2002年江苏省苏州市开始施行农村股份合作制改革；2003年，北京市昌平区开展的农村集体产权制度改革以及浙江省宁波市开展的农村股份合作模式等都是典型代表（陈华彬，2017）。随着以“扩面、提速、集成”作为深化农村集体产权制度改革的行动指南，截至目前，全国已有超过13万个村组完成改革，确认集体成员超过1亿人，为我国未开展农村集体产权制度改革的地区在核资清产、股权量化、成员界定、股权设置与管理等实际操作方面提供了宝贵的经验。我国地域辽阔，东中西部农村地区情况差异较大，开展农村集体产权制度改革不能采用“一刀切”，中央鼓励各试点地区因地制宜创新改革模式，因此出现百花齐放的局面。农村集体产权制度改革一般按照“清产核资、成员界定、确股确权、建立股份经济合作社”的程序进行。最早成功的“南海模式”，主要以行政村或村民小组为单位，将集体资产及集体土地折成股份集中起来并组建股份合作组织，股份合作组织直接出租土地或修建厂房再出租，村内村民可出资入股，凭股权分享土地非农化的增值收益（郭强，2014），以此提高了农村土地的市场价值，并增加了农民的收入。以“五举措”“三三六”① 为改革操作步骤的“温江模式”，此模式提高了农民参与的公平公正性，同时也保障农民全程参与。2015年，中国政府开展的农村集体产权制度改革以经营性集体资产为主，但部分地区探索对土地等资源性集体资产开展产权制度改革。榆阳区北部滩区和南部山区根据各自的特点，将土地等资源性集体资产按照“确权确股不确地”和“一户一田”的方式开展产权制度改革，取得了显著成效。2019年被农业农村部评为全国农村集体产权制度改革试点典型单位，榆阳区属于20个典型单位中唯一一个资源性产权制度改革典型地区（张瑞涛等，2020）。榆阳区开展资源性集体资产产权制度改革的成功，为中西部地区尤其是缺乏经营性资产地区提供了很好的经验借鉴。

现有文献资料关于农村集体产权制度改革的研究以实践经验研究为主，理论分析相对较少。黄延信等（2014）从4个方面对我国农村集体产权制度改革进行了理论分析，

① “五举措”是指清产核资、资格界定、股权设置、资产量化、组建股份经济合作社；“三三六”是指三固化、三自治、六公开。

①对于集体资产量化的范围，在中央未出台统一标准时，建议只量化经营性资产；若村干部和村民民主同意量化资源性资产，应予以支持创新探索。②对于成员资格界定方面，以上级意见为指导，因地制宜的探索合适的界定标准。③对于股权设置，原则上不建议设立集体股，但应根据实际情况和民主意愿最终决定是否是立集体股。④对于股权管理，建议引入现代化股份管理机制。通过对沪郊产权制度改革的观察，目前亟须深度反思集体成员权制度与企业股权治理结构的结合问题，及“多予”和“少管”的悖论等治理困境（张佩国等，2014）。

纵观现有文献研究，农村集体产权制度改革的任何一个阶段都没有固定的模式，必须结合当地的特色，因地制宜地探索适合当地的改革模式。现有的改革经验只能提供借鉴和参考，而不能一味地“照搬”，在继承中创新是目前需要进行农村集体产权制度改革地区要考虑的问题。

从整体上看，关于农村集体产权制度改革方面的研究已取得丰硕的成果，为不同阶段农村集体产权制度改革开展产生了积极影响和提供了参考。梳理现有文献和客观需求发现，我国农村集体产权制度改革的实践探索一定程度上快于理论研究支撑，一些有益的探索尚未被总结提升为理论创新成果，同时也有些研究结论或观点因仅停留在局部经验判断之上，实证检验不足，普适性和说服力有待提高。从研究内容上看，大部分研究主要集中于对产权制度改革操作层面上的工作内容，瞄准关键问题的精准度不够，其研究深度不足以升华到新制度经济学以及完善农村基本经营制度的理论高度，难以支撑深化产权制度改革的需要。从研究视角来看，目前文献研究视角较为单一。单一的研究视角不足以厘清产权制度改革的内在逻辑。从研究方法来看，纵观以往相关研究文献，多数为定性研究或少量案例实证分析，一些定量与定性结合研究也缺乏系统性，数据支撑不够，难以做出横向比较和纵向跟踪的实证研究成果。基于上述原因，本研究从农村集体经济组织演变、农村集体经济发展现状以及农村集体产权制度改革过程中涉及的农村土地、宅基地、经营性建设用地等多方面进行了评述。以期为深化农村综合改革提供参考。

第二章

农村集体经济组织建制演变和产权制度改革创新

农村集体经济组织并不是一个新词，但伴随着集体经济的产生、发展、演变，农村集体经济组织的概念也不断被注入新的内涵。农村集体经济组织的建制与演变，是与农村经济基本制度相联系的，与国家对农村的政策紧密相关。本章从历史的角度梳理农村集体经济组织的由来与演变，明晰其建立的历史依据和现实基础，探究其演变的原因，把握农村集体经济组织制度未来的走向和发展趋势。

第一节　农村集体经济组织建制的演变

我国传统农村集体经济时期，以先后经过农业合作化和集体化完成了农业社会主义改造，农业合作化以农业生产合作组和初级社为标志；集体化以高级农业生产合作社和人民公社为标志。在一定程度上促进了农村生产力的发展和生产条件的改善，但未达到预期效果。20 世纪 80 年代，家庭联产承包责任制的推行是我国在社会主义建设新时期对农村集体经济发展的全新探索，在此基础上确立了统分结合的双层经营体制，即集体经济新的实现形式，为 20 世纪 90 年代出现的以股份合作制改造传统集体经济建制打下基础。2016 年 12 月 26 日，中共中央、国务院出台《关于稳步推进农村集体产权制度改革的意见》，从产权制度改革的高度对农村集体经济改革做出顶层设计和总体部署，是对 20 世纪 90 年代出现的以股份合作制改造传统集体经济发展形式的深化和升级。

一、农业生产合作社：传统集体经济组织的孕育萌芽

（一）形成背景

1949 年，中华人民共和国成立之初，农村实行“耕者有其田”的土地制度，土地归农民私有。在统一平均分配农村土地的基础上，实行“私有私营”的农地经营制度。马克思在《巴枯宁〈国家制度和无政府状态〉一书摘要》中提到，无产阶级夺取政权以后，一开始就应当促进土地私有制向集体所有制的过渡，让农民自己通过经济的道路来实现这种过渡；但是不能采取得罪农民的措施，例如宣布废除继承权或农民所有权①。恩格斯在《法德农民问题》一文中提出，当我们掌握了国家权力的时候，我们根本不能设想用强制的办法去剥夺小农，我们对小农的任务，首先是把他们的私人生产和私人占有变为合作社的生产和占有，但不是用强制的办法，而是通过示范和为此提供社会帮助②。马克思和恩格斯的观点较为一致，当无产阶级掌握政权以后，农民土地要从私有制变为集体所有制，私人生产变为合作社生产，但不能采取强制的办法。中国社会主义建设深受马克思恩格斯思想的影响，为了与社会主义制度相适应，我国农村于 1952 年开始“合作化运动”，引导农民走合作道路，成立农业生产合作社，也称为初级社，1953 年 2 月，通过《关于农业生产互助合作的决议》，成立了互助组及农业生产合作社；同年 12 月，中共中央作出《关于发展农业生产合作社的决议》（以下简称为

① 马克思恩格斯全集（第 18 卷）[M]．北京：人民出版社，2006：695。

② 转引自郭光磊．北京市农村集体产权制度改革研究 [M]．北京：中国言实出版社，2016：222。

《决议》)。《决议》要求各地在1954年秋收前要发展初级农业合作社3.58万个,1957年要发展80万个初级农业合作社,入社农户要达到全国总农户的20%左右,我国开始在农村大力发展初级社(王礼生,2001)。

(二)基本特点与发展评价

互助组时期,社区内农户联合起来开展分工合作,形成了小范围的利益共同体。但由于这种合作仍是以家庭户为基础,生产资料还是完全私有,在这种分工合作基础上建立起来的组织还较松散,但为以后的集体化奠定了基础。

到初级社即农业生产合作社时期,其主要目的是要逐步消灭农村的私有制度,逐步过渡发展到社会主义公有经济,但初级社仍然是以农民自愿和互利的原则组织起来的,农民依然是农村土地所有权的主体。1955年11月,全国人大常委会通过的《农业生产合作社示范章程草案》规定,农业生产合作社是劳动农民的集体经济组织,是农民在中国共产党和人民政府领导和帮助下,按照自愿和互利的原则组织起来的,统一利用社员的土地、耕畜、农具等主要生产资料,并且逐步把这些生产资料公有化;组织社员进行共同的劳动,统一分配社员的共同劳动的成果,实行按劳分配和按股分红相结合(郭光磊,2016)。初级合作社的组建有效扩大了农业生产规模,提高了农业生产效率。1950—1955年,全国粮食增长39.2%,农业产出增长44.6%(罗必良,2000)。初级农业合作社由于生产资料仍归农民个人所有,被认为是一种具有半社会主义性质的组织,但因为入社成员将生产资料统一交由集体共同经营使用,生产资料的所有权与经营权相分离,集体享有了实际的占有使用权,并形成一定的公共积累,农村集体经济组织开始孕育萌芽。

二、高级社:传统集体经济组织建立的标志

(一)形成背景

1955年,毛泽东在《关于农业合作化问题》中指出:"我国的商品粮食和工业原料的生产水平,现在还是很低的,而国家对这些物质的需要却是一年一年的增大,这是一个尖锐的矛盾"①。中央研究后认为应通过变革所有制关系来促进农业生产力水平的提高,加之为尽快完成农业的社会主义改造,在农村确立社会主义制度,中央发布了一系列决议及文件,促进高级农业生产合作社快速发展。这一时期,高级农业生产合作社具有如下特征,具有对外排他的集体资产,构建并优化了集体资产运营权利束,具有独立的组织身份,获得国家的承认与授权,高级农业生产合作社已具备集体组织的特质。

(二)基本特点与发展评价

1956年通过的《高级农业生产合作社示范章程》规定:入社的农民必须把私有的土地和耕畜、大型农具等主要生产资料转为合作社集体所有……社员土地上附属的私有的池塘、水井等水利建设,随着土地转为合作社集体所有。农业生产合作社应该抽出一定数量的土地作为自留地,分配给社员种植蔬菜,社员原有的坟地和房屋地基不必入社

---

① 毛泽东选集(第5卷)[M].北京:人民出版社,1991:181-182。

（郭光磊，2016）。合作社内集体统一组织生产劳动、统一管理、统一分配，取消土地报酬等按股分红方式，实行同工同酬。可见，集体拥有了独立完整的财产所有权，按资分配被取消，农户原本享有的资本收益权也被集体占有，加上在初级社就已获得的各项权利，集体产权在这一时期被构建起来。集体经济这种经济形态，消解了传统的家族纽带，削弱了家庭的生产功能，其作为集体经济组织的权威开始形成，并具有了组织村民集体行动的超强的动员能力（郭光磊，2016）。

三、人民公社——传统集体经济组织成熟的标志

人民公社可以分为两个阶段，前一阶段人民公社制度建立，制度安排经常调整，很大程度上受到意识形态干扰，且存在着许多不合理的制度安排；后一阶段则对之前的制度安排进行了许多调整，“三级所有，队为基础”体制的确立，使人民公社开始保持“相对平稳”的运行。

（一）人民公社时期

1. 形成背景

1958 年 8 月，中共中央政治局审议通过了《中共中央关于在农村建立人民公社问题的决议》，随之，我国掀起了人民公社化运动，建立起“政社合一、一大二公”的人民公社。截至 1958 年年底，全国 74 万个农业合作社合并为 28 500多个人民公社，入社农户占总农户数的 99%，3 个月全国基本上实现了人民公社化（农业部，1989）。公社内原高级合作社范围内的农民被改编成生产大队，原初级合作社范围内的农民被改编为生产小队。人民公社最主要的特点是“一大二公”，所谓“一大”，即规模大，一乡一社，或两三千户为一社；所谓“二公”，就是一切归人民公社，由人民公社统一领导，统一经营，统一调配劳动力，实行免费吃饭的供给制。这一时期，集体的组织形式有了很大的变化，既进行农业生产经营，又开展乡村治理，是一种集经济、文化、政治、军事为一体的组织。

2. 基本特点与发展评价

人民公社是将若干高级农业生产合作社合并，以生产资料的高度公有化为基础，实现生产资料在公社内的高度集中。在管理上，实行政社合一，公社既是基层生产单位又是基层政权组织，公社统一组织社员进行集体生产劳动，统一管理，农产品交换实行国家统购统销。在分配上，不再采用高级社时的按劳分配，而是将公社年终收益在扣除各种费用和公共积累后，以平均主义为原则，按照“工资制加供给制”方式在社员内统一分配。其结果造成社员与社员之间严重的平均主义，这一时期为人民公社成立初期，生产大队、生产队没有自主权，不能实行分级管理。在生产中没有实行责任制，劳动纪律松弛，分配平均化，经济核算制度完全被抛弃，严重地挫伤了社员生产的积极性，农业生产效率大幅度下降。

（二）“三级所有，队为基础”确立

1. 形成背景

针对人民公社建立初期，由于发展速度过快产生的诸多问题，中共中央开始进行相应的调整，中共中央于 1962 年 2 月 13 日下发《关于改变农村人民公社基本核算单位问

题的指示》。规定在我国绝大多数地区的农村人民公社，以生产队为基本核算单位，实行以生产队为基础的三级集体所有制，不是短期内的事情，而是在一个长时期内的根本制度（刘金海，2006）。随之颁发的《农村人民公社工作条例（修正草案）》，赋予人民公社“三级所有，队为基础”制度的法律地位。“三级所有，队为基础”是以生产队集体所有制为基础，实行生产资料由公社、生产大队、生产队三级所有，将生产队作为基本核算单位，恢复农民的自留地，允许其搞家庭副业，该项收入归社员所有。尊重和保护生产队的相对独立性，下放相应的经营管理权和分配权。在分配上，除口粮外其余可分配收入按照社员劳动所得工分取得劳动报酬。

2. 基本特点与发展评价

在这一体制下，农村集体经济组织成为国家基层政权的附属品，在功能和构造上丧失了自主性和独立性。国家行政干预使集体经济组织的自治范围极其有限，集体组织的主体性无法体现。“三级所有，队为基础”的人民公社制度，标志着集体经济组织的成熟，一直沿用到开始使用家庭联产承包责任制之前。

这一时期的集体财产权利主要是指生产队这一级意义上的财产权利。生产队是集体性财产的最直接的所有者，是财产主体，因而享有财产权利。但是“队为基础”的前提和基础是“三级所有”，所以，另两级财产所有者和国家当然也对集体性的财产享有相应的权利（刘金海，2006）。这一阶段，集体产权制度得到强化，但还存在与国家权力之间的矛盾。一是虽然生产队拥有土地所有权、使用权，但国家拥有土地的处置权，从卖方、买方上控制了土地的交易；二是国家实行“计划经济”，生产队生产经营权受限；三是统购统销、城乡二元价格体制下，生产队的生产剩余的处置权受到限制；四是人民公社的管理体制以及户籍制度下，农民没有退出权。

四、统分结合的双层经营——传统集体经济组织制度转型的标志

（一）形成背景

随着时间的推移，人民公社的弊端逐渐显露，农民生产普遍缺乏积极性，消极怠工，造成集体资产的浪费，严重影响了农民的生产生活秩序。1978 年 11 月，安徽省凤阳县小岗村的 18 户农民，自发订立了“大包干”合同，首创家庭联产承包责任制。中共中央经过研究讨论，肯定和推进了家庭联产承包责任制的改革。1983 年 10 月，中共中央、国务院联合印发《关于实行政社分开、建立乡政府的通知》，要求成立乡、镇人民政府，村民委员会和村民小组，政治职能从人民公社剥离出来。其中，乡政府是我国政权的基层单位，村民委员会、村民小组都属于农民群众自治组织，分别管理本村、组范围内的各种社会事务。经济职能复归①到集体经济组织中。这样，“政社合一”的人民公社正式宣告解体，集体经济运行的体制，也发生了变更。公社改为乡镇，生产大队改为村，生产队改为村民小组。具有法律意义上的集体经济组织也是三级——乡镇集体

---

① 转引自郭光磊，2016. 北京市农村集体产权制度改革研究［M］. 北京：中国言实出版社：225. 从法律文本的角度来说，集体经济组织在这一时期才正式被规定出来，最早出现在 1982 年宪法中。但从实质意义来说，我们认为集体经济组织在互助组时期就已经产生了，因此在这里用了“复归”。

经济组织、村集体经济组织和组内集体经济组织（村民小组）。同时，在宪法中规定，集体经济组织实行“家庭承包经营为基础、统分结合的双层经营体制”。传统集体经济组织在统分结合的双层经营体制改革中得到新的发展。家庭联产承包责任制，是分散经营的部分，主要是指承包到户的农用地。集体统一管理和运营的资产包括集体资源性资产、集体经营性资产和集体公益性资产。

（二）基本特点与发展评价

在这一体制中，实行家庭联产承包责任制释放了土地、劳动力等生产要素的活力，提高了农民生产积极性。但集体经济组织统一经营的功能发挥得并不充分。从权利渊源上来讲，集体经济组织应该是代表村民合作的统一载体，实现村民由分散经营到统一合作。但事实上，绝大多数集体经济组织仅仅是发包土地，自身无经营活动，也没有提供合作性质的农业服务（郭光磊，2016）。集体经济组织的功能没有得到有效的利用，集体资产大量闲置、浪费，集体经济并未得到有效发展。

从集体产权角度来看，这一时期集体产权在 6 个方面进行调整，一是土地所有权、使用权再次分离。集体享有土地的所有权，农户通过与集体签订承包合同获得土地的使用权。二是在成员权的基础上形成承包权。三是经营权。经营权随承包权、使用权让渡到农户身上，但在行政权力的干预下，农户的生产经营也受到一定的限制。四是收益权。家庭承包制下的农户的农业生产收益，需要向国家缴纳农业税，向乡政府提交“三统五筹”，向村集体缴纳“村提留”。国家、集体、农户共同分享土地经营收益。五是处置权。国家对农地有严格的用途管制，其拥有最终的土地处置权。集体拥有对集体土地发包、调整与管理的权利。农户只享有最低层级的处置权。六是退出权。家庭承包制改革后，农户得到了自己劳动力的支配权，随着农户在农业与非农业的选择性的不断增强，对集体的依赖度大大降低（郭强，2014）。总体看，这一阶段在集体产权进一步分化的基础上，集体组织开始向农户让渡各种权利。

五、农村股份经济合作社——新一代集体经济组织的产生

（一）形成背景

改革开放后，伴随着农村工业化、城镇化进程的加快，城乡统筹格局基本框架的形成，农民对权利的诉求愈来愈强烈，特别是城中村、城郊村和城市较发达的村在城市化的过程中，国家大量征用土地，随着市场经济的发展，土地价值日益升高，村集体获得土地赔偿款。如果分配不当，将会造成社会矛盾，影响农村社会的稳定。也有一些普通村落的集体资产出现僵化，造成资源浪费和集体经济落后。总之，农村出现集体资产归属不明、经营收益不清、分配不公、成员的集体收益分配权缺乏保障、集体经济疲软等突出问题。

统一经营薄弱的深层次原因在于集体资产的产权不明确，造成集体资产的运营和管理十分混乱。大部分村没有建立集体经济组织，而是由村委会代管集体资产，建立集体经济组织的有一些被精英捕获，徒有虚名，集体经济组织结构极不健全，距具有“归属清晰、权能完整、流转顺畅、保护严格”特点的新一代集体经济组织相去甚远。

所谓“新一代农村集体经济组织”，是指 2015 年农村集体产权制度改革试点以来改造原有的集体经济组织，建立的农村股份经济合作社。即在不改变生产资料集体所有

制前提下，把组织内集体经营性资产部分或全部折股量化到每个成员，按章程成立的股份合作制组织。股份经济合作社兼具股份制和合作制特征，实行“按股分红，一人一票”的制度。农村集体产权制度改革以后，集体资产的产权得到明确；集体经济组织成员的权利得到明确；集体经济组织的法人地位按 2017 年 3 月通过的《中华人民共和国民法总则》的规定，被界定为特殊的市场主体。改革后，股份经济合作社通过采取多种集体经济实现的有效形式，如内股外租、联村经营、村企共建等，发展集体经济，以提高农民的财产性收入。

（二）基本特点与发展评价

这一时期股份合作经济组织较之前虚置或被行政架空的集体经济组织有了实质的进步，一是其具有完整的组织结构、拥有严格的运行保障制度、是一种实体组织，其已经具备法人组织的条件。二是与行政机构开始剥离。股份合作经济组织成为一个独立的机构，开始与村委会分别执行经济管理与行政管理职能（郭强，2014）。

通过股份合作制改革确权确股、确权确利模式是其集体产权制度创新的主要形式。一是将农户的承包权、成员权转变为对集体资产的占有股权。二是将农户对农地的使用权收归集体，由集体对土地统一经营管理。三是在收益权上，集体成员与集体共同占有集体资产的收益，按照各自占有的股份获得相应的股权分红。四是处置权。在集体资产折股后，主要是对股份的处置权（郭强，2014）。各地的实践中尚未形成一致性规定，股权的赠予、继承上各地有不同的规定，在股权的转让、抵押及退出上还存在着争议，未完全放开。五是农村股份合作组织获得了集体资产的占有权、经营权、使用权、收益分配权、部分收益权及股份处置权。

第二节　农村集体产权制度改革历程

一、20 世纪 80 年代：农村基本经济制度形成

农村基本经营制度的建立，始于 20 世纪 70 年代末实行的家庭联产承包责任制，这一改革经历了一个从局部到全面的推进过程。1979 年 9 月，中共中央通过的《关于加快农业发展若干问题的决定》提出：“除某些副业生产的特殊需要和边远山区、交通不便的单家独户外，不要包产到户。”这是中央第一次正式有条件允许包产到户的存在。1980 年 9 月，中共中央印发《关于进一步加强和完善农业生产责任制的几个问题》的通知，提出边远地区和贫困落后的地区要求包产到户的，应当支持群众的要求，可以包产到户，也可以包干到户。在得到政策支持后，1980 年全国实行包产到户或包干到户的生产队占生产队总数的比例上升到约 20%。1982 年 1 月，中共中央批转《全国农村工作会议纪要》，对包干到户初步做出了理论上的解释，指出包干到户这种形式，建立在土地公有基础上，农户和集体保持承包关系，所以它不同于合作化以前的小私有的个体经济，而是社会主义农业经济的组成部分。1983 年 1 月，中共中央印发《当前农村经济政策的若干问题》，进一步提出联产承包责任制这种分散经营和统一经营相结合的

经营方式具有广泛的实用性，既可适应前手工劳动为主的状况和农业生产的特点，又能适应农业现代化进程中生产力发展的需要。同时还提出，在这种经营方式下，分户承包的家庭经营只不过是合作经济中的一个经营层次，是一种新型的家庭经济。至1984年年底，全国约98%的生产队都实行了家庭联产承包责任制这种新的经营方式，标志着家庭经营作为新型农业经营体制的微观基础已经形成。

把以家庭承包经营为基础、统分结合的双层经营体制确立为农村基本经营制度，大体是在实行家庭联产承包责任制之后的一段时期。1986年1月，中共中央国务院印发《关于一九八六年农村工作的部署》，提出地区性合作组织，应当进一步完善统一经营与分散经营相结合的双层经营体制。1991年11月党的十三届八中全会通过的《中共中央关于加强农业与农村工作的决定》首次明确提出，“把以家庭联产承包为主的责任制、统分结合的双层经营体制，作为我国乡村集体经济组织的一项基本制度长期稳定下来，并不断充实完善”。1998年10月，党的十五届三中全会通过的《中共中央关于农业和农村工作若干重大问题的决定》提出，长期稳定以家庭经营为基础、统分结合的双层经营体制。1993年3月，第九届全国人民代表大会第二次会议通过的《中华人民共和国宪法修正案》规定，农村集体经济组织实行家庭承包经营为基础、统分结合的双层经营体制。至此，农村基本经营制度得到确立①。

二、20世纪90年代：地方推进、典型引领的股份合作制改革

以“资产变股权、农民当股东”为主要特征的农村产权制度改革发端于20世纪90年代初，改革的根本动因在于工业化和城镇化进程的不断加快。首先，随着大量土地等资源型资产转变为货币形态资产，农村集体资产规模明显增加，由于土地利用结构的变化，需要重新界定新增财富的产权归属关系。其次，原有农村集体经济组织的产权关系变动日益频繁，产权归属问题日益突出，由于人口结构的变化，需要界定新增财富的产权归属关系。此外，随着城乡发展一体化步伐的加快，大量农民离开农村进城务工、经商，但由于集体资产产权不明晰，进城农民普遍担心原属于他们的土地承包经营权、宅基地使用权和集体资产收益分配权受到损害，农民“带着资产权益进城”的愿望十分强烈。由于社会结构的变化，需要厘清农民和集体之间的产权关系②。

20世纪90年代，工业化和城镇化发展较快的当属东部沿海地区，特别是广东省，孕育了社区股份合作社的土壤，开创了股份合作的先河。这一时期建立股份合作社主要是在地方层面的推动、典型引领。东部沿海地区如上海、浙江等地，学习典型经验，纷纷进行农村产权制度改革。

三、启动顶层设计（2013年以来）：核心命题及政策要点

党中央高度重视从全局上协调推进农村各项改革，党的十八大和十八届三中、四

① 孙中华，2017. 深化农村改革研究与探索［M］. 北京：中国农业出版社。

② 方志权，2015. 农村集体产权制度改革：实践探索与法律研究［M］. 上海：上海人民出版社。

中、五中全会，以及党的十九大都对深化农村改革做了部署，中央深改小组审议了一系列农村改革文件。特别是中共中央办公厅、国务院办公厅印发了《深化农村改革综合性实施方案》，确立了农村改革的“四梁八柱”。围绕处理好农民和土地的关系这条主线，实行农村土地“三权分置”，开展农村土地“三项改革”试点，全面推进农村承包土地确权登记办证，稳步推进农村集体产权制度改革，强化对农民土地承包经营权、宅基地使用权、集体收益分配权的制度保障。

（一）开展土地承包经营权确权颁证，赋予土地承包经营权抵押、担保权能，并实行农村承包地“三权分置”制度

一是为了稳定完善农村土地承包关系，做好确权颁证工作。2014 年 11 月，中共中央办公厅、国务院办公厅印发《关于引导农村土地经营权有序流转发展农业适度规模经营的意见》，提出建立健全土地承包经营权登记制度，是稳定农村土地承包关系、促进土地经营权流转、发展适度规模经营的重要基础性工作。在稳定扩大试点的基础上，用 5 年左右基本完成土地承包经营权确权登记颁证工作，妥善解决农村农户承包地块承包面积不准、四至不清等问题。截至 2018 年年底，土地确权颁证工作基本完成。

二是赋予了土地承包经营权抵押、担保权能，开展农村承包土地的经营权抵押贷款试点。2013 年 11 月，党的十八届三中全会通过的《中共中央关于全面深化改革若干重大问题的决定》提出，在坚持和完善最严格的耕地保护制度前提下，赋予农民对承包地占有、使用、收益、流转及承包经营权抵押、担保权能。2015 年 8 月，国务院印发《关于开展农村承包土地的经营权和农民住房财产权抵押贷款试点的指导意见》，经全国人大常委会授权，在农村改革试验区、现代农业示范区范围内的 232 个区域开展农村承包土地的经营权抵押贷款试点。

三是完善农村土地“三权分置”办法，加快搞活土地经营权。2016 年 10 月，中共中央办公厅、国务院办公厅印发《关于完善农村土地所有权承包经营权分置办法的意见》，明确提出将土地承包经营权分为承包权和经营权，实行所有权、承包权、经营权“三权”分置并行，加快搞活土地经营权。

（二）农村集体资产产权制度改革

近年来，党和国家高度重视农村集体产权制度改革，高度重视农民股份合作的发展。在十八届三中全会《中共中央关于全面深化改革若干重大问题的决定》中提出“赋予农民更多财产权利，保障农民集体经济组织成员权利，积极发展股份合作”。2016 年 12 月 26 日，中共中央国务院出台的《意见》，对农村集体产权改革做出顶层设计和总体部署，明确提出以推进集体经营性资产改革为重点任务、以发展股份合作等多种形式的合作与联合为导向，用 5 年左右时间基本完成这项改革。党的十九大进一步强调要深化农村集体产权制度改革。农业农村部认真落实中央决策部署，按照试点先行、再由点及面开展的要求，2015 年开始，先后在全国范围内开展了 5 批农村集体产权改革试点，共有 28 个省分、89 个地市、442 个县整建制开展试点。试点 5 年来，各试点地区勇于探索、攻坚克难，采取一系列有力举措，卓有成效地完成了改革任务，为全国农村集体产权制度改革面上推开，积累了经验，提供了样板。农村集体产权制度改革，事关我国基本经济制度和农村基本经营制度的稳定与完善，事关 9 亿农村人口和农业转移人口的福祉。这一重大改革的实施，对于坚持中国特色社会主义道路，完善农村基本经营制度，增强集体经济发展活力，引领农民逐步实现共同富裕具有深远历史意义。以试点的方式审慎推进，有益于积累改革经验，探索发展路径，对化解改革风险和减少成本具有重要价值。

（三）引导和规范农村土地征收、集体经营性建设用地入市、宅基地制度改革

2014 年 12 月 2 日，中共中央总书记、国家主席、中央军委主席习近平主持召开中央全面深化改革领导小组第七次会议。会议审议了《关于农村土地征收、集体经营性建设用地入市、宅基地制度改革试点工作的意见》，最主要提出以下 3 个方面内容。

一是完善土地征收制度。针对征地范围过大、程序不够规范、被征地农民保障机制不完善等问题，要缩小土地征收范围，探索制定土地征收目录，严格界定公共利益用地范围；规范土地征收程序，建立社会稳定风险评估制度，健全矛盾纠纷调处机制，全面公开土地征收信息；完善对被征地农民合理、规范、多元保障机制。

二是建立农村集体经营性建设用地入市制度。针对农村集体经营性建设用地权能不完整，不能同等入市、同权同价和交易规则亟待健全等问题，要完善农村集体经营性建设用地产权制度，赋予农村集体经营性建设用地出让、租赁、入股权能；明确农村集体经营性建设用地入市范围和途径；建立健全市场交易规则和服务监管制度。

三是改革完善农村宅基地制度。针对农户宅基地取得困难、利用粗放、退出不畅等问题，要完善宅基地权益保障和取得方式，探索农民住房保障在不同区域户有所居的多种实现形式；对因历史原因形成超标准占用宅基地和一户多宅等情况，探索实行有偿使用；探索进城落户农民在本集体经济组织内部自愿有偿退出或转让宅基地；改革宅基地审批制度，发挥村民自治组织的民主管理作用。

第三节　农村集体产权制度改革创新分析

作为深化农村改革的重点，农村集体产权制度改革在构建中国特色社会主义制度、创新完善农村基本经营制度中发挥着“四梁八柱”的作用，是一项管长远、管根本的制度建设，对全面建成小康社会和实现乡村振兴必将产生积极而深远的影响。就这样一项极为重要的改革，有必要从理论源头上深入分析其制度安排的创新逻辑，厘清制度创新的行为特征，发现制度创新的效能及价值。本节主要围绕集体成员权及其权能实现，阐释集体产权制度改革创新的逻辑；解析创新性制度安排的行为特征及效能。

一、农村集体产权制度改革——制度创新逻辑

中华人民共和国成立以来，我国实行农村集体所有制，在集体经济发展的不同阶段又以不同形式的生产关系调适生产力发展，先后出现了互助组、初级社、高级社、人民公社，家庭经营为基础、统分结合的社区集体经济形态。本轮由顶层设计自上而下推进的农村集体产权制度改革以试点方式，从界定集体成员权、确认集体成员资格到赋予集体成员权以股份权能为关键点，以构建集体资产股份合作的制度安排突破了集体产权不

可分割的共同共有实现形式，创新了农村集体产权制度的权能实现形式，为发展壮大集体经济和维护农民合法权益、增加农民财产性收入奠定了制度基础。其中包含从集体成员权界定到集体成员资格确认，再到成员权实现的制度安排创新。其中的逻辑，从集体成员权的界定、集体产权、股份权能之间的关联中可得以窥见。

（一）本轮农村集体产权制度改革的制度创新本质

本轮农村集体产权制度改革的制度创新本质是股份合作制，其逻辑起点在集体成员权。2016 年，中共中央、国务院《关于稳步推进农村集体产权制度改革的意见》作为农村集体产权制度改革的纲领性文件，是我国农村集体产权制度改革的根本遵循，《意见》首次在顶层设计上将农村“集体产权制度”作为改革主题，并提出农村集体产权制度改革的创新性制度安排目标，内容极为丰富。亮点主要包括指出“农村集体产权制度改革是维护农民合法权益、增加农民财产性收入的重大举措”的改革定位，以及改革“对于坚持中国特色社会主义道路，完善农村基本经营制度，增强集体经济发展活力，引领农民逐步实现共同富裕具有深远历史意义”等必要性，提出“着力推进经营性资产确权到户和股份合作制改革”的制度安排靶向目标，提出“赋予农民对集体资产股份权能”“确认农村集体经济组织成员身份”等一系列核心改革重点内容，目标是逐步构建“归属清晰、权能完整、流转顺畅、保护严格”的中国特色社会主义农村集体产权制度，保护和发展农民作为农村集体经济组织成员的合法权益。

从制度经济学视角检视，总体上我国农村集体产权制度改革是产权制度理论与我国集体所有制实践发展结合的一次重大制度创新。回顾制度经济学发展史，对产权的理论认识经历了由“易”到“难”、由“简单”到“复杂”、由“外”到“内”的过程，观点众多。主要包括马克思的所有制论，认为产权的本质是生产关系，且主要是生产资料所有制关系在法律上的表现。产权经济学家对产权的解释莫衷一是，但对产权是一种权利达成共识：阿尔钦（1991）认为“产权是一个社会所强制实施的选择一种经济品的使用的权利”，即产权等同于使用权；产权等同于财产所有权（配杰威齐，1998）和人权（巴泽尔，1997）；产权是一束权利束，拥有比所有权更为宽泛的范畴（阿贝尔，1992）；登姆塞茨（1967）指出“当内在化的收益大于成本时，产权就会产生，将外部性内在化，内在化的动力主要源于经济价值的变化、技术革新、新市场的开辟和对旧的不协调的产权的调整……新的私有或国有产权的出现总是根源于技术变革和相对价格的变化”。中国本次农村集体产权制度改革从确立成员权为起点，成员权核心是指集体成员受益权能，即在集体所有权的基础上让集体成员享受集体资产利益，广义成员权包括直接由集体资产产生的物权和由物权派生出来的管理权利；继而通过集体成员股份合作制实现对原集体共有产权进行变革。这是在产权制度经济学基本理论和共识基础上的创新性应用，同时，在不改变我国农村土地集体所有制和基本经营制度的前提下，完善和巩固了我国农村集体所有制的基本制度。

（二）本轮农村集体产权制度改革丰富了产权内涵

集体成员资格的确认从形式上完成集体成员权的落地，而集体成员权在股份权能上的实现，则从本质上规定了集体成员权的产权内涵。如前所述，改革主体是集体成员，改革的客体主要是集体经营性资产，对象是由集体成员组成的集体经济组织（包括村级、组级和乡镇级)，制度创新安排是股份合作制，目标是逐步构建“归属清晰、权能完整、流转顺畅、保护严格”，成效在于实现集体成员权。首先，在具体改革程序上，必须要求对谁是集体组织成员率先做出认定，即确定“成员资格”，同时要摸清集体有多少家底，即“清产核资”。其次，接下来的深层次问题是，集体成员应当具有哪些相应的成员权？有创新价值的是，除了农村集体经济一般传统意义上的选举权、被选举权、民主管理权之外，集体成员权内含有集体资产产权，在顶层设计的政策语境中被表述为“归属清晰”，即集体资产的产权按份额归属于每一成员名下，而不是共同共有于集体名下。再次，“集体产权”应然性地被赋予“股份权能”。《意见》指出“赋予农民更多财产权利”，尤其是“赋予农民对集体资产股份占有、收益、有偿退出及抵押、担保、继承权”。最后，由于改革前我国集体所有制下产权归属为“共同共有”，自然不具有“股份权能”，实施“归属清晰”和“赋予成员股份权能”的产权制度改革，从应然性角度讲，“股份权能”就应当属于集体产权的权能之列，其所指应是“集体产权的股份权能”，因此，对集体经营性资产进行股份合作制改革也是《意见》的应有之意。

（三）逐步实现集体产权六项股份权能

集体产权六项股份权能的实现程度与诸多因素相关，也是构成深化农村集体产权制度改革的重要部分。集体产权六项股份权能的实现程度，决定着集体成员权的实现程度，在决定集体产权六项股份权能实现的因素中，股权管理模式是重要变量。观察21世纪初及更早期以广东南海区为代表的我国沿海经济发达地区股份合作制改革，其产权结构经历了从单一和不完整到逐步完善的过程，起始改革股东配置到的股权功能主要在于获得集体收益分配，因后来采取了“生不增，死不减”的静态股权管理模式，并逐步衍生继承、有偿退出权能，但以分配为主导的集体产权改革实践始终存在股权结构不完整，股权功能残缺问题。本轮产权制度改革充分吸收了这些早期农村集体经济股份合作制改革经验，《意见》不仅规定了农村集体经营性资产具有的六项股份权能，并指出“股权设置应以成员股为主，是否设置集体股由本集体经济组织成员民主讨论决定。股权管理提倡实行不随人口增减变动而调整的方式”。从六项权能到股权设置和股权管理，其中的制度创新空间和创新密码是什么？与产权的权能性质、表现形式和实现程度存在什么关系？

1. 占有权和收益权——产权的基础性权能不可或缺

占有权和收益权是集体资产六项股份权能中的基本权利。农村集体资产属于农村集体经济组织成员集体所有，成员对集体资产自然享有占有和获得收益的产权权利，改革推进中首要保障的就是成员的占有权和收益权。占有权不是将农村集体资产实物分配到个人，而是对集体资产以股份形式的占有。收益权是集体资产股份权能的核心权利，是农民能够收获改革红利的分配制度。《意见》为保障成员的占有权和收益权给出三方面制度创新的弹性空间。

一是在股权设置上，主要是个人股和集体股的设置问题，尤其是要不要设置集体股。中央文件指出股权设置以成员股为主，是否设置集体股由本集体经济组织成员民主讨论决定。从改革本意和趋势上看，设置集体股不是方向，因为既然已设置个人股，就将集体资产折股量化到人了，若再设置集体股，权利人是谁难以明确，集体股的分红归属不明确。北京大兴区、佛山市南海区、浙江吴中区、上海闵行区、遵义市湄潭县等地均不设置集体股。那么不设集体股如何保证村集体基础设施、公共事业的建设，此问题的解决之道是，通过从集体收益中先行提取公积公益金来实现，而后再进行分红。

二是股权管理上，中央文件提倡实行不随人口增减变动而调整的方式，未做强制要求，而实践中究竟采用哪种模式，可根据地方实际选择，因此，实践中即存在股权“动态管理”，也有不少“静态管理”。改革试点地区多采用了“量化到人、确权到户”的方式，即选定确权时点，将集体资产折股量化到人，以户为单位确权、管理股权，实行村内户与户之间的“静态管理”、新增人口通过分享户内股权获得集体资产份额和成员身份，实现户内动态平衡。

三是利益分配比例。集体产权制度改革既要发展壮大集体经济，也要保障农民经济收益，因此，需要在股份分红与公积金、公益金提留分配比例之间把握好度，既不能一分了之，也不能不分红。佛山市南海区规定集体经济组织收益的60%用于股份分红，40%用于集体公积公益金提留，以期兼顾集体成员个人利益与集体公共事业的平衡关系。

2. 继承权和有偿退出权——试点改革中要求有条件拓展的权能

一是集体资产股权能否继承的问题。在集体产权制度改革试点中是否存在个人股权在户内或直系亲属间继承问题？继承人是否应该是本集体组织成员？理论上，前者与股权管理模式有关，因情况而异。在股权动态管理模式下，不存在继承之说，是不需拓展股权继承权的，也就是说在股权“静态管理”的情况下，才会出现继承。实践中，因为存在大量动态与静态相结合的股权管理模式，因此，这方面的试点做法仍在不断探索。继承者的资格而言，一般的试点规定分为两种情况，一类为由本集体经济组织成员继承，继承以法定继承、遗嘱继承、遗赠等不同形式确定。另一类为继承人不是本集体经济组织成员的，股权由集体经济组织托管、赎回或流转交易给其他股权户，其中，由集体托管的，继承人只能继承股权的收益权，赎回或流转交易的，继承人只可继承股权一次性的赎回或出让金。

二是股权有偿退出的相关问题。股权的有偿退出本质上是产权的流转行为，而不是全部成员权的交易。集体经济组织成员有权选择退出集体股权，有偿退出的应是成员权实现中股份权能部分的相应权能，退出之后其他成员权的消灭或保留应依据集体经济组织成员界定办法执行。这里面涉及的问题主要是，有偿退出的形式有哪些？价格如何形成？和继承权类似，有偿退出主要发生在股权“静态管理”的情况下，交易一般限定在集体组织内部规范化进行，价格机制方面，可以通过集体经济组织内部公开转让、协议转让、赠予等流转交易或集体经济组织赎回等形式实现。价格高低与集体经济发展预期紧密相关，因目前发生有偿退出的案例极少，价格机制的作用不显著。

3. 抵押权和担保权——试点改革中慎重稳妥赋予的权能

在改革试点中，抵押权和担保权作为他项权构成集体产权的组成部分，在一些条件较好的试点地区推进。在农业部农村集体资产股份权能改革试点中，提出“审慎稳妥开展抵押权和担保权试点”。由于股份合作制组织改革的底线是不能把集体给改没了，削弱了，意味着以集体资产股权行使抵押权和担保权最终是难以变现集体资产，存在着一定的现实风险。因此，导致各地改革试点中银行等金融机构缺乏积极性、参与度低等问题出现，集体经济组织成员股权的抵押和担保试点改革也较难推进。

目前在开展集体资产股权抵押权和担保权的试点地区中，在创设必要条件的前提下一些有益的探索在不断总结。安徽省滁州市天长市探索出农民以集体资产股权证书作抵押，可获得不超过股权价值 8 倍的贷款。成都市温江区引入交通银行温江分行开发集体股权抵押融资金融产品，以股份年预期收益为基础，集体经济组织、股东可互保融资。上海市闵行区明确股权抵押价值测算应以股权预期收益为依据，农村集体资产股权抵押担保采用授信额度方式。同时明确当借款人不能如约归还贷款本息时，可由第三方担保公司、也可由区、镇财政部门建立的股权抵押贷款风险基金，承担一定比例的不良贷款风险。山东省沂水县积极推进农村赋权活权改革，开展农村集体资产股权质押贷款，2018 年，沂水县农村商业银行已发放质押贷款 6 笔共计 51.6 万元，质押股权 22 股，质押率 90%。2019 年计划发放质押贷款 6 000万元以上。

二、农村集体产权制度改革中制度创新的行为特征

2016 年年底，中共中央、国务院发布的《意见》标志着农村集体产权制度改革开始稳步推进。农村集体产权制度改革以“还权于民”的改革思路，实现着壮大集体经济，实现共同富裕的终极目标。其改革路径是清产核资、确员确权、折股量化、建立集体经济组织，其试点方法是自上而下、先行试点、由点及面、扩面提速；其制度供给是中央与地方之间实现制度供给弹性互补等等。总体来看，制度创新行为具有以下特征。

（一）改革路线图——核资确员，折股量化，成立股份经济合作社

从 2016 年中共中央、国务院联合发布《意见》后，农村集体产权制度改革试点进入强力推进阶段，标志着我国农村集体产权制度试点改革的全面提升。各地按照清产核资、资产量化、股权设置、股权界定和股权管理为主要程序开展农村集体产权制度改革，并进一步明晰了改革路线图（图 2-1）。《意见》强调对集体经济组织进行股份合作制改革，对集体经营性资产明晰产权归属，折股量化到集体成员，赋予集体成员资产股份权能，成立多种形式的股份经济合作社，壮大农村集体经济。

农村集体经济组织作为对集体产权被分割的实体，具有管理职能，负责统筹调整集体成员的权利，为实现集体成员的各项权能服务。同时，在集体产权交易边界封闭和限定一股一票等内控制度前提下，农村集体经济组织中成员间关系与“股东”间关系相似，农村集体经济组织与集体成员间关系与股份公司与股东间关系相似。因此，农村集体经济组织在发展壮大集体经济方面，具有类股份公司化的发展优势。

（二）试点方法论——由点到面，从易到难，强力提速扩面

我国农村集体产权制度改革的制度变迁经历了由诱致性制度变迁到逐步强制性制度变迁的过程，其中施以由点到面，从易到难，强力提速扩面的试点方法。本研究梳理了相关政策文件（表 2-1），表明制度变迁的强化进程。

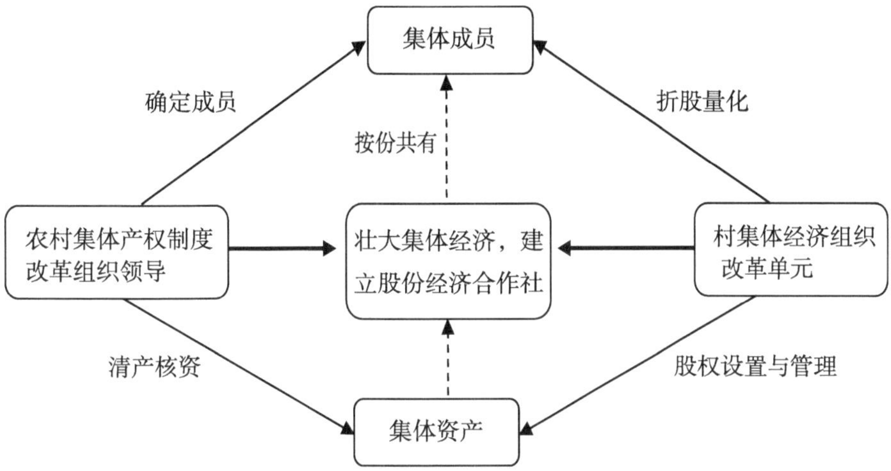

图 2-1 我国农村集体产权制度改革路线

表 2-1 中央涉及农村集体产权制度改革的政策文件

年份	名称	内容
2003 年	党的十六届三中全会	农村集体经济组织要推进制度创新，增强服务功能
2006 年	《关于加强农村基层党风廉政建设的意见》	积极推进股份制、股份合作制等村级以经济的有效实现形式
2007 年	《关于稳步推进农村集体经济组织产权制度改革试点的指导意见》（农业部〔2007〕22 号）	对农村集体经济组织者改革的原则、步骤做出了明确的规定
2010 年	《关于加大统筹城乡发展力度进一步夯实农业农村发展基础的若干意见》（〔2010〕1 号）	首次提出鼓励有条件的地方推进农村集体产权制度改革
2013 年	《关于加快发展现代农业进一步增强农村发展活力的若干意见》（中发〔2013〕1 号）	改革农村集体产权制度，有效保障农民财产权利
2016 年	《中共中央国务院关于稳步推进农村集体产权制度改革的意见》（中发〔2016〕37 号）	全面部署农村集体产权制度改革工作
2017 年	《关于支持农村集体产权制度改革的有关税收政策的通知》（财税〔2017〕55 号）	财政部
2017—2019 年	各年中央一号文件	全面深化农村集体产权制度改革

注：根据历年中央及各部委政策、文件整理而得。

总体上我国农村集体产权改革试点稳步推进，完成数量和质量逐年提高。表 2-2 列出了 2009 年以来的进展程度，2011 年前比较平缓，到 2015 年上了一个台阶，再到 2018 年明显提速。经过 2014—2018 年的五年发展，全国共有 24. 8 万个村、75. 9 万个村民小组建立了集体经济组织，占总村数的 40. 7%，村民小组占比超过 15%。

表 2-2　我国农村集体产权制度改革进展情况

年份	完成农村集体产权改革的单位数（万个）	量化资产总额（亿元）	量化设立股东个数（万个）	完成农村集体产权改革的村累计分红（亿元）	平均每股分红（元）
2009	1.07	2 210.6	1 064.8	365.0	662
2010	1.29	2 528.1	1 718.6	440.6	511
2011	1.66	3 295.0	2 315.7	548.7	492
2012	2.40	3 618.6	3 710.2	812.8	346
2013	2.80	3 671.2	3 830.3	924.1	525
2014	4.70	4 874.2	6 235.3	1 342.8	370
2015	5.80	6 074.8	8 174.9	1 594.3	315
2016	6.70	6 994.4	8 672.7	1 802.7	314
2017	14.10	6 655.3	11 200.0	2 214.7	366
2018	21.90	12 840.0	26 058.2	2 702.4	187
2019	59.50	19 389.5	71 031.8	3 420.0	364

数据来源：2009—2019 年《中国农村经营管理统计年报》。

在推进过程中，从总体来看，东部地区农村集体产权制度改革速度较快，但以四川、重庆为代表的西部地区增幅明显，体现了先易后难的方略。截至 2019 年年底，我国东、中、西部完成产权制度改革的村分别为 19.97 万个、11.92 万个和 4.96 万个，占全国完成村数的 54.2%、32.3%和 13.5%；山东、河南、河北、浙江 4 省完成产权制度改革的村占全国完成村数的 52.7%。

（三）供给留弹性——由地方提供补充性或下位次制度安排，弥合顶层制度供给的弹性缺口，互补完成制度创新

在本轮农村集体产权制度试点改革中，从改革的顶层制度供给到实际落地的地方制度安排需求之间存在供需弹性互动关系，顶层给基层留下一定的制度创新空间，上下互动共同完成农村集体产权制度创新。正如《意见》所指出"股权设置应以成员股为主，是否设置集体股由本集体经济组织成员民主讨论决定。股权管理提倡实行不随人口增减变动而调整的方式"。试点改革实践中，成员资格确定的标准、股权设置中留不留集体股，以及股权管理的具体办法都是地方在试点中"因村施策"或因类异同的产物；再如，在统一按规范化程序成立股份经济合作社后，由改革实施主体——集体成员共同商议合作社章程，治理结构、成员权责等条款一并在股份经济合作社章程中做出规定。从而形成顶层设计为主、地方补充为辅的制度创新良性互动，做到制度创新供给与有效需求相互衔接，真正发挥制度创新的效用。

（四）评估促反馈——自评估、第三方评估，逐批次开展

在改革程序上，评估是从政府视角对监测改革试点效果的一种重要手段，通过自评估、第三方评估相结合的方式发现农村集体产权制度改革取得的阶段性成效和存在的问题，为国家制定相关政策和下一步扩大试点范围提供参考和指南。农村集体产权制度改革具有涉及范围广和情况复杂，以及逐次展开的特征，2017 年以来，已组织多组专家多次对农村集体产权制度改革试点地区进行“中期”和“终期”评估，全面了解我国农村集体产权制度改革情况，为中央制定相关政策和进一步扩大试点提供了参考和指南。

我国农村集体产权制度改革在各批试点任务和规模上存在差异，因此“改革试点”评估重点和方式亦不同。一般依据专家与政府部门共同设计的《农村集体产权制度改革情况调查表》先行用于农村集体产权制度改革试点地区自我考核①，同时再委托第三方专家小组根据一系列评估指标进行实地考察评估，以掌握整批试点地区面上的进展情况。为保证评估质量，有时政府部门会安排不同评估小组到同一试点地区进行复评估。依据《农村集体产权制度改革情况调查表》，农村集体产权制度改革试点评估的内容相当全面，既包括改革前期的准备，如政府支持和制度建设；也包括改革过程和成效的评估。各项评估指标占有不同的分值，第三方评估小组可根据试点地区情况进行打分，通过数据衡量试点地区农村集体产权制度改革完成情况，保证了评估结果的客观公正。

通过自行评估或者第三方对农村集体产权制度改革试点的评估，一般会对评估结果进行反馈。对工作完成度和完成质量较高的试点地区予以相应的鼓励和支持，以及后期典型的宣介，起到示范带动作用；对改革成效不显著地区，及时提出相应的整改意见，督促其改革。

三、农村集体产权制度改革创新效能评价

农村集体产权制度改革为农村地区带来了多种变化，有效激发了农村经济效率与活力，总体上改革效能体现在以下 3 个方面。

（一）培育市场经济新主体，促进农业高质量发展

农村集体产权制度改革，通过核资确员，折股量化，建立集体经济组织，提高了农民组织化能力和水平。截至 2019 年年底，全国已有 60.2 万个村、238 万个组完成清产核资数据上报，清产核资的硬任务基本完成。已有超过 330 个乡镇、26 万个村、18 万个组完成集体经营性资产股份合作制改革，有超过 27 万个集体经济组织获颁登记证和组织证明书，股东会、董事会和监事会的治理结构基本形成，明确了农村集体经济组织的市场主体地位。在集体成员的责任感和主人翁意识提升影响下，集体资源要素配置得到优化，从过去的物业经济单一发展走向新产业新业态的全面拓展，集体经济活力增强，农业农村现代生产要素贡献率得以增加。

（二）增加农民财产性收入，助力实现共同富裕

随着农村集体产权制度改革的逐步落地，集体经济发展势头良好。截至 2019 年年底，全国无集体经济经营收入村由 2014 年的 32.3 万个减少到 2019 年的 16.0 万个，与

---

① 根据自评调查表对自身情况进行自评估，形成自评报告，呈报“试点工作小组”，有利于“试点工作小组”全面掌握试点任务开展情况。试点地区对自身情况了解程度高，自行上报试点任务完成情况，提高搜集信息的可靠性。

此同时，集体经济经营收入在5万元以上的村由12.7万个增加到23.5万个；另据农业农村部统计，2015—2019年已有超过36.8万个村组通过产权制度改革，将农村集体资产折股量化建立了股份经济合作社，累计分红3 420亿元。集体经营性资产收益分红成为农民财产性收入的重要组成部分，为促进农民增收做出贡献。

同时，发展集体经济呈现“群雁效应”，共同致富初见成效。东部发达地区和郊区集体经济发展的“头雁效益”明显，中西部纯农区紧跟其后，尤其是随着国家加大力度扶持贫困村集体经济发展，为脱贫攻坚发挥了积极作用，村集体经济发展差距缩小，“群雁矩阵”形态明显。在脱贫攻坚的过程中，在全国贫困村建了几万个村级光伏电站，每个电站300kW左右，每年收入20多万元，并将其作为村集体的收入，为贫困村集体经济发展打下了良好基础。

安徽省滁州市来安县舜山镇六郎村是诸多借力集体经济发展脱贫的典型之一。六郎村改革之前是典型的贫困村。产权制度改革中，充分将产权制度改革与精准脱贫相衔接，通过建立股份经济合作社，搭建集体资产运营平台等形式，一方面确保集体经济的平稳可持续发展，另一方面为使贫困户尽快脱贫，针对贫困户制定了股权量化和分红收益帮扶办法，在按股分红制度中特增设扶贫股，并进行二次分配。第一次分配，当集体产生利润时优先发放给贫困户；第二次分配，先扣除集体股收益，剩余部分利润全部成员（包括贫困户）再分配。六郎村经营性资产分红情况，见图2-2。

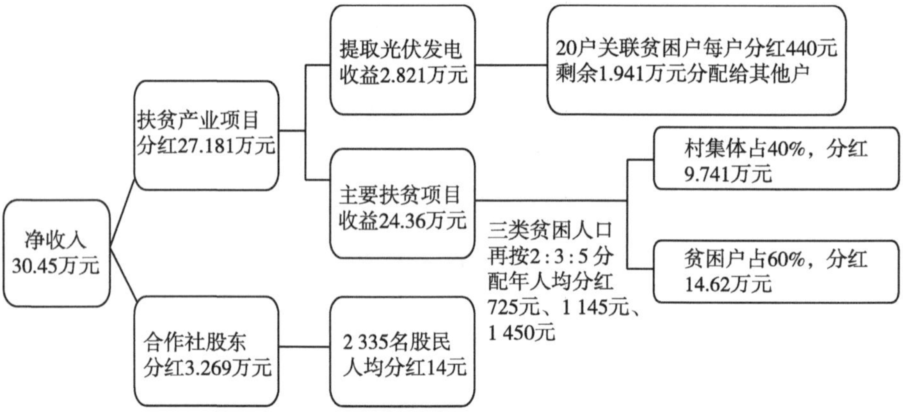

图2-2　六郎村2018年1—9月集体经营性收入分红情况

注：三类贫困人口指无劳动能力的五保贫困户、生活相对困难的低保贫困户和一般贫困户。

（三）理顺农村基层组织体系，推动乡村治理现代化

产权制度改革后，农民自组织得到完善和加强，农村基层组织真正形成由集体经济组织、村民委员会自治组织和基层党支部构筑的“三驾马车”。在产权制度改革之前，村民委员会和基层党组织是健全的，但多数农村地区未设置农村集体经济组织，因而将对集体资产的产权管理置于村民委员会自治职能中进行，导致“政社不分”弊端屡屡出现。农村集体产权制度改革作为加强村级班子建设、强化服务功能、推进基层治理体系和治理能力现代化的重要抓手，通过改革全国对已成立的股份经济合作社，颁发了印有统一社会信用代码的登记证书，使之获得了“特别法人”身份和“市场主体”地位，拥有了独立签订合同、开具发票、平等参与市场竞争的资格。产权制度改革后，随着集体经济组织的建立，基层组织之间关系基本理顺，进一步厘清了村党组织、村民自治组织、村集体经济组织的权责边界，形成了村党支部领导，股份经济合作社承担集体资产经营管理事务，村民委员会承担村民自治事务的新型农村治理模式。集体经济事务在内部“三会”治理框架下运行。乡村治理主体由单一化向多元化转变，农村的管理方式逐渐向社区管理转变，推动乡村治理迈向现代化。

第三章

农村集体产权制度改革
主要概念界定

第一节　农村集体经济组织性质、概念及定位

农村集体经济组织作为我国农村社会经济生活中一类较为特殊的团体组织，学者对其性质及功能定位见解不一；目前，在法律层面也缺乏对农村集体经济组织的明确规定，尽管《中华人民共和国民法典》（以下简称《民法典》）中明确提出“本节规定的机关法人、农村集体经济组织法人、城镇农村的合作经济组织法人、基层群众性自治组织法人，为特别法人”，但相关法律并未明确指出农村集体经济组织的性质和地位；我国开展的农村集体产权制度改革赋予农村集体经济组织新的生命力，但并未真正从法律角度明确农村集体经济组织的性质和定位。正是由于农村集体经济组织的性质和功能定位不明确，导致其职能行为模糊多样，且在实践中其某些市场行为受到限制，进而影响其正常发展。农村集体经济组织长期所处的“尴尬”境地说明要真正发挥集体经济组织的功能作用，首要的是从法律上明晰其性质及定位，通过农村集体经济组织立法，以问题为导向，着重解决概念模糊、性质争议、职能混乱等问题。

一、集体经济组织作为“特殊法人”，具有双重属性

对集体经济组织性质的认识与对集体所有制的认识紧密相关。目前，相关法律政策表述不尽一致，学术界还有较多的争论。村民委员会和农村集体经济组织承担着政治、经济、社会的多重职能，是我国农村并存的两种极其重要的社会主体（罗猛，2005）。但必须明确的是，其二者属于性质和权能不同的组织（关锐捷等，2011）。有的学者认为农村集体经济组织应单纯的定位为经济性质的法人（罗猛，2005）；有学者认为农村集体经济组织承担保障职能（戴威等，2012），属于社会性质；还有学者认为，农村集体经济组织既不同于企业法人，又不同于社会团体，也不同于行政机关，自有其独特的政治性质和法律性质（魏宪朝等，2008），其职能也包括经济、社会、文化和社会等多方面。一般则认为村集体经济组织应单纯的定性为经济性质的法人，不应隶属于政权体系。

种种争议之下，集体经济组织作为“特殊法人”，其属性究竟何在？

我国农村集体经济组织性质与实行土地集体所有制紧密相连，实行土地集体所有制则是社会主义公有制的内在要求，也是由我国基本国情、历史遗产、所处的发展阶段等多个因素综合的选择结果。变革土地所有权的集体所有制性质不符合我国社会现实，并可能会引发社会动荡风险。但是土地集体所有既不等同于改革开放前的农民集体所有、农民集体统一耕种，也不等同于改革开放以来的农民集体所有、农户自耕农开展生产。随着城市化进程加快、农村劳动力转移加快，土地集体所有制又出现了新的变革形式，即集体所有、大量承包农户转变为出租土地、由以市场导向的商品农户为主体的新型经营主体开展土地耕种，实现集体、承包农户、新型经营主体对土地权利的共享。针对农村中群众的创新实践，习近平总书记适时提出了农村土地“三权分置”理论。

农村集体经济组织在《宪法》《民法典》《中华人民共和国土地管理法》（以下简

称《土地管理法》）《农业法》和《中华人民共和国农村土地承包法》（以下简称《农村土地承包法》）等多部法律中均有涉及。2007 年颁布实施的《物权法》完成了我国农村集体土地等生产资料权利的物权化界定。该法第五十九条第一款规定，“农民集体所有的不动产和动产，属于本集体成员集体所有”，与其他已经颁布的相关法律最大的不同是，《物权法》引入了“成员权”概念来明确集体所有权的主体，并对集体成员享有参与决策、知情的权利与权利保护做出了相应的规定。新修订的《宪法》第八条指出“农村集体经济组织实行家庭承包经营为基础、统分结合的双层经营体制。农村中的生产、供销、信用、消费等各种形式的合作经济，是社会主义劳动群众集体所有制经济。”第十七条规定“集体经济组织在遵守有关法律的前提下，有独立进行经济活动的自主权”。这些法律规制为后续农村集体经济组织立法奠定了法理基础。

需要强调的是，农村集体所有权是不断发展与创新的。依据 2002 年《土地承包法》，2007 年《物权法》《民法总则》《土地管理法》等相关论述，土地集体所有包含着农户成员、集体双层所有、两者相互依存的特殊属性，从而使得农户承包经营权具有了物权属性。因此，承包经营权分置为承包权和经营权具有法理上的合理性，而明确土地所有权、稳定承包权、搞活使用权的“三权分置”，成为完善我国农村基本经营制度的法律框架，从而不仅有利于更好坚持集体对土地的所有权，更好保障农户对土地的承包权，更好用活土地经营权，推进现代农业发展，也能明确了以成员为核心的农村集体经济组织的创新所在。

因此，在我国农村基本经营制度框架下，农村集体经济组织实行土地集体所有，家庭联产承包经营为基础、统分结合的双层经营体制，是农村公有制的主要组织载体和存在形式，也是我国社会主义基本经济制度的组成部分。其与农村村民自治组织（村委会）、村级党组织共同构建形成乡村治理体系。按照我国实际情况，农村集体经济组织应具有促进经济发展为主，兼顾本社区公共物品供给与管理的双重性质。

二、集体经济组织概念

农民和农村基层工作者的认识仍表现出较强的传统均权思想。即集体经济就是集体的土地、资金、资产应该在本社内人人（户户）有份的区域性组织；并由此认为“生添死减”“有进有出”，是集体所有制性质决定的最基础、最根本的应有之义。同时也认为集体所有制不同于私有制，根据形势需要、法律政策规定、不同资产类型和群众意愿，可以具体体现为不同的实现形式，组织形式上可以是人民公社，也可以是统分结合的双层经营、股份经济合作社等。在组织运营管理上，可以体现为按人分配（集体收益），也可以按户分配（宅基地）；可以在数年内按人按份分红，也可以每年进行调整。在资产产权类型上，可以体现为集体内封闭所有（如资金、经营性资产），也可以体现为公益性质（水渠、道路）。

笔者认为，经历改革开放前传统计划经济下的发展，特别是随着农户家庭经营的实施、三权分置制度框架的确立以及基本经营制度的不断完善，我国农村集体经济组织经由人民公社、生产大队、生产队改革改制演变而来，是建立在农村土地等生产资料集体（成员）所有制基础上的实行家庭联产承包经营为基础、统分结合的双层经营体制，具有兼顾乡村社区发展的经济组织，是作为农村公有制的主要组织载体和存在形式。随着农村集体产权制度改革的推进，以村组为单元的农村经济合作社将普遍建立，村民委员会作为代行集体经济组织职能行使主体的必要性将逐步减弱，并最终结束。

三、集体经济组织职能

农村集体经济组织的功能存在单一功能说和多元功能说两种观点。单一功能说又包括服务功能说和经济功能说，服务功能说认为农村集体经济组织应当为本社区村民提供各种类型的服务，经济功能则由各类专业合作社行使（刘小红，2012），经济功能说认为农村集体经济组织应当以实现农村集体资产保值增值和为农民谋取更多经济利益为主要职能（焦富民，2019），而且该功能应当进一步强化（洪燕，2019）。多元功能说则认为农村集体经济组织功能具有复合性（崔超，2019），它不仅仅是经济组织，还承载着政治、社会功能以及集体所有制的组织功能（屈茂辉，2018），农村集体经济组织是集体资产管理主体、服务主体、组织主体和集体产权代表主体（许中缘等，2018）。从历史变迁过程看，农村集体经济组织作为集体所有权代表的地位、作为社区范围内公共物品提供者的作用、作为国家政权机构延伸和补充的作用，均有不可替代性，这是由我国农村土地集体所有的性质决定的（韩俊，1998）。从长远发展看，重新认识农村集体经济组织的功能，使其既能体现经济组织的特征，又能在市场交易中维护其在农村组织体系中的价值，是实现农村集体经济组织特别法人地位及立法需要解决的首要问题（杨一介，2019）。

从现实看，目前农村集体经济组织除了承担发展集体经济的经济职能外，多数农村地区的集体经济组织承担成员的部分福利支出费用，如养老、医疗、教育和扶贫等福利性质的社会职能。因此，立法需要回答农村集体经济组织是否应该承担如养老、医疗和教育等福利性质的社会职能？长此以往可能会影响甚至拖累集体经济组织的发展，又可能引起集体成员与农村居民间的矛盾。另外，尚无集体资产的农村地区，暂由村民委员会代行集体经济组织职能，那么村民委员会自身具有的职能与代行集体经济组织职能如何清晰划分，又是集体经济组织面临的有一大难题。

笔者认为，农村集体经济组织作为特别法人的“特别之处”在于其经济性与社会性的双重功能定位。基于现行制度的分析，农村集体经济组织的具体功能可以概括为“四个主体”，即农村集体所有权的行使主体、开展生产经营活动的市场主体、面向成员的服务主体和巩固支撑乡村治理体系的治理主体。在实践中，需要持续解决的问题是尚无集体经营性资产的农村集体经济组织，且暂由村民委员会代行集体经济组织职能的，当集体资产达到一定标准时，再从组织上、管理上和职能上及时恢复建立集体经济组织。

在我国城镇化加速发展的背景下，明晰集体资产产权，构建城乡要素公平交换的制度体系，建立“归属清晰、权能完整、流转顺畅、保护严格”的农村集体产权制度是完善基本经济制度的内在要求，是保障农民财产性权利的重要措施，是推进新型城镇化的必要条件，农村集体产权制度改革势在必行。而农村集体产权制度改革首先要面对的是农村集体经济组织成员资格及相关集体资产的界定管理问题，它即关系到农民的政治权利，也关系到农民参与收益分配的财产性权利，是推进农村产权制度改革的基础性工作，也是当下集体产权改革中诱发村民与集体、村民与村民之间矛盾的纠结点，是关系集体产权制度改革进度的关键环节。本书在课题调研基础上，对农村集体产权制度改革中的主体、客体界定的实践做法、合理性等进行深入评析，并提出深化改革的政策建议。

第二节　产权改革主体——农村集体经济组织成员界定及标准

目前，在我国现有政策法规中，包括中央和地方颁布的农村集体产权改革实施办法和指导意见，有关农村集体经济组织成员资格的界定尚没有统一标准；在实际操作中，各地因地制宜，形成了一系列大同小异的认定标准。一般而言，在成员资格界定工作中，以省级地方政府政策为基础，主要依据户籍关系和劳动贡献两项标准，即户籍登记在本集体经济组织所在村民委员会或村民小组内的农村居民拥有成员资格；在本集体经济组织或原农业生产合作社生产、生活过的农转非村民（或城市居民）拥有成员资格；其他特殊人群由集体经济组织成员（代表）大会民主讨论决定。从上海、北京、广东的实际情况看，标准有细有粗，操作的原则性与灵活性各有千秋。

专栏1　上海市农村集体产权改革中产权主体的确定

上海市集体经济组织成员的界定工作于2011年开始，经过两年时间现已基本完成。成员界定原则上遵循《户口在村（队）、劳动在册》（沪府发〔1996〕34号）总体要求，户籍并不是唯一标准。集体经济组织成员身份取得有原始取得和法定取得（婚姻取得、收养取得和移民取得）两种形式，主要表现为以下情形。

①原农业生产合作社或农业生产队以及社级集体经济组织的社员，且户口保留在本集体经济组织所在地，属本集体经济组织成员。②义务兵，属本集体经济组织成员。③大中专院校就读期间的原农业户籍学生，属本集体经济组织成员。④因婚姻关系办理入户的农业户籍人员，出嫁、丧偶、离婚以后户口仍在本集体经济组织的，属本集体经济组织成员。⑤本集体经济组织成员在1992年4月1日《中华人民共和国收养法》颁布之前收养而未办理收养登记手续的在册收养子女，属本集体经济组织成员。《中华人民共和国收养法》颁布后，办理了合法收养登记手续的在册养子女，属本集体经济组织成员。⑥因国家重大政策需要，由政府安置而迁入本集体经济组织的在册农业人口（政策性移民及其子女），属本集体经济组织成员。⑦2001年出生统一登记为城镇居民户口的农民子女，父母双方有一方为农业户籍人员，从年满16周岁起，应视作本集体经济组织成员。⑧本集体经济组织成员支援边疆和内地建设，现已迁回原籍的农业户籍人员，属本集体经济组织成员。⑨现已迁回原籍的自理口粮户人员，仍属本集体经济组织成员。⑩经政府平反的服刑和劳动教养期间的农业户籍人员，承认其为本集体经济组织成员。

其他特殊情况，必须经本集体经济组织成员（代表）讨论决定，并经三分之二以上成员（代表）表决通过。各村对经过界定的成员名单结果必须进行三榜公示，公示无异议后，经集体经济组织成员（代表）大会三分之二以上表决通过，并签字确认生效。

北京、上海、广东、浙江及其他地区关于集体经济组织成员界定的做法，基本上都是采取了原始取得、法定取得和民主表决相结合的方式。户籍在原农业生产合作社或农业生产队且长期生产生活在本集体经济组织的农村居民可原始取得成员资格，因婚姻、收养关系，办理合法手续并入户本集体经济组织的农村居民可法定取得成员资格，特殊人群如非婚生子女、外嫁女、在校大学生、小城镇户口等情形由集体经济组织成员（大会）民主表决并签字确认。这种界定方式遵循了“依据法律、尊重历史”的原则，明确了农民的基本权利和义务，保护了农民的合法权益。从基层工作效果来看，成员认定在很大程度上降低了纠纷和矛盾的发生，推动了产权制度改革的顺利进行。

笔者认为，农村集体产权制度改革，其本质要义是产权主体间的利益再分配，务必要妥善处理农村集体经济组织成员资格界定问题。集体经济组织成员的界定，应在坚持户籍关系、劳动贡献和尊重村民意见相结合的原则基础上，重点满足特殊群体的利益诉求，彻底移除由此引发的长久以来的历史遗留问题。

考虑到实践中农村集体经济组织的成员界定工作比较复杂，各村组在执行过程中存在不一致的情况，政府难以制定统一的标准细则，因此，集体经济组织的成员界定标准应抛开地区间的横向公约数，挖掘和强调集体内部的公约数。在“依据法律、实事求是、尊重历史、公平合理”的指导思想下，应由农民主导，充分发挥集体经济组织民主决策的功能，由集体经济组织成员代表（大会）民主讨论决定。政府可出台相应的指导意见，对实际操作的原则和程序加以规范。民主决议后的方案若能兼顾到复杂的人员关系和历史关系，且得到公众认可，就可认为是合理的，各村应对界定的产权主体人员名单张榜公示，公示无异议后，三榜定案。

专栏2　北京市农村集体产权改革中产权主体的确定

北京市各区县在界定组织成员时依据《关于积极推进农户土地承包经营权确权和流转的意见》的有关规定，实施一村一策，按照村规民约，由集体经济组织民主决定，大致参照如下范围。

截至到改制基准日，符合下列条件之一的人员，具有现集体经济组织成员身份：①一轮承包土地时，已经取得本集体经济组织土地承包经营权的农户及其衍生的农业人口；②按照省、区、市政府制定的有关政策进行异地搬迁的水库移民、强泥石流易发区和采空区移民以及其他政策性移民家庭的农业人口；③转居转工人员中把劳动力安置费交给本集体经济组织并在本集体经济组织就业的留职人员家庭人口；④集体经济产权制度改革基准日，在大、中专院校读书且转为非农业集体户口的集体经济组织就业的留职人员家庭人口；⑤已经将承包土地交回户口迁出村的集体经济组织，并按照现户口所在地集体经济组织的规定缴纳了入社投资，经本集体经济组织成员大会或者成员代表大会同意后，取得本集体经济组织成员身份的农户及其衍生的农业人口；⑥未办理自愿放弃土地承包经营权手续的全家转为小城镇的农户及其衍生人口；⑦本集体经济组织中拥有土地承包经营权的义务兵和符合国家规定的士官、服刑人员、劳教人员；⑧一轮土地承包时，已经取得本集体经济组织土地承包经营权，后来把户口迁出本村且没有在现户口所在村取得土地承包经营权的农户及其衍生人口；⑨因政策性转居没有享受城镇职工社会保障的劳动力；⑩集体经济组织成员大会或者成员代表大会认定的其他享有集体资产权益的人员。

专栏 3　广东省农村集体产权改革中产权主体的确定

2006 年，广东省颁布了《农村集体经济组织管理规定》，其中第十五条明确了成员界定的基本范围：①原人民公社、生产大队、生产队的成员，户口保留在农村集体经济组织所在地，履行法律法规和组织章程规定义务的，属于农村集体经济组织的成员；②实行以家庭承包经营为基础、统分结合的双层经营体制时起，集体经济组织成员所生的子女，户口在集体经济组织所在地，并履行法律法规和组织章程规定义务的，属于农村集体经济组织的成员；③实行以家庭承包经营为基础、统分结合的双层经营体制时起，户口迁入、迁出集体经济组织所在地的公民，按照组织章程规定，经社委会或者理事会审查和成员大会表决确定其成员资格；法律、法规、规章和县级以上人民政府另有规定的，从其规定。农村集体经济组织成员户口注销的，其成员资格随之取消；法律、法规、规章和组织章程另有规定的，从其规定。

第三节　产权改革客体——资产范围及评估

何为集体产权改革的资产客体？或纳入产权改革的集体资产范围何在？根据我国农村的实际情况，农村集体资产定义为镇、村集体经济组织成员在合作化初期以土地、牲畜、农具入股及以后长期生产经营积累形成的公共资产，主要包括经营性资产、非经营性资产和资源性资产。经营性资产是指投入到生产经营过程中或按企业经营要求使用的资产，其具有增值性的特点，即通过对经营性资产的运用，能够创造出新的使用价值和价值。非经营性资产指不投入到生产经营过程，由村组织或行政、事业单位占有、使用的集体资产，其不具有增值性的特点。资源性资产是指自然界自身运动形成的资产，如土地、山岭、草原、荒地、滩涂、水面等自然资源。明确纳入产权改革的集体资产范围，是要通过清产核资工作来完成的。清产核资是农村集体经济产权制度改革的重点基础工作，界定资产量化的范围并核实资产的数量有利于摸清家底，确认可量化净资产，为量化配股提供真实、可靠的依据。

目前，各地对于集体资产量化范围的认识和做法不尽相同。从整体来看，经营性资产已实现全部量化入股，但对于非经营性资产和土地等资源性资产是否该纳入量化范围，存在争议。例如，浙江省对资产量化范围统一规定，只对村经济合作社的经营性净资产进行评估折股，有条件的地方也可以将土地承包权折股，公益性资产原则上不列入折股范围。改革后，因土地被征用等由集体经济组织所得的土地补偿费和集体资产置换增值等的收益，应及时足额追加到总股本中。对于折股量化的资产是否评估作价，实践中多数村股份经济合作社在清产核资时并未聘请专业评估机构对集体经营性净资产评估作价。

专栏 4 上海市集体产权制度改革资产客体的确定

上海市改革由村镇产权制度改革领导小组组织清产核资，区分经营性资产、非经营性资产和资源性资产，并分别登记造册。土地是否纳入改革资产范围，清核的资产是否需要评估量化，上海市未提出明确要求。除松江区以外，集体土地未列入上海市产权制度改制范围，松江区农用地较多，部分镇将集体土地份额化，但是并未进行土地估价量化土地资产。上海市改制大部分村只是定性规定村集体建设用地属于原村集体成员，未开发前，土地上产生效益归成员，土地开发后效益按份额分配。上海市将土地不列入改制资产范围主要有三个原因：土地资产由第三方评估，并进行审计，估价需要一定费用，审计时间长；上海市地价较高，集体经济组织财力不足，即使评估出土地价值，也不能进行货币化分配；土地评估后交易需缴纳土地增值税，费用增加。

从发展上看，以广东、北京等为代表，将集体全部资产纳入量化范围已成趋势，只是各地做法不一。珠江三角洲地区农村进行集体产权制度改革初期，大多只将经营性资产作价、折股、量化，而对非经营性资产和资源类资产只登记、不量化。近年来，很多地方在产权制度改革中将非经营性资产也纳入折股量化的范围，一些地方实现了对集体经营性、非经营性和资源性资产的全部作价、折股和量化。如广东省佛山市南海区里水镇沙涌村，将属于集体的经营性和非经营性资产，以及土地、山林、鱼塘等资源性资产全部作价，扣除负债后，按净资产数额折股量化。对村集体的建设用地、农用地和一些水塘按照南海区统一征地价格进行评估作价。幼儿园、办公楼、祠堂等公益性资产，则以账面价值计价。重庆市童家桥村将除土地之外的村集体所有资产（包括债权债务）全部纳入资产量化范围。重庆市新立村则只将经营性资产折股量化，非经营性资产和资源性资产暂未列入资产量化范围。虽然两村都未将土地量化，但因两村已将集体土地上的房屋及构筑物计入固定资产，集体收益同时来自房屋和土地，事实上使得土地在价值实现上依附于地上房屋及构筑物。而根据两村《资产清理办法》规定，今后土地如果被征用变现，则追加充实到集体资产折股量化总额，归持股股东按份所有，这表明两村实际上已将土地纳入资产量化范围。

专栏 5 北京市集体产权制度改革资产客体的确定

北京市基本上将全部资产纳入资产量化范围，典型做法：昌平区木厂村把推进产权制度改革与集体林权制度改革结合起来，根据区政府、区林业局提供的政策指导价，将土地和林地进行量化，形成资源性资产，确权到人。密云县花园村鉴于全村山场和林木等自然资源的价值无法准确评估，将其作为资源股量化给全村集体经济组织成员，每人一股。对于农民承包土地，花园村采取农户自愿流转的方式，即农民将土地流转给花园旅游股份经济合作社，由合作社统一经营管理，农民按年度获得流转收益。昌平区乃干屯村在保持原理土地确权的基本经济关系不变的基础上，通过土地承包经营权入股，设立土地承包经营权股，使土地资源变为资产，实现了资本化、股份化。大兴区黄村镇对土地、林木等资源性资产和开展经营性活动占用或租用的集体土地，只进行资产清核登记，不评估入账。

土地等资源性资产归属清晰是集体产权明晰的重要内容之一，应将土地等资源资产纳入集体资产改革的范围。土地属于集体资产，不包括土地的改革是不彻底的，并且土地增值空间大，容易引发集体和农民之间的利益纠纷，土地的产权制度改革终究要进行。上海市和浙江省均未将土地纳入资产量化的范围，虽有其特殊原因，但从长期来看，改革的不彻底容易为集体经济组织的发展埋下利益纠纷的隐患。

土地等资源性资产作为农民集体所有的财产，不能分割，但可探索其资产量化、参与分配的有效形式。对适于统一估价的土地，政府进行估价式确权时，需按照土地现有用途，明确土地的收益权和分配权，制定出农民满意的公平合理的价格，将土地价值纳入资产范围。例如，北京市昌平区木厂村将积累性资产和土地等资源性资产根据区政府指导价同时作价纳入集体资产量化配股范围，做大了集体资产总量；重庆市的童家桥村和新立村依附地上建筑物的价值传递实现了土地的价值，间接地将土地纳入资产量化范围。这两种做法将土地等资源性资产量化到人，一次性、彻底地完成了产权的合理分配，使农民真正成为集体资产的主人，成为权利主体、决策主体和收益主体，这种做法有利于调动成员推进产权制度改革的积极性和主动性，值得借鉴。对适于确权到户的农村集体山林、草场、水面要按照《农村土地承包法》的规定，实行承包经营，依法确认其土地承包经营权，农民以权入股，持股分红。如北京市的乃干屯等村缺乏土地指导价格，无法评估土地价值，但通过将农民的土地承包经营权入股，使土地资源变成资产，也起到了保障农民权益的效果。总之，对于集体资产价值的核估，因其涉及集体经济组织及其成员的财产权益，故应由集体内部确定并经全体农户认可。

对于集体建设用地是否列入产权制度改革范围、能否进入市场交易的问题，仍有待进一步的实践探索和理论研究。

第四章

农村集体经济发展现状与问题

农村集体经济是社会主义公有制经济的重要组成部分，促进农村集体经济的发展壮大，有利于推进农业适度规模经营、优化农业资源配置、完善农村社会治理、提高农村公共服务能力。结合各地的实践经验与理论研究，对农村集体经济的发展现状、组织形式及存在问题进行分析梳理，把握农村集体经济的发展趋势，对推动其可持续发展至关重要。

第一节　农村集体经济的发展现状

一、发展不平衡，区域间存在差异

受地理区位、资源条件及历史文化等因素的影响，我国农村集体经济发展呈现两极分化的特点，表现为：本地区处于城郊的村庄发展强于远郊村，东部沿海地区发展好于中西部地区。具体来看，一方面少数的“强村”发展较快、较好，集体经济收入稳步增加，大多数“弱村”发展缓慢，缺乏有效的自我发展机制。一些城郊村、城中村、沿海村，其凭借良好的地理位置及资源优势，发展农产品加工、工业、旅游业，促进三大产业的良好互动，农村集体经济发展呈多元化态势。例如，较为著名的广东南海，河南南街村，集体经济收入已过亿元，再如后起之秀成都战旗村，2019 年集体资产（不包括土地等资源性资产）达到 5. 07 万亿元。与之对应的是大部分位于内陆地区、区位优势不明显的村庄，既没有可以依托的资源，也没有优势开发项目，村庄集体经济收入仅有几万元或几千元，有的甚至出现负债情况，农村集体经济发展停滞不前。另一方面东部沿海地区与中西部内陆地区农村集体经济发展差异显著。如表 4-1 所示，东、中、西部农村集体资产总额比为 4. 25 : 1. 14 : 1，农村集体资产规模地区间差异较大。农村集体经济组织收入情况也呈现这一特点，2019 年村集体总收入为 5. 07 万亿元，其中东部地区收入占比已高达 66. 5%。

表 4-1　2019 年东部、中部、西部地区村集体资产情况

项目	资产总额（万亿元）	资产总额占比（%）	村均资产（万元）
东部地区	3. 37	66. 5	1 414. 0
中部地区	0. 90	17. 8	504. 4
西部地区	0. 80	15. 7	477. 3

数据来源：《中国农村政策与改革统计年报（2019 年）》（农业农村部政策与改革司，2020）。

二、总体发展薄弱，经营效率偏低

近年来，中央和地方各级政府对农村集体经济发展的重视程度越来越高，但农村集体经济发展薄弱的状况没有改变。根据 2019 年全国农村经营管理情况统计年报数据，从农村集体经济组织收入构成看，经营性收入占三成，投资收益增幅最快；从支出情况看（图 4-1），村集体经营支出 3 662.8亿元、管理费用 1 151.1亿元、其他支出 1 682.0亿元，其中其他支出和管理费用所占比例较高。分析管理费用构成，仅干部报酬一项就占到 39.0%。而在参与统计的 55.4 万个村中，无经营收益的村有 16.0 万个，占总村数的 28.8%；有经营收益的村 39.4 万个，占总村数的 71.2%，虽然有经营收益的村超过半数，但按照目前对“空壳村”的定义（无经营收益或经营收益在 5 万元以下），2019 年“空壳村”近 32.0 万个，占总村数的比例达到 57.7%。总体来看，全国农村集体经济发展较快，经营性收入同比有所下降；但各级财政补助收入和投资收益有较大涨幅，说明农村集体经济发展呈现多元化和市场化特征。

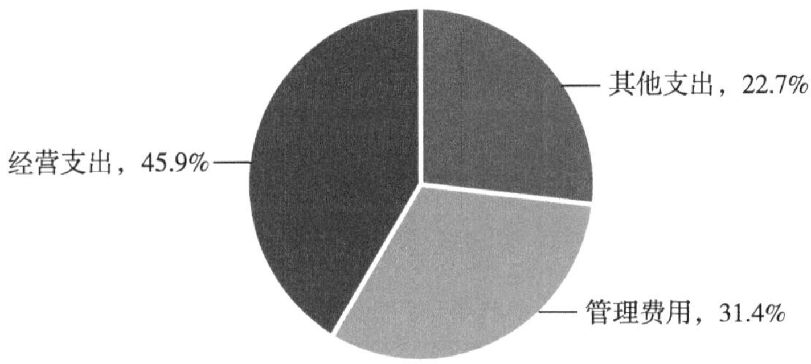

图 4-1　2019 年全国村级集体各类支出占比

数据来源：《中国农村政策与改革统计年报（2019 年）》（农业农村部政策与改革司，2020）。

三、发展势头良好，实现形式日趋多样

随着农村经济体制改革的深入，我国农村集体经济有了长足发展，农村集体经济组织总收入及总资产都表现出持续增长的态势。2019 年，农村集体经济组织总收入 5 683.4亿元，相比于 2018 年，增长了 13.8%，资产总额增长了 19.3%。农村集体经济进一步追求探索新的实现形式，创新层出不穷。第一，从组织形式上来说，改变了仅存在单一性社区合作经济组织的局面，形成多类型发展格局，如社区股份合作社，土地股份合作社，村经济联合社等。第二，从经营方式上来说，也不断演化出多种模式，如传统集体经营式模式、承包经营式、租赁式、中介服务式、发包式等，具体特征如表 4-2 所示。第三，从产权结构上来说，可以分为独资形式（单独一个行为主体全部出资、享有全部的剩余索取权，经营成败责任独自承担）、参股形式（村集体组织以资金、土地、技术等形式参股与其他社会资本嫁接联合发展）、控股形式（村集体经济组织参与市场竞争的能力明显增强通过购买股份、兼并重组等实现参股到控股的升级转变）。无论哪种产权组织形式都是集体经济在市场经济条件下发展的现实形态，但不同的形式因农村集体经济区域发展不均衡，发展效果相差较大。

表 4-2　当前农村集体经济实现形式的创新与多样化

类别标准	多样化实现形式	基本特征
集体经济经营方式	传统集体经营式；集体统一经营	产权单一，所有权与经营权高度统一
	承包经营式：资源承包他人或组织	村集体独立行使经营权，收益为集体所有
	租赁式：将集体资源租赁他人或组织	
	中介服务式：以中介服务提供有偿服务创收	
	发包式：集体资产有偿使用	依照法律公开发包，集体收取固定承包金
	外租式：集体资产依法外租	依法公开外租，集体收取固定的租金
	参股式：资金、技术等生产要素参股	与社会化资本嫁接，联合发展混合型经济
	资产置换式：盘活无效、无益的集体资产	拍卖、变现盘活集体资产，存量换增量
	BOT 模式：集体与其他投资者合办企业	以集体基础设施为资本，开展合作
	税收分成式：努力增加村域范围的工商税收	改善投资环境，通过税收分成壮大实力

资料来源：（朱有志等，2013）。

四、政策引领、政府推动作用逐步显现

进入 21 世纪以来，我国城市化进程不断加快，城乡差距逐步拉大，国家有关部门开始对发展农村集体经济进行政策引导和组织行为规范，激发农村经济发展活力。2000 年以后，特别在 2007 年以后，政府宏观政策引导农村集体经济发展、农民要求发展的愿望不断增强，人们对原有集体产权进行重新认识，通过积极推动产权制度改革，让农民直接分享到了集体经济发展所带来的红利，提高了集体成员的集体意识，增强了村集体的凝聚力。此外，由于认识到城乡分割的土地管理制度是农村集体经济发展的重要制约因素，国家开始推动农村土地征收、集体经营性建设用地入市、宅基地制度改革试点，党的十九大报告也明确提出，深化农村土地制度改革，完善承包地“三权”分置制度。系列举措有利于优化资源配置优化，提高利用效率，为发展壮大集体经济奠定基础（表 4-3）。

表 4-3　近年来关于促进村级集体经济发展的政策汇总

时间（年-月）	会议/文件/讲话	村集体经济发展的主要内容
2007-10	中共十七大报告	要积极探索集体经济有效实现形式

（续表）

时间（年-月）	会议/文件/讲话	村集体经济发展的主要内容
2012-11	中共十八大报告	“坚持和完善农村基本经营制度，发展多种形式规模经营，壮大集体经济实力”
2015-12	《扶持村级集体经济发展试点的指导意见》（财农〔2015〕197号）	鼓励试点地区因地制宜探索多种集体经济实现形式
2016-12	中央农村工作会议	推进农村改革，重点要落实好“三权分置”意见，推进农村集体产权制度改革
2016-12	《关于稳步推进农村集体产权制度改革的意见》	重申集体经济组织的功能和作用，提出发展多种形式的集体经济，因地制宜的探索农村集体经济有效实现形式
2017-10	十九大报告	深化农村土地制度改革，完善承包地“三权”分置制度；深化农村集体产权制度改革，保障农民财产权益，壮大农村集体经济
2018-1	《中共中央　国务院关于实施乡村振兴战略的意见》	全面开展农村集体资产清产核资、集体成员身份确认，加快推进集体经营性资产股份合作制改革。推动资源变资产、资金变股金、农民变股东，探索农村集体经济新的实现形式和运行机制

五、农民主体积极性得到充分调动

农民是乡村治理的主体，农民主体性是乡村治理与农村经济发展的重要影响因素。笔者曾对农村集体经济试点县——宁夏回族自治区（全书简称宁夏）隆德县农民参加集体经济组织的愿意展开调查，发放问卷130份，调查显示愿意加入集体经济组织的农户占样本的75%，有参加意愿的已加入农户占已加入农户总人数的89%，未加入集体经济组织但有意愿加入集体经济组织的占未加入农户总数的72%。由此可见，绝大多数农民具有参与农村集体经济组织的意愿，分析原因：主要是村集体统一经营可以提高效率，可以增加收入；自身土地闲置，缺乏劳动力；能人带动效应明显，对带头人充满信心。由此，村级集体经济组织发展的好坏与农民家庭收入水平之间存在着明显的正相关：即“集体富，村民富；集体穷，村民穷；集体空，民心散”。发展壮大农村集体经济，不仅意味着农民经济收入的增加，还意味着农民的精神文化生活和政治参与的改善。近年来在相关政策的推动下，各地涌现出一大批先进典型，积累了一些成熟的经验，为进一步发展壮大农村集体经济提供了可借鉴的范例，明显调动农民的主体性与积极性，为农村集体经济的有效实现提供了内生保障。

第二节　农村集体经济发展的主要实现形式

各地为发展壮大农村集体经济都进行了积极的探索和创新，很多地区也取得了比较好的效果，本书就实践尝试中比较典型的几种农村集体经济发展的实现形式进行重点阐述。

一、（社区）股份经济合作社

社区股份经济合作社是基于土地与集体累积资产为集体所有这一前提，经过清产核资、完成相应资产评估，以社区内农村户籍人员作为基本配股对象，将社区内的集体资产进行折股量化，分设集体股、个人股、农龄股等，采取“股东大会+董事会+监事会+集体资产管理委员会”的内部经营管理形式，实行按劳分配与按股分红相结合的分配方式的新型农村集体经济组织。社区股份经济合作社或社区股份合作制企业（公司）形成了较为良好的激励与约束机制，并通过找招商引资、项目建设等过程，逐步壮大农村集体经济实力，激发农民参与发展农村集体经济的积极性。

在各地的实践中，采用此种组织形式的村庄多分布在大城市的城郊，非农经济发展程度比较高，积累了较多的集体经济财产。催生其产生发展的根源在于，随着城市的不断扩张，土地被不断征用形成征地补偿费，其中大部分由村集体统一使用管理，农民只能分享其中的一部分，这就使得村集体财产增量较大，但由于目前农村集体产权存在模糊性，集体资产使用也缺乏合理有效的监督管理机制，使农民对集体资产的产权产生了需求，以保护自己的权益不受侵害。社区股份合作社的优势主要是打破了僵化单一的组织形式，实现集体统一经营、内部民主管理，但也存在股权设置不均衡，集体股比例较高，缺少规范的外部运行环境等问题。

二、土地股份合作社

土地是农村、农业、农民发展的根基所在，土地股份合作社发端于以农耕为主地区的农村集体经济改革，一般由农村集体经济组织作为经营主体来建立或入股土地股份合作社。在稳定家庭承包经营责任制的基础上，农民自愿将土地流转到土地股份合作社，按土地承包经营权取得相应股份。土地股份合作社的内部决策管理形式为“股东代表大会+董事会+监事会”，入股农户可取得分红收入、土地流转保底收入与工资收入等三项收入。其经营方式较为多样，主要有自主经营型，即股份合作社将土地适度集中，发展现代农业或其他与之相配套的二三产业；内股外租型，以不改变土地的用途为底线，开展对外租赁或再入股，将土地统一发包给合作社、龙头企业等新型农业经营主体；内股外租+自主经营型，即根据土地利用规划，将一部分土地进行发包租赁，一部分自主经营；利益联结型，即引入市场资本合作发展产业，利益共同联结。

在实践中，采用土地股份合作社此种组织形式的村庄，往往耕地面积较为分散狭小，人口外流较多且农户土地流转意愿较强。其优势在于以土地为基础的股份合作解决了土地细碎化的问题；形成了相对完善的内部结构与运行机制；充分尊重农民自愿，经营方式因地制宜，灵活多样，有力地促进了农民增收，但存在受乡土观念制约在农民群体中推行受阻、配套社会服务不健全、股权构成存在较大封闭性等问题的掣肘。

三、村经济联合社

村经济联合社源起于一些农村集体经济组织在发展中受到资源、资金、地域空间、管理方式等方面的制约，在市场竞争中很难实现生产要素整合，从而迫使其与其他村进行联合，通过整合资产、资金、资源，实现优势互补，共同发展。具体指农村集体经济组织采取村村联合、村镇联合、村企联合等方式，打破社区、所有制、行业之间的限制，形成跨区域、跨行业、跨所有制的合作联社、资产经营公司或者混合所有制经济组织，以达到促进农村集体经济发展的目的。梳理总结目前的探索实践，可以归纳为以下几类。

第一，项目整合，共同发展特色优势产业。一村在发展某些特色产业时受到空间的限制，而周边的村庄正好也有发展此类产业的意愿，于是这类村庄的村集体联合成经济联合社或开发公司，整合配置资源，共同开发，推动产业发展。

第二，共同出资，建设物业项目。村集体在征地和拆迁当中获得了一定的补偿金，但受规划和用地指标的限制发展物业经济遇到阻碍，由此尝试联合投资，共同建设物业项目。

第三，一村牵头，多村出资兴办公司。一些村联合成立开发公司，对预期效益较好的项目进行投资，以期降低经营风险。

第四，政府引导利用各村资源资产，统筹发展。为促进薄弱村经济发展，政府给予财政资金支持，实施集体经济发展薄弱村联合发展战略，集中各村的生产要素资源发展壮大农村集体经济。

四、企业化合作

在实践中企业化合作，除了是农业产业化的重要载体之外，还是增强农村集体经济实力的形式之一，其是由涉农龙头企业或企业集团与农村集体经济组织在平等互利的基础上开展合作，企业利用自身技术、人才、信息和管理等优势，与农村市场、生态和劳动力等资源优势相对接，促进企业增效、农民增收。农村集体经济组织上联企业、下聚农民，充分发挥了其在带动村域经济发展、助力农民持续增收等方面的能力。企业化合作的优势在于：规范严格的合同制度，形成三方监督机制；形成“全产业链”的农业生产组织形式，但它在发展过程中也存在龙头企业运行的外部环境不佳、缺乏完善的监督制约机制等问题。

第三节　产权制度改革后农村集体经济发展存在的主要问题

目前，农村集体经济发展出现了一些新形势、新现象，但同时也面临很多困难和问题，主要表现在以下 5 个方面。

一、农村集体经济组织法律体系不健全

长期以来，农村集体经济组织并不具备法人主体资格，在登记、注册、运转等方面缺乏法律依据，使其正常运营收到严重影响。工商部门认为农村集体经济组织不能纳入标准的企业法人范围内，而民政部认为农村集体经济组织存在经营行为，不具有社团性质，已出台的《中华人民共和国农民专业合作社法》（以下简称《农民专业合作社法》）未将其纳入规范。针对此，各地都进行了相关探索与实践，如江苏农村，在村级股份合作社成立之后，工商部门负责对其进行登记，股份合作社领取农民专业合作社法人营业执照，但合作社与股份合作社之间存在本质区别，这种处理方式存在潜在的制约因素。再如宁夏隆德县的实践，组建的村级股份合作社由农牧局颁证登记，农经站为业务主管部门，但事实上其根本不具有法人资格，未来有可能导致政府扶持政策出现滞后现象。

农村集体经济组织成员资格的认定直接关系到实现农村集体经济发展成果的可持续性。目前，农村集体经济组织成员身份的认定仍然无法可依，且受当地乡规民约影响较大。一般来说，农村集体经济组织成员身份的认定的主要依据农村户口和农民身份，但人口流动频繁与我国户籍制度不断改革的现实情况，对农村集体经济组织成员的严格界定带来困难。如河南省济源市，在界定农村集体经济组织成员资格与成员权时，外出求学学生、出嫁女、新生儿等均要求分享集体资产及其收益，导致群体性上访事件时有发生；北京已改制的集体经济组织间的成员资格界定依据均不同，政策层面只是提出原则性的界定依据，具体标准归为集体组织自治管理内容。这样的做法于法不明，基层干部群众对相关法律依据的要求呼声较高，以解决如何处理“天赋人权”与改革时点界定成员权矛盾、股权动态管理还是静态管理等疑难问题。集体组织成员资格的界定不清晰，将有可能导致一系列内部控制问题的发生。

二、农村集体经济发展造血功能不足

经前文分析可知，从村集体经济的收入结构来看，其收入来源较为单一，缺乏稳定的收入增长机制。从资产总额来看，中、西部地区资产总额之和的两倍左右才相当于东部地区的资产总额。差异巨大，村集体自我积累能力脆弱。此外，农村集体经济发展还面临特色产业不清晰、产业链条短、自营二三产业相对较少的困境，自主发展能力极为孱弱。以宁夏隆德县 20 村的调研为例，20 个调研村均无经营性收入，从村集体收入结

构来看，财政补助收入占主导，约占97%。而在家庭联产承包责任制推行后，村集体将土地等生产资料分给了农民，20个样本村家庭承包面积占耕地面积比例超过80%。为数不多的集体所有土地资源，如预留机动地、“四荒”地，开发整理难度大、利用效率低，导致绝大部分村没有可发包的资产，造血功能不足。村域的产业发展主要依靠种养大户及专业合作社，村集体未与新型经营主体建立起有效的利益联结机制，产业发展较为单一，大部分以种养殖为主，产业链条较短。而村集体经济发展又仅局限于本村现有的资源与资产，未能打破村庄界限充分利用外部资源多元化发展，存在一定的局限性。

三、法人治理结构不完善

我国大部分农村集体经济组织主要负责人均由村支部和村委会成员交叉任职，从组织形式来说，社区治理和集体经济组织实现了分离，但从内在性上来看，并没有实现实质性分离。根据孔祥智等学者的调查统计，在北京各村，支部书记在农村集体经济组织中兼任董事长的比例为93.8%，笔者在宁夏、山东等地走访调研结果也具有这一特征。目前存在的问题主要有以下3点。

第一，从集体资产的经营管理上来说，村干部受教育程度、资产营运水平整体偏低，在集体经营内容较少的情况下，管理运营不会出现较大问题，一旦集体经营内容增多、资产规模提高，集体经济组织的运营管理风险将会加剧，专业经营人才不足、缺乏引才机制、风险管控机制不足将成为集体经济组织发展的重要制约因素。

第二，从组织形式、运作方式上来说，集体经济组织因人设岗、交叉任职，在民主控制上尽管制订了公司章程和管理制度，建立了“三会”等组织机构，但在一些重大决策上，仍由村干部等少数人决定。政经合一虽然加强了党对集体经济组织的领导，促进了统筹协调效率的提高，但同时也带来权责不清、决策不民主等问题。

第三，可能导致村级集体经济组织经营职能虚化，部分村在改制后并没有真正做到村委会和集体经济组织的经费分账管理，而普遍执行的“村账乡管”的财务政策又使村内投资经营活动受到很大制约，致使集体经济组织的管理人员（村干部）缺乏投资经营积极性，仅以经营管理集体资源来获得资源性收益，较少履行经营职能。“政经不分”已成为制约农村集体经济发展和基层社会治理创新的障碍。

四、农村集体产权结构封闭，产权流动受限

农民集体产权是以集体为主体单位所享有的排他性物权，这一权利体系主要依靠身份制度对集体利益进行限定并在集体成员之间进行分配。这使得将改革的范围局限在农村集体组织内部成了各地在农村产权制度改革中面临的较为突出的问题。进行产权制度改革后的村庄基本都成立了股份合作社，其中大部分股份合作组织的章程均对股份权持有者进行了限定，即只有本村的天然社员才能持有股权，而且成员权利更多地表现为对股份的收益权，股权不能买卖、转让、抵押、赠送。成员如果外流退出社区，将不再取得村集体的收益分红，农民经济利益与经济自由受到变相侵害。同时集体经济组织股权

的封闭也弱化了股权的资本性功能，排斥外部资金、技术等生产要素的积极渗入，对资本、人口的流动与集体经济组织的发展带来限制。如何处理农村集体产权改革在集体经济组织内部的封闭运行与集体产权流动和开放之间的矛盾；如果产权由封闭合一走向流动开放，如何防止外部资金进入因其逐利性而出现侵占集体资产、侵害农民财产利益的情况发生；如何充分挖掘村集体的组织资源与制度资源，激发村级集体经济的发展活力，成为农村集体经济发展的难题。

五、农村集体经济发展的政策创设不足、限制较多

第一，政策供给有待加强，其中土地政策最为突出。为过去优先发展城市社区建设的政策导向之下，很多村庄通过留用地政策释放出来的土地指标被无偿挪用，再加上目前我国农村建设用地改革虽然取得了一定进展，但经营性建设用地在集体建设用地总量中所占比重很小，宅基地的流转制度改革还没有取得突破，受政策限制新的建设留用地指标不能进一步释放，致使很多村集体有项目、有资金但却无多余的土地发展。

第二，财政支农资金投入绩效不高，集体经济发展缺少融资支持。虽然各地区财政为集体经济发展壮大提供了一些项目及资金支持，但农村集体经济组织创建的投入与需求差距仍然很大，加之项目资金来源渠道分散导致资金使用分散、资金截留挪用和资金使用效率低等问题突出。而不具备银行授信条件的农村集体经济组织又极度缺乏融资渠道，这使得政策效果大大弱于预期。

第三，政策力度及政策操作方式有待进一步优化。近年来政府为促进村级集体经济发展特别是经济薄弱村的农村集体经济发展给予了较多扶持政策，但相较于浙江、江苏等经济发达地区而言，中西部地区其政策扶持力度及操作方式相较而言仍有较大差距。

第四节　农村集体经济的发展趋势

一、从“认知滞后、单一发展”走向“理念焕新、多元发展”

从中华人民共和国成立至今，我国农村经历了传统村级集体经济时期，以家庭联产承包责任制为特征的农村集体经济改革期和以产权制度改革为特征的农村集体经济多元化发展时期，人们的理念也在随之更新。从长远看，农村集体经济的发展一定是开放式的、所有者的构成是多元化的，经营方式是多样化的。

第一，集体经济既可以是由全体或部分集体成员组成的集体所有制，也包括与外部成员合作与联合的混合型所有制，随着工商资本下乡和城乡一体化发展，混合型所有制将会变得越来越重要，如“集体经济+非集体经济”等模式。

第二，农村集体经济的发展路径表现出较多的基于农民发展意愿下的农民“创造”，其根本在于将集体资源优势转化为经济优势，一是物业开发，近郊区或区位优势较为明显的村庄通过整理村集体闲置资产，进行租赁经营；二是土地综合开发，加快土

地整理，利用存量土地以村集体自办、联营等形式发展特色产业及农产品加工项目或进行公开竞包；三是发展乡村旅游，自主开发或者吸引外部资金合作开发，利用生态自然环境和文化异化的优势，发展休闲观光农业，促进产业结构转型；四是搞活社会服务，有一定产业集聚和技术人才优势的村域，可以围绕特色集聚产业，开展产前、产中、产后的单项或综合有偿服务。

第三，不同农村集体经济组织间合作日益广泛与深化，通过在基础设施、功能分区、产业配套上的合作，形成区域竞争优势。

二、从“行政主导、政经合一”走向“政经分离、合作共治”

我国农村地区的治理结构大多是党组织、自治组织、集体经济组织混在一起，形成“一套人马，几块牌子”的局面，由此产生一系列问题。村干部腐败问题层出不穷，民主监督程序形同虚设，集体经济与村民身份捆绑，农村集体经济成员权及其权利边界难以确定，多种利益诉求交织。在这一背景下，发达地区的部分农村逐步开始探索政经分离改革。2015 年，国家在《深化农村改革综合性实施方案》中明确提出，可以在进行农村集体产权制度改革、组建农村股份合作社经济组织的地区，开展“政经分开”试验。以佛山市南海区为例，其于 2010 年展开改革试点。根据魏景容、岑苗梦等人的调研，截至 2016 年上半年，南海 224 个村均已实行“政经分离”。据统计，在 2009—2011 年，在南海涉农信访中与集体经济相关的占到 80%以上，实行“政经分离”后集体经济纷争大幅减少，村委会和党组织回归自治本位，公共服务也更为健全。此后江苏、山东等地也相继展开探索。当然政经分离不是一蹴而就的，应该看到南北方、东西部的经济发展差异性，并允许一定时期，一定条件下的差异，但可以预见的是随着农村集体经济的不断发展壮大、农村公共服务品质的提升和社区治理模式的升级，推进“政经分离”将成为必然趋势。

三、产权制度改革将日趋深化

农村集体经济组织产权制度改革自 20 世纪 90 年代至今，改革的范围和层次在不断扩大和提高。从内容和做法上来看，集体产权得到了进一步清晰和界定。从制度特征上来看，兼具合作制和股份制的特点。从改革推进的次序来看，由经济发达地区、大城市近郊村逐步向经济欠发达区、远郊农村扩大。虽然取得较大成效，但不可否认的是产权制度中还在农村集体资产量化范围、成员资格认定、股权设置、改制后的治理结构安排、股份流转方面存在诸多问题。基于此，今后一个时期的产权制度改革工作将以保护农村集体经济组织和成员的合法权益，产权制度改革形式创新，资源、资产、资金运营管理新机制的构建为重点。农村集体经济组织产权制度改革将由局部试点转为向全国推进，城镇化较快地区采用社区股份合作社等形式进行注册登记，取得法人主体身份，发展较为缓慢的地区则重点推进股份量化，做好成员收益分配，增加农民的财产性收入。

四、政策支持体系将日臻完善

为加快农村集体经济的发展，面对各地集体经济发展亟待解决的共性问题，政府必将在以下几个方面有所作为，一是继续加大对农村集体经济的宣传力度；利用公共服务机构在技术、人才、设备和市场信息方面的职能优势和资源优势，强化对农村集体经济的发展指导。二是加快完善农村集体经济相关法律法规，明确集体经济组织参与市场经济运行的法律地位及其基本权利，促进村级集体经济组织向为农民提供有效服务的方向发展。三是在税收方面发力，尝试采取低税、减税、免税的政策来扶持村级集体经济村的发展。四是探索村集体在融资、土地使用方面的发展空间，如鼓励农业银行、农村合作银行等金融部门加大对集体经济发展的支持力度，设立相关创业贷款项目，延伸农村服务链条，创立创新对村级集体经济组织的评价体系；再如研究盘活集体建设用地的政策机制，积极培育农村土地产权交易市场、加快产权交易管理平台建设等。

第五章

农村集体经营性资产的股权设置与管理

在农村集体资产股份权能改革的研究中，股权设置与管理是农村集体资产股份合作制改革的核心内容，关系到农民的切身利益和集体经济的发展，这一观点已成为学界的基本共识。本研究基于4年来对部分改革试点县（市、区）的跟踪调研和观察，对各地农村集体经营性资产的股权设置与管理的经验性做法加以总结，并对其特色进行分析，为扩大农村产权制度改革试点提供可借鉴的样本。

第一节 产权制度改革中有关股权设置与管理的基本问题

股权设置意味着对成员权益的认可和认定，是当前组建社区股份合作社的最关键环节①；股权是农民要求享有农村工业化过程中农地非农化所带来的土地增值收益的重要依据，股权设置是社区股份合作制产权制度安排的核心②；股权设置事关农民土地权益这一核心利益的保障和发展，是土地股份合作制实践中不可回避的关键问题，也是必须正视的重大理论问题③。

从目前试点县（市、区）情况看，股权的设置与管理的实践呈现了三大特征。一是集体股的设置与理论研究不尽一致。理论界对集体股设置的主张较为一致，多数学者从产权的角度论证不必设置集体股，将会使法定所有者缺位，造成产权不完整而面临二次产权改革④⑤⑥⑦，认为可用集体公积公益金代替集体股来保障公共支出⑧。在实践中，有些试点县的做法与理论研究不一致，广东南海区、贵州湄潭县、上海闵行区撤村改居的村（组）等不设集体股；北京大兴区大部分都设置集体股，用于处置遗留问题，补缴费用和社会保障支出；上海闵行区不撤村改居的村设置了集体股，但比例掌握在20%左右，用于村福利和社会事业支出。二是成员股的设置多样化。主要表现在股权确权模式的多样化、设置方法的多样化、成员股种的多样化。现有研究较少把握成员股设置的方法和规律，而这对于面上推广改革具有重要意义。三是股权管理模式与中央文件所倡导的不尽一致。《意见》指出股权管理提倡实行不随人口增减变动而调整的方式，

---

① 孔祥智，2017. 农村社区股份合作社的股权设置及权能研究［J］. 理论与探索（3）：5-10。

② 殷红春，姜福洋，许恒周，2009. 农地股份合作制中的股权设置与流转问题研究［J］. 北京理工大学学报，11（3）：35-39。

③ 解安，周英，2016. 土地股份合作制股权设置与实现研究［J］. 理论与探索（4）：140-144。

④ 黄静晗，潘扬彬，2012. “村改居”社区集体经济产权制度改革与探索——以福建省厦门市马垅社区为例［J］. 沈阳农业大学学报（社会科学版）（3）：259-263。

⑤ 傅晨，2006. 农村社区型股份合作制产权制度的演进与困扰［J］. 学海（3）：40-44。

⑥ 杨宏翔，王槐生，杨继友，2005. 现代产权制度视角下的农村社区股份合作制［J］. 理论探讨（1）：64-66。

⑦ 包宗顺，2005. 积极推进农村社区股份合作制改革［J］. 江苏农村经济（8）：17-18。

⑧ 杨杰，于鸷隆，2015. 我国村级集体经济组织股权结构及其影响的实证研究——基于北京市村级层面的经验证据［J］. 中国软科学（3）：127-134。

即提倡实行静态管理。但在实践中，并非各村均实行静态管理，有些村民坚决反对静态管理，认为新增人口应该享有土地承包经营权和集体资产收益分配权。如上海闵行区的农业村实行动态管理[①]。但现有研究只有陈述性的表达某地实行了哪种股权管理模式，未深入的探究各村会选择不同的股权管理模式的原因及影响因素。鉴于此，本章以北京大兴区、广东南海区、河北双滦区、贵州湄潭县、云南大理市5个基本完成改革的试点区域为例，总结归纳和探究在集体股权设置、量化与管理模式方面存在的规律及影响因素，并对改革中的差异化进行理论解释，以期为面上推进农村集体资产产权制度改革提供经验借鉴。四是六项股份权能落实难度不同，进展不一。占有权与收益权作为基本股份权能比较容易做到，也是改革方案要求完成的“规定动作”，有关股份权能的其他权项，如继承、退出、抵押和担保权尚难以落实，试点效果有待观察。

第二节　集体股权设置及管理

一、集体股的设置情况

正如前文所提到的，集体股设置与否在理论上存在争论，在实践中试点区域的做法也有所不同。总体上看，主要存在3种情况：整体均撤销集体股；整体均设集体股；部分村设置集体股，部分村不设集体股。在5个样本中，南海区、湄潭县不设集体股，以设置公积金、公益金代替集体股发挥集体经济组织担负的社区公共事业发展功能；大兴区大部分设置集体股，比例有30%和35%两种，用于处置遗留问题、补缴费用和社会保障支出等，在西红门镇、旧宫镇、亦庄镇3个镇，无历史遗留问题，村（组）不保留集体股；双滦区设置了集体股；大理市有些村设置了集体股，有些村没有设置集体股。

由此可见，在实践中，集体股的设置主要是基于对集体股的功能和作用的实效性考虑的。集体股的收益主要用于公共福利支出、股权动态调整、解决历史遗留问题、村级债务、基础设施建设等。从产权理论的角度看，设置集体股等于在股份合作经济的产权结构中又划出一块产权模糊的“小集体”，人为地增加了产权的模糊度，再次形成了不清晰的集体产权[②][③]，造成改革不彻底，面临二次改革的问题。不设集体股在理论上是比较理想的，但由于现阶段各村的条件不同，依群众意愿决定是否设置集体股，而不是强制消灭集体股为政策所要求，正如《意见》指出的，是否设置集体股由本集体经济组织成员民主讨论决定，意味着待条件成熟后，可引导集体经济组织逐步弱化、渐进式

① 钟桂荔，夏英，2017. 农村集体资产股份权能改革的关键问题：基于8县（市、区）试点的调研观察［J］. 农业经济问题，38（6）：30-35。

② 阮文彪，杨名远，1998. 社区股份合作的制度缺陷及创新思路［J］. 经济体制改革（1）：113-119。

③ 刘笑萍，2005. 农村社区股份合作制制度创新路径分析［J］. 农业经济问题（9）：13-15。

取消集体股。

二、集体股撤销难的原因

为何在实践中并非所有村都撤销集体股，甚至还有村设置了集体股？撤销集体股的阻力，主要缘于村干部对集体股的认识不到位，其持有的主要观点——认为只有存在集体股才算有集体经济，此外集体股的持有者、管理者和受益者关系复杂也是重要因素。

（一）集体股持有者、管理者和受益者

在访谈中，有些村干部认为，集体股所获得的分红属于村级“财政”收入，理应由村委会支配，集体股分红的使用不必再经过股东代表大会的同意，不必受到组织成员的约束。若不设集体股，设立公积公益金制度，公积公益金的使用则需要组织成员投票并取得一致意见，但投票具有不确定性，村里的公共财政得不到保障，影响到村级公共福利的供给，从而影响了村干部的执政基础，影响村干部的政绩、权威乃至仕途。但从法律上看，在中国2007年颁布的《物权法》第五十九条中规定：“农民集体所有的不动产和动产，属于本集体成员集体所有”，即集体所有不是集体经济组织所有，而是本集体成员集体所有，集体经济组织只是代表成员管理运营集体资产①。按照《中华人民共和国村民委员会组织法》的规定，在没有建立集体经济组织的情况下，村民委员会代理行使管理本村属于村民集体所有的土地和其他财产的职能，集体资产由村民委员会代管。由此看来，改革后，集体股的持有者是本集体经济组织成员，集体股获得的分红由集体经济组织进行管理。假如村干部已经认清集体股的持有者，也还会阻碍撤销集体股，极力主张设置集体股。因为，改革后大部分村实行村委与集体经济组织理事会成员交叉任职，实质上等于村委会有权支配集体股分红的使用，而集体股用于农村集体公益事业的建设，受益者是全体村民而非仅仅集体经济组织成员。

（二）集体股收益分配和使用程序

对于集体股收益分配和使用程序，一般来说，需要经过以下两个步骤。以甲项公益项目为例，一是村民代表大会决定是否建设甲项公益事业和所需投入的资金规模；二是资金使用方案提交到集体经济组织成员代表大会审议并修订，通过后，进行拨款。该公益项目的建设由村监会和监事会共同监督。当村民和集体经济组织成员具有同一性，这两大程序可以合二为一。在实践中，集体股的收益分配和使用一般不行使以上程序，并能直接由村委支配，这是一些村干部阻碍撤销集体股的重要原因。

因此，重要的是使村干部认识到集体股是由集体经济组织成员持有，集体股可用于村级公共事务支出，并由集体经济组织进行管理，但支出需得到组织成员的同意和批准，集体股分红的使用需要行使正当的程序，并要接受村监会和监事会的双重监督。这样，集体股与集体公积金、公益金的功能趋同，使用程序相同，村干部可能会支持撤销集体股。

---

① 黄延信，2015. 发展农村集体经济的几个问题［J］. 农业经济问题（7）：4-8。

第三节 成员股股权设置方法

集体股的设置主要涉及的是村干部的利益，成员股的设置则是关系到对集体资产形成有贡献的成员或非成员的利益，也是矛盾冲突爆发的关键点。成员股的设置，要由本集体经济组织成员民主讨论决定。一般来说，每村成员股的设置方法均有自己的特点，但也遵循了一些基本规律。具体来说，在本文调研样本中股权设置的方法主要包括股权平均法和股权差异法。

一、股权平均法

股权平均法主要有平均到人和户内平均两种。

（一）平均到人

平均到人是集体经济组织成员平均分享量化的集体资产总额。有的村是 1 人 1 股，有的则是 1 人 10 股。这种方法简便快捷。以湄潭县为典型。湄潭县在《农村股份经济合作社指导意见》中指出，股权实行无偿配置，只设置成员股，1 员 1 股，以户为单位核算股权数，以户为单位持股。即股份平均到成员个人，股权证发放到户。河北省双滦区也有部分村采用了该方法，主要在仅量化资金的村进行运用，如酒店村、东园子村和后宫村等。大理市少数村运用了该方法，下关镇荷花村以分有承包地为重要的股权分配依据，认定 1983 年包产到户分得土地，按 1 人 1 股配股；1983 年后出生、迁入人员的，没有土地的人不分配股份。

（二）户内平均

户内平均是以户为单位进行股权登记和股份分红，每户的股权由户内集体经济组织成员共同享有，颁证到户。一般来说，采用这种方法，集体经济组织的总股数长久不变，无论人口增减，户内股数长久不变。在这 5 个样本中，以南海区为典型。南海区以“股权户”为单位进行股权登记和股份分红，以“股权户”的户代表作为股权登记主体，只对户进行分红，不对户内集体经济组织成员个人进行分红，积极倡导户内股权均等化。南海在 20 世纪 90 年代实行以土地为中心的股份合作制，农民以土地承包经营权入股，建立农村集体经济组织，以股权收益体现承包经营权的收益，这与土地“承包到户”相呼应，与当时南海农村社会经济发展水平相适应①。随着集体经济的发展、农村社区人口性质日益多元，该区产生了一大批与农村集体经济组织成员有某种特殊关联性的人员，他们纷纷要求分享股权和分配征地款，成为农村不稳定因素的主要源头。南海区从自身发展历史考量，采用“确权到户”的制度设计，成功地将矛盾化解到户，实行“户内共享”，也很好地解决了户内可能发生的矛盾，找到了解决“不患寡而患不均”的治理之道，走出一条特色产改之路。

---

① 钟桂荔，夏英，2017. 农村集体资产股份权能改革的关键问题：基于 8 县（市、区）试点的调研观察［J］. 农业经济问题，38（6）：30-35。

相比而言，湄潭县、双滦区部分村、大理市荷花村与南海区均采用股权平均法，但平均的范围有所不同，关键点在于“确权到户”还是“确权到人”。前 3 个试点县（市、区）采用“确权到人”，固化到户，每个组织成员平均一股，这是集体经济组织所有成员范围上的平均，前提是认为集体资产的形成中每个成员的贡献大小和贡献机会均等。与南海区的“户内共享”的平均范围有着显著区别，南海区是户内的平均，但户与户之间并不是均等化。南海区的做法结合我国“以家为基本的社会单元”的传统和我国土地“家庭联产承包责任制”的制度渊源，把因股权的“收益分配”“继承”等而产生的纠纷化解到户内，有效维持了村级社会稳定，同时也提高了集体资产的分配效率。

“确权到人”的做法比较普遍，“确权到户”的做法较少，但并不能说“确权到户”方式不流行，便是不好的，该方式有适应的土壤。“确权到户、户内共享”方式主要适用于以集体承包土地为基础而形成的集体资产，如农业村建立的土地股份合作社，如城郊村、城中村因征地补偿而形成的集体资产。采取该方式的优点，一方面，降低交易成本，提高产改效率。以“户”为单位作为谈判主体，减少了大量谈判主体的个数，自然降低了交易成本。在面临农村集体资产产权变更时，农户家庭而非农民个体往往成为利益衡量的主体单位，此外，新婚人口、新生儿、外嫁女等具有不同身份特征的集体经济组织成员也较为均衡地分布在不同的农户家庭中。特殊成员的认定和股份的配置，往往是最难谈判的（解安等，2016）。“确权到户”方式的运用，把特殊人员的认定和股权配给内置到家庭中，纠纷化解到户内，大量减少了纠纷，减少了谈判的次数，降低了交易成本。另一方面，减少征地款分配引发的纠纷。农业村、城郊村、城中村的集体资产作股，与农户承包地有关，而承包到户的农地初始分配基本是公平的，家庭承包土地实际上具有以农户为基本单位的按份共有的特征，集体资产作股仍以家庭为单位，土地价值的分配和集体组织成员股实现对接，协调统一集体成员权和土地承包收益权，从而减少人口自然变化、征地款分配等纠纷。

二、股权差异设置法

股权差异法是依据每个成员对集体资产形成的贡献大小和内容，设置不同的股种，配给不同的股份系数，该方法应用比较广泛。集体经济组织成员对集体资产的贡献大小和内容差异性大，股种设置也较为复杂，不仅在县际之间，而且在县域内，股权设置也有所不同。这 5 个样本中，设置的主要股种有人口股、劳龄股、老龄股，也有一些集体经济组织设置了岗位股、贡献股、现金股、募集股、风险股等，其中，人口股的普遍性最强。同一股种名称，在各地表达的内容可能不一样；表达的内容一样，但各地的股种名称却不一样。因此，有必要进行区分和归类。

（一）人口股

人口股也称基本股。一般来说，人口股以成员的农业户籍性质和承包地数量为依据。所有村均设置了人口股，但设置比例有所不同。这是最基础的，也是最根本的。

（二）劳龄股

一般来说，劳龄股是依据成员为集体工作年限折合的股权数，但工作年限的计算依据也有所不同。双滦区西地乡西地村，劳龄股的设置方法是 18 周岁（含）以上，每人增加 0.2 股。有些村则从成立人民公社算起，到成立股份合作社为止计算工作年限。大兴区对自本集体经济组织成立以来农民个人作为集体成员参加集体生产劳动年限（贡献）折算成的股份，劳龄股的确认不仅包括现成员，还包括原成员。

（三）老龄股

老龄股主要是为了解决老年人的社会保障而设置的，但各集体经济组织设置老人的年龄下限有所不同，即便在同一区的村集体设置的年龄下限也有所不同。如在双滦区，双塔山镇下店子村是 70 周岁（含）以上的老人享有老龄股，双滦区西地乡西地村，是 80 周岁（含）以上，每人增加 0.2 股。

（四）募集股

募集股是由成员或其他人员以现金或技术等出资购得。募集股的设置有着严格的限制，一般设有上限。比如，双滦区西地乡肖店村对募集的数量和金额进行限定。每个股民最多只限募集 5 股基本股，共 400 股，每股 650 元，募够即止。双滦区下店子村每股 200 元，全村募集不超过 1 000 股，即不超过 20 万元，期限 5 天，如到期未集满，其他成员可追加，但每人不超过 5 股。

（五）贡献股

贡献股的内容广泛多样，在县际乃至县域内也有所不同。贡献股，顾名思义，是指对村集体经济做出特殊贡献的成员所享有的股份。享有贡献股的人员类型主要有以下 3 种。①为村集体经济发展做出贡献的村干部。以双滦区下店子村为典型，担任过村干部超过两届的，增加基本股的 30%，担任村干部 1～2 届的可追加基本股的 20%。这种股份也称奖励股、岗位股。②响应国家政策，对社会做出贡献的成员。如双滦区的独生子女家庭，其作为集体经济组织成员可享受追加基本股的 30%。③以承包地为基础，对集体资产的形成做出贡献的享有贡献股，同时享有贡献股的既可以是集体经济组织成员，也可能不是。

以大理市为例，设置方法有贡献股与人口股相分离、贡献股与人口股合二为一两种情况。第一种情况，贡献股与人口股相分离。在这种方式中，不同的人员享受不同的股种，具有成员资格的享有人口股，1 人 1 股；不具有成员资格但曾对组织资产形成做出贡献的人员享有贡献股，这部分人员只享有集体收益分配权，不享有集体经济组织成员权利，不享有对集体资产经营、管理和处置的表决权。对不同的人员，分别发放人口股和贡献股股权证。大理市登龙村和西门村均采用这种设置方式，但两村设置贡献股的方法也存在差异。登龙村实行贡献股差额股份，西门村实行贡献股等额股份。第二种情况，贡献股和人口股合二为一。在这种方式中，成员可同时享受成员股和贡献股，但在享有成员股的前提下才能享有贡献股，是同个成员享受两个不同的股种。例如，大理市下关镇大关邑村一组的成员股与贡献股的设置情况：在 1983 年参加家庭联产承包责任制至今户口仍在本社的存活人口，按人均承包面积 0.6 亩（15 亩 = 1hm ^{2}，1 亩≈667m^2，全书同）设贡献股 4 股，成员股 2 股；参加 1990 年小调整，实际参与调得承包田至今户口仍在本社的存活人口，按实际已调田面积每调增 0.1 亩设贡献股 2 股，成员股 2 股；1993 年前出生无田人员，设成员股 2 股；1993 年后新出生及婚迁迁入人口，设成员股1股。

(六) 以土地承包权入股成立土地股份合作社

也有一些村根据土地资产的良莠折合不同的股权系数。不同质量等级的土地，折股的量也不同。双滦区陈栅子乡二兴营村土地股份合作社设立农户土地普通股，暂不设其他股种，总股权数以实际入股数为准。土地入股以户为单位，土地不折价，以承包地等级、面积折算股权，自留地、退耕还林地暂不入股。具体做法：一等地1亩折合1股，二等地1.3亩折合1股，三等地1.5亩折合1股，股权份额以该户入股的土地等级、面积来确定。

第四节 股权管理模式选择及影响因素

一、股权管理模式

一般来说，股权管理模式有3种，一是动态管理，即集体经济组织成员生增死减，成员份额也相应进行动态调整。二是静态管理，即集体经济组织成员及其持有的集体资产份额，一旦确定就不再调整，新生儿的成员组织身份及其资产份额由继承获得。三是动静结合管理，即集体经济组织成员身份的确认以及享有的份额在一定时期内是静态的，每隔几年进行调整，或者是不同的股种，有些股种是动态的，有些股种是静态的。

改革试点中，地方在股权管理的模式选择上，与中央倡导的管理模式不尽一致。《意见》指出“股权管理提倡实行不随人口增减变动而调整的方式”，即中央提倡静态管理。地方在产改中，经由成员民主确定股权管理模式，并非都选择了静态管理，有的选择了动态管理或定期调整的动静结合的管理模式。5个试点区域中，大兴区、南海区、湄潭县实行静态管理，其他两试点区县以动静结合管理模式为主。在双滦区访谈时，改革工作人员反映群众不赞成静态管理，主要是无法接受由此带来的新增人口不再是成员的结果，因此，该区大部分试点村选择“五年一调整”动静结合的管理模式。大理市产改则选择了不同类型的股权管理模式，有的村实行了静态管理，有的村实行了动静结合的管理模式。需要指出的是，大理市的动静结合管理模式并非是一般意义上的“定期调整”的管理模式，而是创造性的根据不同股种实行不同的管理模式。以大理市大关邑村为例。该村股权确定后，死亡和迁出人员的贡献股可以由家庭继承，即贡献股实行静态管理，同时其成员股予以调减。新出生及迁入的人员一经认定为本集体经济组织成员，相关股份按界定档次进行享受，即成员股实行动态管理。

二、股权管理模式选择的影响因素

从各村的改革实践来看，由于各村改革受到的内外利益矛盾压力大小不同，进而影响了各村的股权管理模式的选择。

（一）来自外来人口的利益诉求压力

目前，大部分的城中村、城郊村和经济发达村，外来人口大量涌入，村民身份不再与集体经济组织成员的身份同一，甚至出现外来人口比本地人口多的“倒挂”现象，且有逐渐增强的趋势。大兴区、南海区城镇化进程速度快，“倒挂”现象突出，且外来人口与本地人口产生某种联系，“姻亲”关系不少，外来人口参与分配集体资产的意愿不断增强，造成纠纷不断。这两个区就采用“静态管理”的办法，即“股权不随人口的变化而调整”，来“定纷止争”，防止集体资产的稀释，保障集体经济组织成员的利益。此外，正在推行“村改居”的村，为产改创设了一个很好的机遇，为了防止外来人口稀释集体资产，集体经济组织也倾向于选择“静态管理”。例如大理市荷花村，2017年该村正实行“村改居”计划，以此为契机，该村产改选择了“静态管理”的股权管理模式。

相比而言，双滦区的外来人口较少，且村级严格控制外来人口落户，集体经济组织成员与村民身份保持相对同一。从访谈中了解到该区的集体经济组织成员身份界定阻力较小，很少出现纠纷。由于外来人口少，来自外部人口的利益诉求压力较小，因此该区大部分村选择“定期调整”动静结合的管理模式。可见，集体经济组织成员和村民身份相对同一的情况下，偏好定期调整的动静结合管理模式或者动态管理模式，反之，则偏好静态管理。

（二）来自村集体组织内部新增人口预期的利益诉求压力

对于村级的内部压力来说，人口的增减比重的预期会影响到股权管理方式的选择。访谈中了解到，双滦区很多村民不能接受静态管理方法，无法接受家庭新增人口没有股份、不是成员的做法。群众认为村级每年减少的人口远远少于新增的人口，“动态管理”或“定期调整”的动静结合管理模式才能保障这些新增人员的权益。可见，新增人口的权益保障，是村民考虑的主要因素。新生儿或更广意的“新增人口”是否天然为集体经济组织成员以及是否天然具有财产权利？在这个问题的认识上尚未达成一致。有专家认为新生儿不具有天然的集体经济组织成员身份，主张成员身份与产权关系紧密相连，且只有与集体存在财产关系、对集体积累做过贡献的人员才能被确认为集体经济组织成员。事实上，随着经济社会发展和城乡人员流动，农民就业门路和收入渠道日渐增多，其对土地等集体资产的依赖已经逐渐弱化。在这种大背景下，实行成员固化，将农村家庭新增人员与有限的土地等集体资产的关系切断，有利于“定纷止增”，减少产权纠纷，也不会因此导致这些家庭生活不下去①。“新增人口”是否享有股份关系到利益平衡问题，特别是在现实中当村民认为人口增长比例较高时，无法接受静态管理，倾向于选择每年一调的动态管理或者每隔几年一调的动静结合管理。他们认为新增人口在现有集体资产的形成没有贡献，但对未来集体资产的形成、运营和积累可能会有贡献，不能剥夺他们贡献的机会。此外，集体经济组织身份不仅仅是一种财产性权利，还包含管理权利，不能为了减少产权纠纷，而剥夺新增人口的财产性权利和管理性权利。

① 黄延信，王刚，2016. 关于农村集体产权制度改革几个重要问题的地方实践［J］. 中国经济时报，4（4）：19-22。

简言之，利益相关人基于内部利益与外部利益、整体利益与成员利益、现实和未来利益的考量，综合评判并择优主动选择适当的股权管理模式。当外部压力处于主导优势时，集体经济组织倾向于选择静态管理模式。当外部压力很小，内部压力处于主导地位时，集体经济组织倾向于选择动态管理或者定期调整的动态管理模式。

第五节　赋予农民股份权能及其实现

按照2014年农业部中央农村工作领导小组办公室、国家林业局印发的《积极发展农民股份合作赋予农民对集体资产股份权能改革试点方案》（农经发〔2014〕13号），通过资产清产核资、折股量化、确权颁证、成立股份经济合作社等改革步骤，最终达到明晰产权，赋予集体经济组织成员占有、收益、有偿退出及抵押、担保、继承权等股份权能，实现增加农民财产性收益的目标。可见，股份权能，包括股权权能是否完备、股份权能能否实现，是产权改革的核心内容。

一、赋予成员股份权能的必要性

（一）从权利的视角看，赋予成员股份权能才能保障成员的利益

产权完整不仅仅表达了成员是否拥有产权权能，还得创造条件让成员顺利行使各项股份权能。否则，同样会造成产权虚置。因此，在农村集体产权制度改革过程中，不仅要赋予成员占有权、收益权、继承权、退出权、抵押权和担保权等，还要创造条件，使股份权能流转起来，才能实现完整意义上的产权权能，才能保障农民的股权权益。

（二）从市场的角度看，赋予农民股份权能才能增加农民的财产性收入

市场是资源配置的最有效的手段，农民股份权能只有通过市场才能将真正的价值体现出来。一方面，引入了市场的竞争机制，方能更好的体现股份的价值；另一方面，农民股份具有抵押担保功能，农民更容易获得发展的资本，从长远看，有利于农业产业的繁荣发展，有助于提高农民的财产性收入。

二、赋予成员股份权能的落实现状和存在的问题

股份权能包括占有、收益、有偿退出、抵押和担保等六项权能。占有权，在每个改制村实现的情况较好。股权收益分配也较为清楚，有的村专门出台了股权收益分配制度性文件。但在股权流转方面，各省表现的水平参差不齐。集体资产股权流转的形式主要有有偿退出、继承、抵押和担保等。从目前试点情况观察，主要存在以下几个问题。

（一）有偿退出的意愿不强

集体股份经济合作社成员对股权有偿退出的意愿不强，主要受以下3个方面的影响。

1. 股权收益预期

成员对收益价值预期过高或过低，均导致有偿退出的意愿不强。以江苏吴中区和广

东南海区的集体资产股份权能改革为例。吴中区集体资产按份量化到人（并未将集体资产按其价值大小量化到人），固化到户，成员按份额获取收益分配，退出的价格按照收益分配额度的多少来衡量。近年来，集体经济组织承担大量的公共服务支出，集体收益无法完全分配到股东个人，目前该区每股分红最高的村仅有2 000元，少则几百元，因此（集体）股份经济合作社的股东成员对当下股权的资产价格预期较低，有偿退出的意愿不强。广东南海区则相反，集体经济实力强，股东成员对其股权的收益价值预期较高，有偿退出的愿意也不强。

2. 有偿退出内容不明确

在新成立的股份经济合作社中，成员不仅具有收益权还具有民主管理权。有偿退出，退出的是收益权还是成员权？目前，国家和地方均没有明确的规定，成员非常谨慎，不轻易退出。下一步有必要通过制定有偿退出的管理办法，明确有偿退出的内容，方便成员行使有偿退出权能。

3. 有偿退出封闭运行

《意见》指出“现阶段农民持有的集体资产股份有偿退出不得突破本集体经济组织的范围，可以在本集体内部转让或者由本集体赎回。”在实践中，有些干部群众反映股权有偿退出仅限在集体经济组织内部开展，封闭运行不利于建立公平的农村集体资产股权交易市场，不利于体现真实的股权市值。其实，只要合理设置有偿退出机制，成员的权利便不会轻易受到侵害。可规定有偿退出中转让的是收益权，不转让成员权，同时设置个人转入股份数量的上限，从而不仅民主管理权牢牢掌握在集体组织内部，不会对本集体资产的管理造成损害，且能规避集体资产被稀释、被外部人侵占的风险。由此，收益权流转的放开，有利于集体组织资源要素的市场流动，最大化实现股权收益价值，有偿退出也不必限定在本集体经济组织内部。在现阶段由于干部群众对改革的认识以及相关制度尚有待完善，为了实现风险可控，有偿退出暂可限制在集体经济组织内部；在未来的发展中，各项法律制度健全后，可突破组织内部边界，在产权要素的流转中发挥市场机制的决定性作用。

（二）股权继承在改革初期发生较少，依据办法不明确

多地出台了股权继承的相关办法，但只有少数地区发生了股权继承。探其缘由，一是实行“生增死减”动态管理模式的试点县（市、区）不存在股权继承的现象。二是实行静态管理或“每隔几年一调整”的动静结合的管理模式，在改革之初，人口变化不大，也较少发生股权继承。以北京大兴区为例，有些试点县（市、区）已经发生了股权继承现象。亦庄镇有20个村发生继承股权，共926人继承股权金额13 107.85万元。黄村镇有19个村发生继承股权，共发生了341人继承股权29 138股。

对试点区域的调研观察发现，继承的依据目前尚不明确。如果按照《民法典》继承农村集体资产股权，出现有些继承人不是集体经济组织的成员，与“社内流转”的规定相违背。如果实行户内继承，则可能会产生一些不公平现象。北京大兴区对继承权能进行有益的探索，规定按照《民法典》继承，同时外加对非农村集体经济组织成员的继承内容进行限定，非集体经济组织成员可以继承，但只享有股份收益权和处分权，不享受民主管理表决权。该制度设计较为合理，防止产生集体经济组织被非成员控制和出现资产外部流失的可能，可为其他地区的改革提供借鉴。

（三）开展抵押和担保难，多数地区条件尚不成熟

多数试点县（市、区）反映股权抵押担保较难，效果不大。一方面，成员行使这两项权能的积极性不高。这是因为贷款数额、期限和利率满足不了股东的需求。广大农区经营性资产较少，大多股权收益很少，甚至没有收益，用收益权进行抵押，贷款额度太小，而且期限短、利率高，对生产发展几乎不起作用。另一方面，对金融机构来说，集体股东股权抵押担保具有“低利润，高风险”的特点，其一，抵押的是收益权，多是小宗交易，额度小，利润较低；其二，集体资产的不可分割性，抵押担保一旦出现风险，加上股权现阶段只能在社内流转，客观上金融机构很难通过转让股权收回贷款，抵押担保权行使比较困难。因此，他们的积极性也不高。目前各试点区域开展抵押担保持慎重态度，效果不大，但仍在探索前行。大兴区积极与北京银行沟通合作，开始在股权固化村审慎开展股权抵押、担保。

双滦区在农经部门、金融办等牵头下，联合银行、企业、保险公司、农户，建立“政银企户保”贷款平台，以政府产业政策为导向，以政府风险补偿金与合作银行贷款投入为基础，以保险为保障，为双滦区内从事农业、旅游、生产、加工、流通等符合产业政策导向的中小微企业、专业合作社、股份经济合作组织、普通农户等提供贷款。2016 年，双滦区政通融资性担保有限公司、郊区农村信用合作联社、燕赵财产保险股份有限公司承德中心支公司已签订协议，股份经济合作社可以通过该平台行使抵押担保权能。为了进一步拓展农民股权抵押担保平台，双滦区相关政府部门多次与各大国有商业银行进行洽谈，沟通协调，但难以解决各大国有商业银行创新股权抵押担保产品意愿不强的问题。银行反映的原因，一是没有上级部门支持，无法自主创新农民股权抵押担保产品，即没有人民银行牵头和总行的支持，地方支行没有制定政策、产品创新的权限。二是股权本身存在评估难、变现难等问题，支行没有动力进行试点。按照国家试点任务的要求，双滦区肖店村承担抵押担保试点。从试点到调研的 2016 年年底，肖店村还没有抵押担保的实例发生。总体来说，股权抵押担保试点工作阻力重重，但探索仍在继续前行。

为使成员顺利行使抵押担保权能，建议国家、地方政府以及集体经济组织进一步形成合力，共创良好的抵押担保环境，让银行无忧放贷和成员顺利贷款。一是使基层银行有章可循，放心操作。《意见》指出“完善金融机构对农村集体经济组织的融资、担保等政策，健全风险防范分担机制。”国家亟待加强股权抵押担保融资的顶层设计，可由中国人民银行和银监部门出台明确的指导性文件，明确规定集体经济组织成员股权抵押贷款的利率、期限、授信金额比及控制抵押率等。二是地方政府加大财政支持和进行制度创设，从建立风险保证金和财政贴息入手，防范风险。三是集体经济组织需保护集体资产的完整性，可探索贷款人不能按期偿还时，由集体经济组织回购股权的制度。

三、股份管理模式的选择一定程度上影响股份权能实现

股份权能的行使权限与股权管理模式的选择息息相关。农村集体资产产权制度的改革的最终目的在于实现农民的财产性权利，关键在于赋予农民股份权能。占有、使用、

收益和处分构成了产权的结构。产权结构是否完整和所有者能否充分地行使产权，则是判断产权完备与否的标准，即产权的排他性和可转让性是产权完备不可缺少的前提条件（傅晨，2001）。因此，赋予农民股份权能不仅包括赋予占有和收益权，而且还包括赋予继承、退出、抵押、担保等权能，才能实现完整意义上的产权权能。

从5个试点区域来看，实行静态管理的村对股份权能的流转限制较少，相比而言，易于实现产权权能完整；实行动态管理或者“动静结合”管理的村一般对股权流转权限有所限制，使得产权流转不能顺利实现，有可能造成产权“虚置”。例如，双滦区实行“每隔几年一调整”的“动静结合”股权管理模式，期满后，按相关界定标准仍需重新核定股权。成员股权在非调整年限内直系亲属间可以依法继承、赠予，但所有股权不得抵押、质押、转让、退股提现等，产权权能的行使很难完整。在一个相对短的时间内要进行调整，相对应的股权价值也会有所变化，这种不确定性和短期利益对金融机构不具有吸引力，抵押、担保权能难以实现。因此，亟须进行缜密的制度设计，创造产权流转的条件。例如，对定期调整的调整内容进行限定，确定只对新增成员的调整，集体对新增人员的股权进行配给，对在册的老成员拥有的股权数不能改变。即除了死亡或迁出的“老成员”的股份集体收回之外，其他在册的“老成员”的股份保持不变，相对来说，这些在册的“老成员”的股份某种程度上也属于“静态管理”，这样可以较好的行使股权权能。

第六章

农村集体土地产权重构与土地经营权流转

第一节　农村土地“三权分置”的提出

习近平总书记在中央全面深化改革领导小组第五次会议上指出：“现阶段深化农村土地制度改革，要更多考虑推进中国农业现代化问题，既要解决好农业问题，也要解决好农民问题。”要在坚持农村土地集体所有的前提下，分离承包权和经营权，形成所有权、承包权、经营权“三权分置”，经营权流转的格局。尽管“三权分置”作为国家政策在2014年正式确立，但是围绕其理论探索和地方实践可追溯更早。针对“三权分置”，中央以十八届三中全会精神为指导出台了一系列政策文件。例如，中共中央办公厅、国务院办公厅2015年印发的《深化农村改革综合性实施方案》和2016年印发的《关于完善农村土地所有权承包权经营权分置办法的意见》等，均对“三权分置”的贯彻落实提出了明确要求。

“三权分置”，也称“三权分离”，是土地所有权与承包经营权“两权分置”的继承和发展，是我国基本经营制度的重要完善，展现了农村基本经营制度的持久活力，对我国农业农村发展、农民权益维护和现代农业建设均有划时代的里程碑意义，主要体现在进一步解放了“人”和“地”，厘清了农地主体和权利边界，强化了经营权地位，以及丰富了农地产权的用益物权和担保物权权能等。然而，“三权分置”与城乡经济金融体系、社会保障体系、城乡一体化等改革密切相关，在预计取得巨大红利的同时，也潜伏着不少风险。例如，威胁农村社会稳定、土地集体所有制、粮食安全、国家安全的政治风险；造成农业结构不合理、威胁农业安全和影响农产品价格的经济风险；拉大收入差距，使我国掉入“拉美城市化陷阱”或经营者过度开发的社会风险；以及破坏农地、污染农村的生态风险。

当前，推行“三权分置”尚存在诸多障碍，一是我国决策管理层对如何贯彻中央所提“稳定土地承包关系长久不变”的精神还缺乏共识，对土地承包经营权的存续期限尚有争议；二是法律对涉及土地经营权的规定模糊不清，致使一些土地经营者不知道自己应享有的权利以及如何得到法律承认和保障；三是相关部门虽提出了修改相应法律比如《农村土地承包法》的方案，但整体上这些修法方案存在较大的法理和制度缺陷。

鉴于此，为顺利实现农村土地“三权分置”，须明确农地所有权的法律界定、保持农地承包关系稳定及制度长久不变以及创新搞活农地经营权的保障制度等来支持和保障，同时还要从农地经营者权益、农地租金管理制度、土地流转机制和承包经营权退出机制等方面入手来积极加以推进。

第二节　土地确权

土地确权是一个涉及很多内容的系统工程，意指按照法律、政策规定规划、确定某一范围内土地所有权与使用权的归属关系及其他权利内容。换言之，土地的最终使用权和归属权须经土地登记申请、调查、审核及登记注册和颁布土地证书等程序才能确定。土地确权不仅有利于明确土地产权归属，保护农民的土地财产权利，而且有益于明确农村土地空间范围和权属，解决农村土地因空间和边界问题产生的纠纷。

一、发展演变历程

第一次：1951 年。涉及农村所有土地，包括宅基地、耕地和园地。根据《中华人民共和国土地改革法》（以下简称《土地改革法》）规定，农民拥有属于自己的土地，县级人民政府为其颁发了土地房屋所有权证书，改变解放前封建地主土地私有制为农民土地私有制，农民都拥有完整的土地产权且发证率高。

第二次：20 世纪 80 年代中期。主要针对农村宅基地，大部分地区没有进行彻底。由于确权发证政策不明确、组织措施不到位，一般是以生产大队为主填发证书，各地情况不一，导致发证率较低、错误很多、社会反映不好、发证半途而废，不仅没有起到确权的作用，还造成了管理混乱。

第三次：20 世纪 90 年代早期。针对宅基地使用权、集体建设用地使用权和集体土地所有权。这次发证起源于 1988 年冬季开始的土地登记申报，由国有土地使用者、集体土地所有者和使用者在公告期限内自行申报，发证持续到 1994 年左右。由于有《土地管理法》和国家土地管理局制定的《土地登记规则》《关于确定土地所有权和使用权的若干规定》《土地权属争议调查处理办法》以及地方法规的指导，除有权属纠纷尚未解决外，这次发证率达 90% 以上，基本上实现确权登记发证的目的，但确认的土地权能尚不完整，没有形成以权利保护为核心的产权制度。主要表现在集体建设用地使用权、宅基地使用权流转受到法律和政策的严格限制，农民不能出租、出卖属于自己占有、使用的宅基地和房产，表面看是保护农民利益，防止农民陷入“失地、失房”的绝境，但实质是对农民土地权益的侵犯。

第四次：2010 年。此次土地确权的目标是逐步向以权利保障为核心的农村土地管理制度转变，使农民拥有完整的土地产权。其核心是还权赋能，以期集体建设用地和国有建设用地同地、同权、同价，宅基地自由流转。最终形成产权明晰、权能明确、权益保障、流转顺畅、分配合理的农村集体土地产权制度，为实现城乡土地市场和经济社会一体化新格局创造条件。

二、存在的问题

政府主导实施土地确权工作计划，旨在有效促进农村土地流转，为实现农村现代化发展打下坚实基础，但在工作开展过程中遇到以下突出问题。

（一）人力、财力资源条件缺乏

土地确权工作是一个复杂的社会系统工程，要达到理想目标和预期效果，需人力、物力、财力等多方面的条件支持。由于有效的土地确权需使用先进技术和测量设备，而这对用人方面提出了更高要求。目前，我国缺乏兼具相关技术和管理经验的复合型人才，很多地方临时抽派部门行政人员进行土地确权工作，这极大降低了土地确权工作的质量。不仅如此，我国各地政府财政状况各异，一些地区难以保障土地确权的工作经费，致使土地确权准确度较差。

（二）农民对土地权证重视不足

随着城镇化不断发展深入和农民外出务工现象增多，农村人口流失严重，留守的大多是文化程度不高、法律意识薄弱的老年人和小孩。而这给土地确权造成了不小的阻碍，这是因为他们普遍关注占用土地后能从政府得到多少补偿金等一些相关利益问题，而认识不到土地权证是土地所有权的有效凭证。在此情况下，他们对土地确权的参与积极性不高甚至不配合，这不仅不利于合理流转土地、保障农民收益，还会产生土地非农化使用等不良后果。

（三）相关工作与责任机制缺失

虽然政府已多次强调土地确权工作的重要意义，但一些地区的县、乡对土地确权登记问题未给予足够重视。究其原因主要是相关工作与责任机制不完善。由于政府未明确规定确权工作中的流程、职能分工以及具体工作内容等，以致缺少明确的制度依据。此外，由于没有建立完善的责任机制，相关工作人员未认识到确权工作的重要性而消极怠工，忽视确权工作质量。

（四）难以对私垦的“四荒”土地确权

农村地区的土地确权工作必然遇到“四荒”土地（荒山、荒沟、荒丘、荒滩）的确权问题。由于一些农户未能在“四荒”土地开发前向村集体或当地土地管理部门申请登记，以致产生关于“四荒”土地权利的归属争议和矛盾。对一些农民私自开垦“四荒”土地却没有合法的登记在案或者和村集体签订土地承包合同的行为，若以荒地先占用者获得土地产权归属的原则进行土地确权工作，容易产生土地产权争端和纠纷，也不符合确权的公平性原则。但若不对“四荒”开垦的农民下发土地权证，则会打击一些农户或者企业开发荒地的热情，导致“四荒”土地被闲置浪费。

（五）相关法律法规不健全

农村土地主要归集体所有，但“集体”这一概念并未明确界定，《宪法》《中华人民共和国刑法》《农业法》等对农村“集体”分别使用了不同称呼，有时甚至存在相互矛盾的问题。例如，在耕地保护与农民权益保护方面，《土地管理法》第 37 条规定“承包经营耕地的单位或者个人连续二年弃耕抛荒的，原发包单位应当终止承包合同，收回发包的耕地”，而《农村土地承包法》第 26 条规定“承包期内，发包方不得收回承包地”。由此可见，现行相关法律法规与政策的不健全已成为农村集体土地确权中难以逾越的障碍。

三、对策建议

（一）广泛宣传，积极动员

通过报纸、电视、广播、网络媒体和张贴宣传标语、印发宣传材料等多种形式打造声势，大力宣传农村集体土地确权登记发证的重要意义、工作目标和法律政策，创造良好的舆论环境和工作氛围，争取广大农民群众、基层干部和社会各界的理解与支持，充分发挥农村基层组织在登记申报、土地确权、纠纷调处等工作中的重要作用。

（二）坚持“四项”基本原则

一是尊重历史，面对现实的原则；二是最大限度保护农民合法权益；三是依法依规有序登记；四是遵循“主体平等”和“村民自治”。

（三）健全确权监督检查制度

建立健全确权登记颁证工作情况报告、监督检查和成果验收制度，切实加强对各地确权工作的督促检查，适时组织对先行完成确权任务的试点村进行成果验收。

（四）保证工作经费足额到位

为确保农村集体土地权属确认、证件发放工作顺利开展，取得预期工作效果，须提供充足的工作经费。国家及省级财政部门、土地资源部门应联合制定工作政策，结合工作涉及土地面积及实际开展过程中遇到的问题，按照有关规定给予资金支持。加强土地权属确认工作中的资金管理，保证拨款及时下发，避免专项资金被挪用，依照法律法规及有关规定对资金工作懈怠、影响土地确权进程的部门进行严格追责。

（五）增强土地纠纷处理能力

一是完善土地纠纷相关法律法规，减少因政策和法律变化引起的土地纠纷。二是健全土地纠纷处理机制，赋予农民知情权，让农民知道土地纠纷调处标准，理解其要求的正当性，保障农民申诉权和申辩权。三是培养具有独立地位、非官方的土地纠纷调处中介组织，鼓励开展法律援助，增强农民博弈能力。四是加强对基层干部、土地纠纷调处机构人员的业务培训，开展地区间经验交流，增强各方应对和处理土地纠纷的能力。

第三节　土地股份合作

一、土地股份合作制的内涵与外延

土地股份合作制是指在确保农村土地集体所有权不变的前提下，以土地承包权作股，变以人划地的集体所有为社区农户的股份共有，再经过公开竞争承包经营的一种土地制度，主要有集体与农民入股联合经营、集体与集体入股联合经营、集体与外商入股联合经营以及农户入股联合经营等四种形式。其实质是承包权股份化、集约化、市场化，进而促进土地所有权、承包权、经营权“三权分离”，实现土地资源优化配置，提高经济效益，使国家、集体、农户均找到合理定位和合法利益保障。土地股份合作制产生于20世纪80年代中后期的广东珠江三角洲，而后在江苏、浙江等长三角发达地区及辽宁、湖南、河南、四川等地区有所扩展，其代表模式是南海模式。近年来，随着农村经济社会条件的变化和国家发展战略的调整，土地股份合作制又一度成为社会各界的热点问题。

土地股份合作制的主要特点，一是产权变革多样，土地作价折股的方法灵活多样。二是股权结构上集体股和个人股并存。三是集中的土地经统一规划和开发后，向愿意继续从事农业生产的农户或专业队发包，多以投标竞标办法，或由投资者直接用于粮食或其他作物的企业化经营。四是利润分配按照股权平等、同股同利的原则，根据盈利情况进行分配，也可取得固定股息。

土地股份合作制的基本做法，一是土地折股量化，使实物土地货币化。折股的方法以自己实际情况和多数农民愿意接受为基本原则，按照政府对不同土地的征地价计算，或按照不同用途土地的年纯收入计算，或综合各种因素折算。二是股权配置。土地折股量化后，或分设集体股权和农民个人股权，或在明确集体提留的前提下，不设集体股权，而将全部股权配置给农民个人，体现公平兼顾贡献的原则。三是产权界定。对于农民拥有的土地股份权，有的地方规定不能继承、转让，股权随户籍关系外迁及人口增减做相应调整；有的地方规定户籍关系外迁和人口增减土地股权不做调整，股权可继承、转让。四是管理组织形式。多以现有社区集体组织按程度分别建立股东大会或股东代表大会和董事会、监事会。

土地股份合作制的目标，第一，生产力运行目标是“发展适度规模经营”，使农业从粗放型经济增长方式向集约型经济增长方式转化。第二，生产关系运行目标是“发展集体经济”，实现由传统的计划经济向社会主义市场经济的转变。

二、土地股份合作制存在的主要问题

（一）集体资产产权主体不明

由于集体资产缺乏人格化代表（无严格意义上的产权主体），致使集体股在获得相应收入方面存在不少问题，突出表现为以土地所有权入股的股东代表既很难通过股东大会表明自己的权利、意向，监督经营人员，以促进集体资产增值和经济发展；也有可能从自身利益最大化的角度出发，通过寻租方式，进一步侵蚀集体资产，导致集体资产流失。

（二）农民难以得到入股的全部权利

尽管土地规模经营能极大提升土地收益，获得超额经济效益，但农民难以享受到农地规模经营的收益，在现实中可能会出现农民实际分得的股红收益与其土地权益价值不对等的倾向。这是因为农民的土地承包经营权折资入股时，多数土地股份合作社并未按照现代企业制度的精神按股权份额给农民应有的分红回报，更勿论充分享受企业可能获得的超额收益。

（三）土地股份合作制缺乏法律保障

目前，很多农村土地合作社无企业独立法人资格，法律和政府对土地股份合作社性质无明确规定且定位模糊，以致工商部门认为其不符合企业法人资格而不予登记，民政部门认为其具有经营行为，不符合社团要求而不予登记。尽管《农民专业合作社法》对农民专业合作经济组织做了明确规定，但并未将土地股份合作社纳入合作社范畴，致使农村土地股份合作制无法可依，不受法律政策保护和扶持。

（四）推行土地股份合作制须具备一些先决条件

当地二三产业比较发达，在整个农村经济中比重较大，从农村中转移出来的劳动力较多；经营者具有一定的资金力量和较高的技术水平；当地农民有扩大规模经营的迫切愿望，多数人愿意放弃承包土地，管理区一级集体经济实力较强；干部素质好，有较高的经营管理水平、较强的市场经济意识和民主管理意识。

三、完善土地股份合作制的思路

(一) 转换土地经营机制

顺利实行土地股份合作制的关键在于保证土地股份持有者、经营者和管理者各施其权。一是坚持股份制改造的最基本准则——“股权平等、同股同利、风险共担、利益共享”，促使农民成为真正的股东，拥有相对完整的产权。二是加强政策法规和形势宣传教育，改变基层干部怕失权、失利等思想，严格按股份合作制的程序参与管理决策，建立健全防止内部人控制的企业内部机制。同时加强股东对董事会的民主监管。

(二) 稳步推进土地股份合作制

一方面，充分尊重农民入股意愿，任何组织和个人不得强迫或阻碍农户土地入股。那些在社区内部以少数服从多数原则要求农民入股，或将土地股份合作当作土地流转的“高级形式”强行推广的做法均不可取。另一方面，地方政府应积极发展地方经济，推进农村二三产业融合，鼓励农民非农就业，为开展土地股份合作创造条件，避免简单下任务、定指标，搞强行推动。

(三) 完善土地产权制度立法

完善农村土地产权制度立法是探索农村土地股份合作制的重要保障。相比城市，我国农村土地产权制度立法滞后且薄弱，须以法定形式促使农户土地承包权的固定化、长期化、可继承化和市场化，变农户单一的土地经营权为占有、使用、收益和处分四权统一的农户土地承包权利束，保证承包户享受占有权、使用权、收益权以及流转权（包括继承、有偿转让、抵押、入股、联合经营等权利）。此外，科学界定农村土地所有权主体范围，明晰土地产权主体的权利和义务，提高农民依法保护自己土地权利的法律意识，增强农村干部尊重农民土地权利、依法管理土地的法制意识，确保承包权的排他性，禁止政府在承包期内随意调整承包关系和干预土地的使用、收益和转让。

(四) 建立健全土地流转机制

实行农村土地股份制的关键是建立健全农村土地流转机制。坚持农民自愿与适当引导相结合、公平与效益相结合以及市场调节和行政干预相结合等原则，实事求是，积极探索多样化的土地使用权流转形式。加强土地使用权交易立法，规范土地使用权流转行为，明确农地使用权流转的原则、范围、条件和形式及宏观调控措施和具体操作程序，将土地使用权流转纳入依法、公开、健康、有序的运行轨道，倡导离土离乡的流动意识，纠正小生产者落后的恋土情结，切实提高干群对建立土地使用权流转市场重要性的认识，增强参与土地使用权市场化流转和价格谈判的自觉性、主动性。

第四节　土地流转的改革方向

为贯彻落实科学发展观，完善农村土地家庭承包为主的经营机制，改革创新经营模式，走中国特色农业现代化道路，加快城乡经济一体化，实行集体所有制土地规模化流转是大势所趋。农村土地流转已逐渐成为农民从自发到自觉的行为，为大力发展农村生产力，今后“以股份制模式为主，多种流转模式并存”将是农村土地流转的发展方向。

例如，土地“折算入股”流转模式将是土地流转最稳定和最长期的流转模式，既可省去流转企业为流转土地向农民支付流转资金，又能获得土地的长期经营权和使用权，能使企业长期稳定发展；不仅如此，参与流转企业也可流转资金为农民购买养老保险和医疗保险等，以解除其思想顾虑。“公司+基地+农户”或“订单农业”流转模式以主导产业和特色农业基地为依托，鼓励和支持龙头企业加强与农民联合，提高产业集中度，带动当地农户进行有方向性的土地流转，发展规模经营。村民联合“农民专业合作社”土地流转模式是指在条件成熟的地方由政府引导农民自愿联合以形成民主管理的互助性经济组织，通过规模化生产、产业化经营和企业化管理，实现土地资源、资金、技术等生产要素的合理配置，达到较高的劳动生产率和商品率，形成规模效益。“大户承包”土地流转模式是以由政府引导、大户或业主租赁承包经营的方式带动土地流转，尤其是利用撂荒闲置土地资源，实现土地集约化经营，由单一的粮食种植向多种经济发展。未来，农村土地流转改革的重点在于以下 4 个方面。

一、规范政府行为，加强宏观监管与服务

我国农村土地制度变迁轨迹表明，当制度变迁体现农民利益时，作为“理性人”的农民才会积极提高土地效率和发展生产力；现行农村土地流转制度改革亦如此。若政府过度主导农村土地制度改革，那么改革目标很可能发生偏离，土地流转则会演变成一种新的剥夺农民土地权利的方式，鉴于此，须防止各级政府越俎代庖。农村土地流转应坚持自愿、合法、有偿的原则，由农民自己决定是否流转，地方政府不能代替农民直接经营，更不能行政强制，只需强化土地流转的宏观调控、监督监测和服务功能，积极培育土地流转中介机构、评估机构、咨询机构等，加强农村土地流转的透明度，加大信息公开力度，促进土地市场开放、公平、规范。不仅如此，还需创新地方政府和党政领导干部的政绩考核制度，强化对政府征地的监督制约，避免盲目推行大规模土地流转和滥用耕地。

二、确保农民主体地位，保障农民合法权益

对于任何涉及农民土地权属关系的调整和制度安排都须充分考虑和尊重农民群众的意愿，否则，不仅难以落实，还可能导致社会动荡。为确保农民的合法合理收益分配，须建立多位一体的利益共享与利益保障机制，将土地流转纳入法制化、规范化轨道，平衡、协调各方利益冲突。为克服土地流转制度改革中农民自身谈判能力弱、信息不对称、市场风险大等弊端，须提高农民组织化程度，引导农民以组织或法人的身份进入市场。即通过成立农会或各种专业协会等社团组织和发展农民合作经济组织，建立农民切实有效的诉求表达与协调各种利益关系的机制。此外，进一步细化产权结构，完善土地使用权权能，构建农民承包土地流转的价格形成机制，通过制度供给矫正利益竞争中的不平衡状态，切实保障农民合法权益。

三、健全配套制度，促进土地合理合法流转

配套制度体现了制度的关联性和互补性，为顺利推进农村土地流转制度改革，必须建立健全相关配套制度，一是适度深化农村土地产权制度改革，为农村土地流转提供必要的产权基础。二是修改完善《农村土地承包法》，赋予土地承包经营权物权法律地位，取消土地承包经营权的户籍性限制。三是建立健全土地补偿机制和农业投入保障制度，激发农民保护耕地的主动性和积极性。四是完善农村社会保障制度、农村医疗保障和农村养老保障制度，尽量扩大社会保障面，提高社会保障水平，以解除农民后顾之忧。即确保农民即使是在没有土地的情况下也具有稳定的经济来源，维持正常甚或更好的生活。五是健全农村土地流转仲裁体制，设立专门机构对农村土地流转的全部过程进行监管，对过程中存在的违法行为予以严厉惩处，同时聘请专业的法律人士对土地流转中可能出现的纠纷进行公平、高效的处理，提高农村土地流转效率。六是完善失地农民的就业安置机制，为其提供可持续生计。七是推进户籍制度改革，促进失地农民市民化。政府要放宽城市户籍门槛，降低农民对土地保障的依赖程度，同时为失地农民提供城市居民身份，消除附加在户籍上的劳动、用工、住房、教育等约束，保证其享有在就业、医疗、子女教育等方面的同等待遇。

四、完善耕地占补平衡制度，强化事后监管力度

制定土地整理法，明确土地流转后的复耕制度，在制度上确保耕地得到保护，以避免土地用途改变的情况发生。建立垂直管理的独立于地方政府之外的农地保护监管机构，严格监管和查处“租赁”“流转”农地和设施农用地中的违规违法行为，实施领导干部进行任期耕地保护离任审计制度，增强全社会保护耕地的共同责任意识。根据国家有关法律、法规的规定，建立基本农田流转用途管制制度和以设立耕地保护基金为主要内容的耕地保护经济补偿与契约式管理机制。在土地复垦验收过程中，以责任主体形式直接引入未来使用复垦土地的农民或农民代表，提高其知情权、话语权、参与权、监督权、处置权以及收益权，以确保复垦耕地质量。

第七章

农村集体林权制度改革评述

林业是具有多功能性的生产部门，既有产品产出功能，又有环境和社会等非商品产出功能，同时是一个复合产业群体，涉及国民经济一二三产业多个门类，涵盖范围广、产业链条长、产品种类多，是国民经济重要组成部分。1949 年以来，在推进农村经济建设进程中，党和国家集中挖掘耕地资源潜力，对林业建设重视程度低，造成我国集体林权制度改革远远滞后土地制度改革，制约了林业地区农村社会经济的发展。因此，2003 年党和国家提出新一轮的集体林权制度改革，并在十九大报告对集体林权制度提出了新要求，推动集体林权制度改革进入新阶段。

集体林权制度改革不仅关系到林业资源的培育和发展，也关系到千万林农的生存发展问题。本部分内容以集体林权制度改革为主线，在对集体林权制度变迁进行回顾的基础上，分析集体林权制度改革的必要性，阐述中国集体林权制度改革主要做法和经验，对集体林权制度改革现状和成效进行评价，探讨集体林权制度改革问题和原因，为我国集体林权制度改革提供相关政策建议。

第一节　集体林权制度改革及政策措施演变历程

一、集体林权制度改革的演进

集体林权制度改革是农村社会生产关系调整的又一重大突破，既能让林业资源变成可增值的生态资本，也能调动林农造林护林积极性。总体来看，我国集体林权制度改革经历了 4 个阶段，并具有显著的阶段性特点。

（一）集体林权制度的建立及改革探索（1949—1987 年）

改革是林区发展的根本出路。我国集体林权制度改革，最早可追溯到中华人民共和国成立后的土地改革时期。在土地改革之前，以生产资料私有制为基础的个体经济在我国经历了一个漫长的历史时期，林地所有权农民私有化，林农既是林地的所有者，又是使用者，林农可以自由进行林地买卖、出租、赠予等交换活动。20 世纪 50 年代，在土地改革和农业社会主义改造的基础上，我国开启农村集体化运动，集体化的核心内容是包括集体林地在内的土地资源实行成员共有所有制，由集体成员共同劳动。集体化进程从初级合作社过渡到高级合作社，进而再发展到人民公社并正式确立。

1950 年，中央颁布的《中华人民共和国土地改革法》中规定："废除地主阶级封建剥削的土地所有制，依法实行农民的土地所有制"。1951 年国务院在《关于适当地处理林权，明确管理保护责任的指示》中指出："在确定林权归属的基础上，由县级人民政府发给林权证书。"土地改革完成后，中国历史上第一次通过土地私有化真正实施"耕者有其田"，实现了封建地主土地私有制向个体农民土地所有制过渡。这一时期，农民拥有完整的森林资源产权，具有集体林权公有化性质趋势，但仍然是私有的。

1953 年，全国进入有计划的经济建设时期，林业走上合作化道路。1955 年 11 月《农业生产合作社示范章程》对农村各类山林、果园、竹林等经营形式做出原则规定。从互助组到初级社然后到高级社，逐步把农民个人所有的山林变成了个人和集体共同所有，这也是新中国成立以来第一次“两权分离”时期，其实质是农民森林资源资产所有权与承包经营权分离。这种产权安排未剥夺农民利益，还有利于合作社对土地实行统一规划、合理利用，打破家庭经营的局限性，改善了林业生产条件，取得了规模经济效益。农业合作社集体林公有产权成为唯一，农民只是名义上集体林权的所有者，但这种产权制度与当时农村生产力不相适应，在改革过程中出现强制行政命令现象，改革释放林地潜力有限。

1958 年，中共中央颁布《中共中央关于在农村建立人民公社问题的决议》，人民公社化运动迅速开展。1960 年，《中共中央关于农村人民公社当前政策问题的紧急指示信》，对农村劳力、土地、耕畜、农具必须实行“四固定”，固定给生产小队使用，并且登记造册。1961 年，《中共中央关于确定林权保护山林和发展林业的若干政策规定（试行草案）》，针对确定山林权属，提出必须坚持“谁种谁有”原则。1966 年开始，再次将房前屋后以及自留山的林木全部归集体所有。人民公社时期，山林权属“三级所有，队为基础”，实行乡村林场统一经营，成为集体林业的基本制度和主要经营形式。

总体来看，改革开放前，集体所有是集体林产权单一的、占有主导地位的所有制形式。但是，作为农村集体经济的实现形式，人民公社并未遵循个体充分发展和自愿选择的原则，没有实现农业生产提高和改善农户生计的显著成效，这也预示着人民公社会被其他实现形式所代替。1978 年，党的十一届三中全会，党和国家明确要实施家庭联产承包责任制，农村土地从集体经营向个体家庭经营转变，极大激发了农民的生产经营积极性，农村生产力水平得以空前提高。土地资源家庭承包责任制的成功实施为中国集体林区提供了良好参照系，依靠林业维持生计的农民要求获得集体林地的生产经营权。

随着改革开放启动，林业迈开改革步伐，党中央、国务院相继推出林业重大改革举措。1981 年，中共中央、国务院出台《关于保护森林发展林业若干问题的决定》，在集体林区实施了以“稳定山权林权，划定自留山和落实林业生产责任制”为主要内容的林业“三定”政策。一是国家所有、集体所有的山林、林木，个人所有的树木和使用的林地，以及其他部门、单位的林木和使用的林地，权属清晰的，都应予以承认，由县或县以上人民政府颁发林权证，保障所有权不变。二是根据群众需要，划定社员自留地，山权归集体，长期归社员经营，林权永远归社员所有，允许继承，生不补，死不收，不因农户人口变更而增减。三是认真落实林业生产责任制，按照各尽所能、按劳分配原则，把责任与报酬、整体利益和个人利益紧密结合起来，积极推广专业承包、联产计酬责任制。广大农民分到了自留山，承包了责任山，经营林业积极性充分调动，拉开了改革开放以来中国集体林产权制度改革的序幕。1984 年，“林业三定”集体林权改革在全国正式启动。1985 年，中共中央、国务院又颁布了《关于进一步活跃农村经济的十项政策》，在集体林区实行了“取消木材统购，开放木材市场，允许林农和集体的木材自由上市，实行议购议销”的政策，形成了对林业经营的利益驱动。

20 世纪 80 年代前期和中期的集体林产权制度改革为后续改革提供了借鉴与基础。

（二）集体林权制度改革过渡期（1988—2000 年）

20 世纪 80 年代后期，不少林区林农受利益驱使，出现大肆乱砍滥伐现象，集体林区受重创。1987 年，中共中央、国务院颁布《关于加强南方集体林区森林资源管理，坚决制止乱砍滥伐的指示》（中发〔1987〕20 号），文件中提出“集体所有集中成片的用材林凡没有分到户的不得再分”“重点产材县，由林业部门统一管理和进山收购”，明文叫停林权改革，改革进入过渡期。

集体林权制度改革过渡期内基本上是以家庭经营为基础，股份经营、合办林场、专业户、国家与乡村（或个体）联营等多种林业共有产权实现形式并存的格局。在过渡期内，对自留山和责任山的处理有 3 种情形：①继续维持分户经营。②集体赎回山林，统一经营，村组联户兴办林场进行经营管理，对于森林资源经营管理比较好的户，由集体支付报酬，继续承包经营。③责任山和自留山收归集体，林业“三定”时期划定的自留山保持不变，集体收回责任山和扩大划定的自留山，或由集体统一经营，或由原承包户经营管理，实行集体经济组织和家庭双层经营。集体林主要责任制形式包括 5 种：一是选派专职或兼职护林员看管成片山林。二是专业组承包护林和造林。三是专业户承包管理零星分散山林。四是包干到户，以户经营。五是作股折价，并鼓励租赁，最长租赁期为 99 年。

20 世纪 80 年代末期，中国集体森林状况呈现出良好增长态势，数量在增长，质量在提高。第三次全国森林资源清查期（1984—1988 年）到第八次全国森林资源清查期（2009—2013 年）期间，集体林地面积、有林地面积、活立木蓄积量和林分面积、林分蓄积分别增长了 20. 10%、84. 45%、109. 22%和 92. 35%、146. 45%，按照同口径进行比较，均高于全国同期平均水平；同期集体有林地生产力和集体林分生产力水平分别比全国相应指标增长率高 3. 66%和 9. 80%。

20 世纪 90 年代初，随着社会主义市场经济体制改革的推进，集体林的弊端不断出现，“四荒”拍卖、活立木流转、林地使用权的有偿流转等现象应运而生，林权的市场化运作不断涌现。新《中华人民共和国森林法》（1998 年修订）和《中华人民共和国森林法实施条例》（2000 年）的颁布，为林权的市场化运作提供了政策和法律依据，加速了林权的交易流转，完善了产权保护体系，激活了产权经营主体。多个林业改革试验区开展了山地开发制度、林政资源管理、木竹税费、林产品流通市场、林业股份合作等一系列触及林权制度的改革实践，起到了典型示范、探路子、出经验的作用，但没有形成以林权制度改革为核心的全局性的改革大势。

（三）新一轮集体林权制度变迁（2001—2016 年）

集体林权制度改革是一个不断探索、创新、深化的过程，目的是充分释放集体林的巨大潜力，满足经济社会发展的多样化需求。前两个阶段改革并未确立林农经营林业的主体地位，特别是随着社会主义市场经济的建立，林权制度存在的种种弊端日益显现，严重制约了林农发展林业的积极性，制约着林业生产力的发展。究其原因是我国历次林权制度改革并未真正触及矛盾本质所造成的。鉴于集体林业发展的内外部条件发生了重大变化，推进新一轮林权制度改革势在必行、迫在眉睫。这一时期的鲜明特点是政府部门以政策、法律的形式将林农的权益确定了下来。

2001 年，福建武平县率先进行新一轮集体林权制度改革探索，被誉为“继家庭联产承包责任制后，中国农村又一场伟大革命”。2003 年，中共中央、国务院颁布《关于加快林业发展的决定》(中发〔2003〕9号)对集体林权制度改革做出全面部署,明确了改革方向是“要依法严格保护林权所有者的财产权,维护其合法权益”“对目前仍由集体统一经营管理的山林,要区别对待,分类指导,积极探索有效的经营形式”,以进一步完善林业产权制度。2008年6月,中共中央、国务院在总结先行试点省份经验的基础上,颁发了《关于全面推进集体林权制度改革的意见》,决定在全国范围推进集体林权制度改革,明确提出“明晰产权”“放活经营权”“落实处置权”“保障收益权”作为改革的主要任务,围绕主要任务提出了完善林木采伐管理机制、林权流转机制、公共财政支持机制、林业投融资机制和社会化服务体系建设等措施。2009年,中国首次召开中央林业工作会议,对集体林权制度改革进行了全面部署。2016年,国务院办公厅印发了《关于完善集体林权制度的意见》(国办发〔2016〕83号),全面深化集体林权制度改革。

2003—2007年,已经有14个省出台了林权改革政策;2010年各省份均制定了自己的林权改革政策;截至2012年,这项以明晰产权、减轻税费、放活经营、规范流转为主要内容的集体林权制度主体改革基本完成。

(四)全面深化集体林权制度改革(2017年至今)

完成主体改革任务之后,集体林权制度改革进入新的发展阶段,挖掘和释放改革综合效益成为主要目标,而深化林权构建成为其中重中之重。近年来,中共中央办公厅、国务院办公厅陆续印发重要文件,均提出深化农村土地制度改革,坚持农村土地集体所有,实行落实所有权、稳定承包权、放活经营权的“三权分置”制度。一些地方率先开展“三权分置”改革实践,浙江省丽水市探索建立林地经营权流转证制度,将林地承包权和经营权分离,北京市在房山区等18个县级单位也开展集体林地“三权分离”改革试点。在保持集体所有权不变的前提下,把林地承包经营权分为承包权和经营权,保留农民的林地承包权、流转林地的经营权,完善扶持政策和社会化服务体系,创新产权经营模式和国土绿化机制,引入社会资本科学经营和适度规模地经营林业,构建集体林业良性可持续发展机制是当前深化农村林权制度改革面临的重大实践和理论课题。

二、集体林权改革进程及政策措施

国家和地方各级一直不断创新集体林权制度供给,政策发文主体层级逐步上升、发文部门日趋多元,政策统领性、协同性、针对性不断增强,更大程度上体现了政府的公信力和执行力。

(一)与农村土地产权制度并轨时期(1949—1977年)

这一时期,国家和地方各级把农村土地制度单纯理解为土地制度,而忽视其中的林地制度,集体林权制度政策演进基本与农村集体产权制度政策一致,政策核心针对的明确农村土地集体所有这一问题。

20世纪50年代后期开始,集体土地先后经历了土地改革、初(高)级合作社、人民公社等,包括集体林地在内的农村土地逐步形成一种以成员为资格的共有所有制,以集体经营为主要模式。其中,1950年中央人民委员会出台了《土地改革法》,标志着正式废除了我国两千多年来的封建土地制度,明确规定大森林、大荒山和矿山归国家所有。1954年，中央人民政府委员会出台《宪法》规定农村和城市郊区的土地，除由法律规定属于国家所有的以外，属于集体所有。1956年全国人大颁布的《高级农业生产合作社示范章程》规定，除少量零星的树木仍归社员所有外，友邻和苗圃、大量成片的经济林和用材林，由社员所有转为合作社集体所有。1962年《农村人民公社工作修正草案》规定的“三级所有、队为基础”的农村集体所有制得以最终确立。1966年开始，再次将房前屋后以及自留山的林木全部归集体所有。

总的来说，该阶段集体林权政策侧重于确定权属安排，林业集体经营得到普遍推行。

（二）问题导向探索时期（1978—2002年）

经过近30年的农村土地集体经营的僵化体制，给农村经济造成了重创，农业集体经济失去活力。为充分释放农村土地的巨大潜力，1978年年底中央工作会议和中共十一届三中全会召开，会议的一个重要成果是实施家庭联产承包责任制，打破了人民公社体制下土地集体所有、集体经营的旧的农业耕作模式，实现了土地集体所有权与经营权的分离，确立了土地集体所有制基础上以户为单位的家庭承包经营的新型农业耕作模式，极大变革了我国生产关系，被邓小平同志誉为中国农村改革与发展的“第一次飞跃”。集体林地的活力作为农村集体土地的重要组成部分，也得到极大焕发。

1981—2002年，为迅速扭转林业面临的严重局面，坚决制止乱砍滥伐，切实保护现有森林，严格控制采伐，降低资源消耗，国家进一步落实了林业政策，充分调动各方面的积极性，大力开展造林育林，使林业建设逐步走上健康发展的轨道。1988—2000年，受林业“三定”改革失败的影响，林业发展速度一度出现回落。但总体来说，这一阶段，我国林业综合生产能力仍然全面提高，农产品供给实现了由短缺向供求基本平衡的历史性转变，为我国林业发展步入新阶段奠定了坚实的基础。

（三）更新政策体系时期（2003—2015年）

更新纲领性文件。新时期党和国家在宏观情景的外在驱使和林业发展的内在诉求双重动能驱动下，2002年公布了修订后的《农业法》《农村土地承包法》，明确国家依法保护农村土地承包关系稳定并长久不变。于2003年出台《中共中央国务院关于加快林业发展的决定》，奠定了以“明晰产权、减轻税费、放活经营、规范流转”为主要内容的新一轮集体林权制度改革主基调。2008年，国务院颁布《中共中央国务院关于全面推进集体林权制度改革的意见》，要求做好主体改革任务的同时推进配套制度改革，进一步明确了全国集体林权制度改革工作的纲领文件。

更新核心配套文件。这一时期是农村改革的深化期，农村改革面临着农业和农村发展的深层次矛盾，为更好服务新一轮集体林权制度改革，配合上述纲领性文件，以国家林业局为主导的国家相关部委陆续出台了多个操作办法、细则和服务管理文件，主要集中于森林资源评估和抵押、林权登记管理、林业产业发展规划等方面。例如国家林业局陆续印发《森林资源资产抵押登记办法（试行）》《进一步加强和规范林权登记发证管理工作的通知》《关于加强集体林权制度改革档案工作的意见》《关于改革和完善集体林木采伐管理的意见》《关于促进农民林业专业合作社发展的指导意见》《林业发展“十二五”规划》等，规范森林资源资产抵押操作、林权登记发证管理和档案管理等工作，保障森林资源科学经营、合理利用，维护林权所有者的合法权益，推进我国林业发展。同时，财政部、国家林业局等单位合力印发《森林资源资产评估管理暂行规定的通知》《关于做好集体林权制度改革与林业发展金融服务工作的指导意见》《关于做好森林保险试点工作有关事项的通知》等政策文件，加强森林资源资产评估管理工作，积极做好集体林权制度改革与林业发展的金融服务和分散林业风险工作，以期充分发挥集体林的经济效益和社会效益，增加林农的财产性收入。

（四）全面提升时期（2016 年至今）

2008—2015 年，全国集体林权制度改革正处于全面铺开和经验总结时期，关于深化改革的核心政策有所放缓，全国正系统全面地落实关于集体林权产权、流转、采伐管理、投融资渠道、公共财政制度等方面举措，使集体林业焕发了活力。2016 年国务院出台《关于完善集体林权制度的意见》和 2018 年国家林业和草原局出台《关于进一步放活集体林经营权的意见》，吹响了全面深化集体林权制度改革的号角。这一时期国家关于林权制度改革政策从界定产权主体转向放活集体林权，探索农村集体林产权制度安排，实施“落实集体所有权，稳定农户承包权，放活林地经营权”的三权分置制度，利用林业资源和改革红利，吸引社会资本投资林业，推进适度规模经营，创新产权模式和国土绿化机制，以期实现小农户与林业现代化建设有机衔接。

党的十九大提出实施乡村振兴战略，对统筹推进农村经济建设、政治建设、文化建设、社会建设、生态文明建设和党的建设，都做出了全面部署。作为乡村生态振兴的重要组成部分，中央和地方各级政府积极启动集体林经营权流转的试点工作，培育新型林业经营主体，创新集体林权制度的实现形式，以促进生态美、百姓富、农村强的有机统一。

实践表明，我国集体林权政策演变过程，就是我国“三农”理论不断发展和创新的过程。

三、深化集体林权制度改革的必然性

（一）全面推动林业转型升级的迫切需求

林业作为最大规模的绿色产业，具有经济、生态、社会等多种功能，肩负着生产生态产品和保障林产品供给的双重任务，是我国国民经济重要部门之一。经过多年不懈努力，我国林业产业急速发展，林产品供给能力增强，林业产业主要矛盾由总量不足扩展为总量不足和结构性矛盾并存，突出表现为林产品供求结构失衡、资源环境压力大等，林业亟须加速转型发展，增强林业产业的竞争力，以适应经济社会生活的现实需求。深化集体林权制度改革，紧紧围绕市场需求变化，推动林业供给侧结构性改革，可以吸引更多社会力量发展森林培育、林下经济、木本粮油、特色经济林等林业产业，实现增绿、增质、增效，有利于我国林业产业转型升级。

（二）促进农民就业增收的有效途径

农户是我国家庭承包经营的基本单位，林区林农是集体林承包经营的主体，林地是林农的主要生产资料，林木是林农的主要财产性收入。林业产业作为规模最大的绿色经济体，具有产业链长、市场需求大、吸纳就业力强、涉及面广等特征，是林区最直接、最有潜力的产业。全面深化集体林权制度改革，着力推进集体林产权“三权分置”和股份合作制改革，对于切实维护农民合法权益，保障林农就业增收，让广大农民分享改革发展成果，如期实现乡村振兴目标具有重大现实意义。

（三）完善农村基本经营制度的必然要求

集体林权制度改革是把集体林地经营权和林木所有权落实到农户，确立农民的经营主体地位的一次重要举措，是农村集体资产产权制度改革的重要形式。适应健全社会主义市场经济体制新要求，不断深化集体林权制度改革，盘活集体林资产，规范集体林流转，探索集体林产业新业态，形成既体现集体优越性又调动个人积极性的集体林管理经营新机制，是农村家庭承包经营制度从耕地向林地的拓展和延伸，是对农村基本经营制度的完善和丰富。

（四）建设生态文明的重要内容

林业是生态产品的重要供给者，森林是生态涵养的主要贡献区，建设生态文明、维护生态安全是林业发展的首要任务。实行集体林权制度改革，健全归属明晰、权责明确的林业经营制度，加快推动林业产业高质量发展，调动林农育林护林的积极性，有利于构建美丽中国，推动农村经济社会可持续发展。

第二节　集体林权制度改革主要做法与经验

一、集体林权制度改革的主要做法

我国集体林权制度改革的主要做法可用一句话概括：即高位推动，由点及面，主体改革为支撑，综合配套改革辅之，是一个不断探索、创新的过程。高位推动是指党和国家高度重视集体林权制度改革工作，全面部署，因势利导，层层落实领导责任，确保改革扎实推进。“由点及面”是指在以福建、江西、浙江等省份作为集体林权制度改革先行试点的基础上，总结经验教训，再由国家顶层设计全面推进集体林权制度改革。主体改革是指界定集体林产权，配套改革是指在明确产权、承包到户的基础上，重点开展新型林业经营主体培育、金融支持制度、林权流转机制、林木采伐管理、森林保险制度、财政扶持制度、科技创新管理等综合政策，并在实践探索中逐步创新政策激励体系，深化我国集体林权制度改革。

例如，福建是集体林权制度改革的策源地，被誉为“中国林权制度改革的小岗村”的福建省洪田村，为使农民增产增收、过上温饱生活，于 1998 年村民自发进行了一场“分山到户、均山、均利、均权”的集体林权改革，实现了“山有其主、主有其权、权有其责、责有其利”的目标。党和国家高度重视洪田村等地方的首创精神，尊重基层实践，因势制策，将地方经验升华为国家政策，于 2003 年做出了加快林业发展的决定，为推动林业产权的综合性改革奠定了基石。

而新一轮集体林产权制度通过做好顶层设计，采取试点探索的方法，采用了省、市、县、乡镇和行政村“五级”书记抓集体林权制度改革的模式，要求在规定时间内完成集体林产权制度改革，并取得预期的效果。作为新一轮集体林权制度改革的试点省份之一，在正式林改之前，江西省政府派出几十个工作组深入到全省各地做了大量细致的基层调查研究，确定林权制度改革的总体思路。2004 年 8 月 27 日，江西省委、省政府出台了《关于深化林业产权制度改革的意见》，提供制度保障。2004 年 9 月，江西省林改采取分步实施的办法，先试点，后推开，在崇义、铜鼓、遂川、德兴、浮梁、武宁、黎川 7 个重点林业县（市）进行试点，至 2005 年 4 月底基本结束。通过试点总结经验，完善了推进改革的一系列措施。在此基础上，于 2005 年 4 月在全省全面推开。江西省委、省政府明确规定，各地要把林改作为农村和农业发展与改革的头等大事来抓，县（市、区）、乡（镇）、村三级书记一定要亲自抓，负总责，确保林改工作“三到位”：一是政策落实到位；二是干部落实到位；三是经费落实到位。得益于及时实施林改，江西省林木林地经济总值由林改前的 1 360多亿元，提升至林改后的 2 030多亿元，增值 48.6%。

二、集体林权制度改革的经验

（一）探索规范流转程序，规避风险规范流转

党和国家在坚持农村林地集体所有基础上，积极探索推进林地承包权和经营权分离，实现所有权、承包权、经营权三权分置，盘活林地资源，进一步解放集体林地的生产力。2012 年以来连续出台了《国务院办公厅关于加快林下经济发展的意见》《关于印发集体林地承包和集体林权流转合同示范文本的通知》《关于在贫困地区开展国家林下经济及绿色特色产业示范基地推荐认定的通知》《关于规范集体林权流转市场运行的意见》《关于推进林权抵押贷款有关工作的通知》等多个通知，鼓励由各级政府部门牵头，建立专家智库科学评估林地价值，坚持以政府扶持引导、农户自愿、市场配置资源为流转取向，建立林地流转服务平台和流转服务中心，公开林地流转交易程序，推进林地经营权有序流转。建立健全多种形式利益联结机制，推进家庭经营、集体经营、合作经营、企业经营等多种经营方式共同发展，建立健全对工商资本流转林权的监管制度，严格用途管制，支持林下经济、特色经济林、森林生物制药、森林新资源开发利用、森林旅游等绿色新兴产业，推进集体林业多种经营。

（二）创新综合配套改革措施，强化服务激活林改

国家在主体改革基本完成的基础上，进一步围绕赋予农民更多的财产权利的主题，继续深化集体林权制度配套改革。一是强化组织领导。国家林业局加强统筹协调，采取文件督察与实地督察相结合方式指导各地落实《国务院关于完善集体林权制度的意见》，推动完善集体林权制度的各项政策措施落到实处，形成支持集体林业发展的合力。将集体林权制度改革成效作为地方各级领导班子及有关领导干部考核内容。加强集体林权管理队伍建设，对发展集体林业贡献突出的单位和个人予以表彰。二是制定配套改革管理办法。为积极稳妥地推进我国集体林权制度配套改革，做到规范化、程序化，2003—2016 年，有 2 部国务院规范性文件，1 部部门规章，13 部部门规范性文件，382 部地方规范性文件以及 1 部地方司法文件。2018 年，国家林业和草原局进一步印发了《关于进一步放活集体林经营权的意见》，在湖南省召开活化集体林经营权现场会，交

流推广各地的经验做法，部署推进适度规模经营工作。三是积极探索林权抵押贷款。2013年国家林业局、国土资源部和银监会合力出台《关于林权抵押贷款的实施意见》建立健全林权抵质押贷款制度，鼓励银行业金融机构积极推进林权抵押贷款业务，适度提高林权抵押率。2018年国土资源部颁布《关于推进林权抵押贷款有关工作的通知》，确保2020年在适合开展林权抵押贷款工作的地区，林权抵押贷款业务基本覆盖，金融服务优化，林权融资、评估、流转和收储机制健全，为支持林业发展、解决好“三农”问题、实施乡村振兴战略、决胜全面建成小康社会发挥重要作用。四是健全经营纠纷调处机制。中央督促各级人民政府加强对农村林地承包经营纠纷调解和仲裁工作的指导，制定纠纷调解仲裁人员培训计划，加强法律法规和政策培训，妥善处理各类纠纷，做好重大纠纷案件的应急处理工作。

（三）发展绿色富民产业，实现经济生态双赢

发展集体林业目的是国家得生态，农民得实惠，用老百姓的话说就是“国家要被子，农民要票子”。为实现这个目标，国家大力倡导林区通过调整农村产业结构，发展绿色富民产业。一是把促进产业发展作为集体林改的重要内容。集体林业既要培育森林资源发挥生态效益，更要把提高经济效益作为主攻方向，把增加林产品供给和农民增收致富作为主要任务。二是鼓励林区依托生态优势，大力发展森林旅游业、特色林果业、林下经济等绿色富民产业，增强动能，促进林业六次产业融合发展。三是完善财政激励机制。积极争取把林业产业纳入促进农民就业增收、山区扶贫开发、节能环保等扶持政策领域。

例如，在林改期间，作为“林改第一县”武平县，依托生态资源禀赋，不断推进林业产业从单一的林木生产加工向木材深加工、林化产品深加工、林下经济、森林旅游综合发展转变，结合各级财政投入武平林业改革发展资金逾11亿元，用实践证明了“绿水青山就是金山银山”的科学论断。一是生态更美。武平森林覆盖率79.7%，林木蓄积量比林改前增长了1.4倍。二是林农变富。2016年农民人均林业纯收入3 560元，比2001年增加8.1倍，占农民人均纯收入的比重从1/6提高到1/4。三是综合实力更强。林下经济经营面积达145.2万亩，2018年实现产值31.03亿元；森林人家70家，年接待森林旅游人数210余万人次，实现森林旅游总产值9.25亿元，跻身“福建省县域经济发展十佳”。

（四）夯实产品质量基础，构筑品牌培育机制

品牌是林产品得以长期发展的招牌，是林产品的灵魂。深化林业供给侧改革和林权制度改革，落脚点是产业升级转型，载体是实施品牌兴农战略。品牌集聚效应能扩大林产品影响力和知名度，提高国内和国际市场占有率。

全面深化集体林权制度改革以来，为推动林业供给结构和需求结构升级，提升林业产业竞争力，实现林业提质增效，注重探索制定林业品牌评价标准及实施工作条例，助推林权改革。2016年颁布《国务院办公厅关于发挥品牌引领作用推动供需结构升级的意见》，实施品牌发展战略，加快林业品牌建设。2017年7月国家林业局出台《关于成立国家林业局林业品牌工作领导小组的通知》，成立专门的林业品牌工作小组，指导和协调全国林业品牌工作，审议林业品牌发展战略、规划、政策和有关重要事项，协调解

决林业品牌建设中的重大问题。2017 年 10 月国家林业局颁布《关于实施森林生态标志产品建设工程的通知》，增加森林生态标志产品有效供给，不断扩大森林生态标志产品市场认可度。2018 年国家林业和草原局一连出台了《关于加强林业品牌建设的指导意见》《林业品牌建设与保护行动计划》等多项政策，强调林业品牌顶层设计和制度创新，按照“加快推进林业标准化生产、强化林产品质量监管、培育林业品牌建设主体、加强林业品牌保护监管、加大品牌产品营销和宣传力度、完善林业品牌服务体系”六大任务，着力构建林业品牌发展与保护长效机制。

（五）运用现代信息技术，提升林业服务水平

党中央和国务院充分认识到林业信息化的战略地位与重要作用，紧紧围绕林业改革发展大局，全力推进智慧林业建设，推动森林资源监测经历了以分散的、单项的、侧重于森林及其物质属性、以野外调查为主的定期监测，正在顺应生态文明和林业现代化建设中的科技新潮流，从信息孤岛到整合共享，朝着多目标、多资源、森林与生态相结合的、集成多种技术智能感知的过程监测方向发展。

一是优化林业信息化顶层设计。2008 年 11 月，全国林业信息数据标准化技术委员会正式批复成立，林业信息化标准建设正式启航。经过标准建设摸底调查和林业信息化标准规范参考目录梳理，原国家林业局汇总 297 个林业信息化相关标准规范，为林业信息化标准建设工作奠定了坚实的技术理论基础。2009 年 5 月，为了将林业信息化标准体系建设工作向纵深推进、向全国铺开，林业信息化标准体系编制小组成立，专门开展标准体系研究工作。2013 年 11 月，《林业信息化标准体系》正式发布，主要包括总体标准、信息资源标准、应用标准、基础设施标准、管理标准五大类，共有 225 项标准，成为指导林业信息化建设标准化工作的重要框架性文件。近年来，根据形势发展和实际工作需求，国家林业和草原局逐个标准研究，将原来林业信息化标准体系中的 225 项标准整合成 96 项急需的、先进的林业信息化标准，为林业信息化标准建设标注了新的高度。

二是完善林业信息化基础设施。按照国家统一部署，加快完善覆盖国家、省、市、县和重点乡镇的信息网络，断充实完善软硬件设施设备，为发展各类政务和业务应用奠定坚实基础。2015 年 9 月，《全国林业信息化“十三五”发展规划》（以下简称《规划》）初稿正式起草完成，明确“十三五”全国林业信息化建设目标是：到 2020 年，全国林业信息化率达到 80%，比 2015 年的 62. 25%提高 17. 75 个百分点。其中国家级林业信息化率达到 90%，省级林业信息化率达到 80%，市级林业信息化率达到 70%，县级林业信息化率达到 60%，实现政务管理智能协同、业务支撑精准高效、公共服务便捷惠民、基础保障坚实有力。2017 年，国家生态大数据基础平台体系正式批复，项目总投资 2. 8 亿元，建成生态大数据监测采集体系、“四个系统一个多样性”动态决策体系、生态大数据治理创新体系。

三是强化林业信息资源整合。在政务信息系统整合共享方面，国家林草局相关单位开办的 15 个网站全部整合到中国林业网统一后台，20 个应用系统按照单点登录的方式，实现了统一认证、统一登录、统一注册，构建了中国林草网站群，加快形成了国家、省、市、县各级完善的林草信息化管理机构。积极推进林业微门户、微博、微信等信息发布和互动交流平台建设，开展网上林业政务大厅与电子监察系统建设。尤其是在2016年，中国首个林业大数据中心和林权交易（收储）中心在昆明挂牌，为全国林业参与主体提供大数据服务。新时期国家林草业信息化总体思路见图7-1。

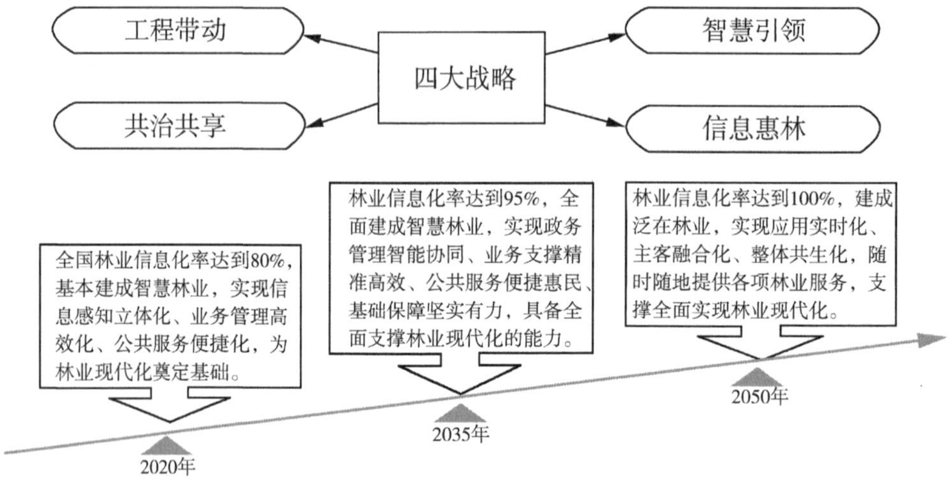

图7-1 新时期林草业信息化总体思路

第三节 集体林权制度改革现状和成效分析

一、集体林权制度改革现状

当前，乡村振兴战略持续推进，不断催生农村经济发展新产业、新业态、新模式，推动了农村基本经营制度和产业形态深度变革。党的十八大以来，党中央高度重视生态文明建设和林业改革发展，做出一系列决策部署，统筹推进农村耕地、林地产权制度改革，城乡融合的发展机制体制加快健全，生态文明建设成效显著，使得集体林生态、经济和社会效益充分发挥，同时集体林权制度仍存在产权保护不严格、生产经营自主权落实不到位、规模经营支持政策不完善、管理服务体系不健全等问题，亟须进一步释放集体林在乡村振兴中的巨大潜力，促进农业农村现代化。

立足新时代国情农情，要将集体林权制度改革作为农村基本经营制度创新的重要方面，拓展和完善林地经营权能，注重构建产权更有力、承包权更稳定、经营权更灵活的现代集体林权制度，建立健全集体林业良性发展机制，让林农共享改革红利，增加林农财产性收入。

二、集体林权制度改革取得的成效

（一）主体改革基本完成

截至 2017 年，全国已有集体林地 27.05 亿亩确权，占纳入集体林改林地总面积的 99%，森林覆盖率 21.66%；发放林权证 1.01 亿本，约 5 亿农民直接受惠，发证面积达 26.41 亿亩，占确权面积的 97.65%，农民作为集体林地承包经营权人的主体地位基本确立；全国建立县级以上林权管理服务机构 1 962个，培育家庭林场、农民合作社等新型林业经营主体 23.1 万个，经营林地面积 5.29 亿亩；全国大部分林区县级林业行政主管部门已建立集体林业制度改革档案管理机构，配备专职人员管理档案。

2018 年，国家林业局在《关于进一步放活集体林经营权的意见》提出，要推行集体林地所有权、承包权、经营权的三权分置运行机制，拓展集体林权权能，积极引导林权规范有序流转，对推进集体林权制度改革战略意义重大。全国实现流转集体林权 2.83 亿亩，林地年租金由 2008 年改革前的 1~2 元/亩提高现在的约 20 元/亩，有的地方达到 100 元/亩。

（二）配套改革扎实有序推进

截至 2018 年，林业法治建设全面加强，森林法修正、湿地立法工作有序推进，颁布部门规章 16 件、规范性文件 110 多件。开展了智慧林业建设，实施了一系列重大信息化项目，信息技术深度融入林业，全国林业信息化率达 70.35%。加强战略谋划和规划指导，形成了覆盖各重点领域的林业规划体系。林业公共财政政策覆盖面不断扩大，补助标准逐步提高，构建了全面保护自然资源、重点领域改革和多元投入的林业支撑保障体系。全国林业投资完成额达 4 817亿元，其中，国家资金达到 2 432亿元，比 2017 年增长 7.67%。林业金融创新取得重大突破，与中国银监会联合出台了《关于林权抵押贷款的实施意见》，林业贴息贷款 1 160亿元；与国家开发银行、中国农业发展银行推出支持国家储备林等林业重点领域的长周期、低成本贷款，合同金额超过 1 100亿元，已放款 384 亿元，成为林业社会融资的重要渠道。中央财政森林保险保费补贴政策覆盖全国，投保森林面积达 20.44 亿亩，为各类林业经营主体提供风险保障近 11 780万元，有效化解了林业生产经营风险。森林碳汇纳入国家碳排放权交易试点。林业资金审计稽查力度不断加大，资金项目监督约束机制逐步完善。各级林业机构和人员队伍保持稳定，2018 年年底，林业系统单位个数共计 38 846个，人数共计 124 万人，为林业改革发展提供了有力保障。编制林地保护利用规划是林权制度改革的标志性工作，2012 年各省份有林权改革任务的县市区已全部完成县级林地保护利用规划编制和政府审批工作，为集体林权制度改革提供基础性的研究资料。

（三）内生增长机制初步形成

集体林权制度改革推进进程中，使林业资源变资产，林农造林积极性不断激发，经济效益、社会效益和生态效益得以全面协调发展。一是林农增收。林改后，全国集体林及森林蓄积量，折合价值数均摊到林农户均获得森林资源资产约 10 万元，极大地增加了农民的财产性收入。林权改革使林业成为新的投资热点，2017 年，全国直接从事竹资源培育和竹制品加工经营的农民 755 万人，花卉产业从业人员 506 万人，南方集体林区 158 个林业重点县的农民收入 40%以上来自林业。党中央通过制定适度育林基金的征收标准、减免税费、财政转移支付等措施，林业生产者得到实惠。集体林权制度改革劳动力吸纳效应得以释放，可促进受教育水平较高的农户异地非农就业，促进受教育水平低的农户返乡就业。二是村财增加。随着林改持续深化，林地的价值面临重估，林地流转呈现加速趋势，新型林业经营主体涌现，林业经营模式多样化，村级集体可以从林地使用费和现有林承包经营分成以及林木转让价款中，获得长期、稳定的村基础设施建设收入和社会保障体系建设收入。三是社会增效。2017 年，全国林业主要产业带动 5 200 多万人就业和 130 多万人增收脱贫。

（四）绿色富民持续快速发展

目前，我国林业产业经济朝着形态更高级、分工更复杂、结构更合理的方向加速演进。2018 年，全国林业产业总产值达到 76 272亿元，同比增长 7.02%（图 7-2），林产品贸易进出口总额达到 1 653亿美元，继续保持稳定增长。林业一二三产业比例为 32∶46∶22，第三产业比重较 2017 年增加 3 个百分点。2018 年，全年林业旅游和休闲的人数达到 36.6 亿人次，比 2017 年增加 5.6 亿人次，社会综合产值 13 044亿元。全国商品材总产量为 8 811万 m^3，经济林产品产量达到 1.81 亿 t，同比减少 3.72%。林业精准扶贫成效显著，累计选聘建档立卡贫困人口生态护林员 50 多万名，精准带动 180 万贫困人口增收脱贫；享受退耕还林还草年补助政策的 160 多万贫困户，平均每户增加补助金 2 500元；全面深化集体林权制度改革，依托林地林木增加财产性、经营性收益，贫困地区集体林权流转面积达 1 亿多亩；国家林业和草原局 4 个定点扶贫县共有 6.84 万人减贫、69 个贫困村出列，中央林业拨款 30 581.1万元，其中新增生态护林员补助资金 2 100万元，享受退耕还林还草补助政策的 160 多万贫困户，平均每户增加补助资金 2 500 元。

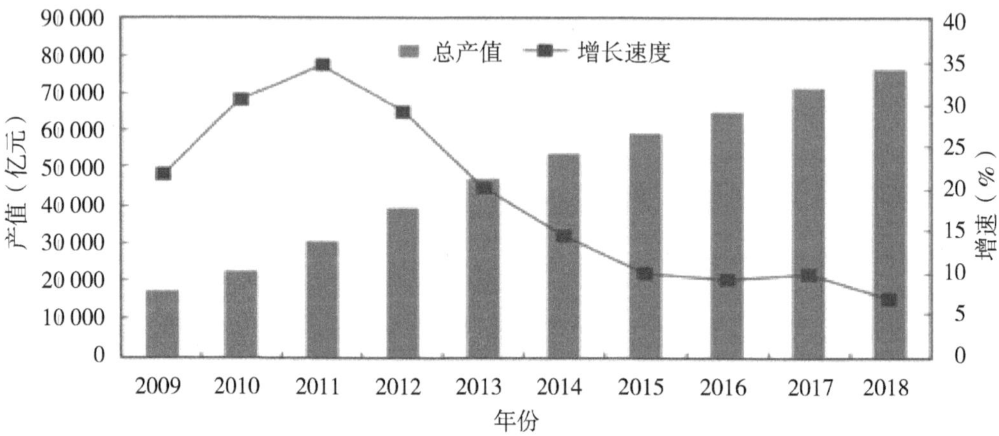

图 7-2　2009—2018 年全国林业产业总产值及其增长速度

（五）主体利益机制合理聚合

随着改革开放，村庄治理力度下滑，农民的经济理性逐步增强，个体化趋势也越来越明显，农民的组织化程度越来越低。集体林权制度改革增加了林农的财产性收入，因林农经济行为的逐利性，林农与各方利益主体矛盾有所缓解。一是观念转变。集体林权制度改革前，林农认为“过去是干部林，现在是自家林”，现今改革落实了林农利益机制，产权彻底明晰，有效激活林农投入意识、科学经营意识和管护意识，成为促进林业自然资本加快增值的关键。二是职能转变。集体林产权到户后，中央逐年增加财政投入力度用于建设和完善林业服务平台，探索政务服务网络化，提高了政府工作效率和为民服务水平，进一步推动了简政放权、放管结合、优化服务，提升政府公共关系水平，提高了政府公信力。例如，国家林业局于 2009 年开展标准站建设试点，2009—2016 年，中央共投入预算内基本建设资金 3.48 亿元支持标准站建设，撬动地方财政投资 55.5 亿元，截至 2017 年年底，全国共有林业站 2.3 万个，其中 1 337个“全国标准化林业工作站”。三是关系转变。集体林权制度改革后，山地林地的所有权和承包经营权主体界定明晰，集体林地流转费被村干部挪用或截留和集体林被“乱卖”等问题从根本上得以解决，干群关系持续好转。同时，各地林业行政执法和案件查处取得良好成效，促进了农村社会和谐安稳，2018 年，全国林业行政案件中“零”案件报送县级单位同比减少 11 个，下降 4.45%。

（六）林业资源保护全面加强

全面停止天然林商业性采伐，天然林保护范围扩大到全国，19.44 亿亩天然乔木林得到有效保护，每年减少资源消耗 3 400万 m^3，天然林生态功能逐步恢复。林地林权管理更加规范，实现以规划管地、以图管地，建设项目使用林地实行差别化管控。对国家级林业自然保护区生态破坏问题进行了清理整顿，发布了保护区内建设项目禁止事项清单。全国林业自然保护区达 2 249处，总面积 18.9 亿亩，占国土面积的 13.14%。其中，国家级自然保护区 375 处，占全国总数的 84.1%，重点保护野生动植物种群和数量稳中有升。森林公安改革不断深化，执法职能和队伍建设明显加强，一批典型案件得到严肃查处。党中央、国务院对森林防火工作高度重视，森林防火责任落实和处置措施不断强化，防扑火能力大幅提升，火灾受害率控制在 0.1%以下。特别是快速扑灭内蒙古乌玛“4・30”、毕拉河“5・2”、陈巴尔虎旗“5・17”等多起重特大森林火灾，受到党中央、国务院的充分肯定。林业有害生物防治继续加强，主要林业有害生物成灾率控制在 0.45%以下。

（七）生态状况持续改善

党的十八大以来，全国完成造林 5.08 亿亩，森林面积达到 31.2 亿亩，森林覆盖率达到 21.66%，森林蓄积量达到 151.37 亿 m^3，成为同期全球森林资源增长最多的国家。森林质量得到普遍重视，启动了国家储备林建设工程示范项目，建设和划定国家储备林 4 766万亩，国家储备林制度初步建立。出台了《全国森林经营规划（2016—2050 年）》，修订了《造林技术规程》《森林抚育规程》《低效林改造技术规程》，完成森林抚育 6.22 亿亩，林木良种使用率由 51%提高到 61%。出台了《沙化土地封禁保护修复制度方案》，启动了沙化土地封禁保护区、国家沙漠公园建设、沙区灌木林平茬复壮等试点，封禁保护面积达 2 315万亩，国家沙漠公园达 103 个。五年累计治理沙化土地 1.5 亿多亩，绿进沙退的趋势进一步巩固。森林城市建设上升为国家战略，国家森林城市增加到 137 个，城乡人居生态环境明显改善。

第四节　集体林权制度改革中存在的主要问题

一、集体林权流转机制不健全

集体林权制度改革于2008年正式实施，集体林权开始被允许流转，资金开始逐步向林业集聚，促进了林业的进一步发展。但在集体林权的实际流转过程中，依然存在很多问题。第一，政策鼓励与法律限制的矛盾，使得林权流转办证较为困难。林权证的发放是林权流转的前提，中央与地方相继出台了许多鼓励林地流转的政策，但现行法律对林地流转却有着严格限制，如《民法典》对林地流转、抵押均有明确限制。由此带来林权流转双方利益难以协调的困局：对流转双方而言，绝大多数受让方并不寄希望于经营林地来获取收益，而是看中林地的潜在增值。受政府出台的土地流转政策的激励，受让方为维护其林地经营权益，期望办理林权证，而林农即使已流转林地但只要涉及林权证的过户，大多数都会拒绝。第二，森林资源资产评估中还存在许多问题。在实际林权流转过程中，大多数交易的交易价格是由交易双方决定的，经过专业评估公司评估进行的交易凤毛麟角。此外，现行森林资源资产评估方法、评估模型与评估参数的设计还存在较大缺陷、评估人才匮乏，这也为林权的流转埋下隐患。第三，尚未建立林权流转市场。一方面，由于市场发育不全、信息不对称，流转的市场主体身份不符、代为流转，造成矛盾纠纷。另一方面，由于缺乏健全的流转市场，造成在林改前或进行过程中村组织组织农户流转，林权流转价格较低，留下潜在隐患。第四，林权流转合同不规范。现实中林地流转，流转双方只有小一部分是按法定程序办理的，大多数是转让方与受让方签订转让合同，当出让方流转后效益不高则不存在争议，一旦经营效益超出预期就有可能出现联合提出合同争议的情况。如果受让方提出办理林权证，早期承包经营的山林反而会引起争议。

二、林业规模化经营程度不高

集体林权改革分林到户，在解放林业生产力、调动农民经营林业积极性的同时又对林业的规模化经营形成了一定程度的制约。主要体现在3个方面，第一，林地细碎化较为严重。林权改革将原本由村集体、集体林场、林业大户经营的林地分化承包给了一家一户的农民经营，林地的细碎化、分散化给林业的规模经营带来一定的困难。第二，农民对联合经营的主观极性不足。刘璨等（2015）对全国9个省区2 430个农户调查显示，当问及“是否愿意以转让、合股等形式将承包林地给他人代为经营或联合经营”，选择“不愿意”的样本农户占到78.57%。究其原因，其中近60%的农户认为自己经营林地效益更好，剩余近40%的农户担心自有林地产权、林地经营收益受到损害。第三，林业合作组织的组建运行还有待完善，一是林业合作经济组织规模偏小，覆盖率较低。据农业部统计数据，截至2014年年底，纳入统计调查的农民专业合作社达113.8万个，其中林业合作社占比仅为5.8%。二是多数合作社经营水平较低，服务功能不足。合作社多是给林农提供简单的林业种植知识，林业网络化、科技化信息服务层次较低，且服务范围有限。三是合作经济组织缺乏政府层面的科学引导及人财物、政策等方面的支持，合作社缺乏健全的运行机制和内部制度，影响林业经营的发展。

三、公共财政供给缺乏

近年来国家财政不断加大对林业的投资，效果显著，但投资策略和投资力度仍需进一步优化与增强。具体体现在3个方面，第一，林区基础设施建设不足。基础设施建设具有明显的外部性，对集体林业经济效益及生态效益的发挥有着重要影响，以张蕾、张雪丽等人2015年在安徽、湖北、河南的调研为例，受访的20位林业经营者中绝大部分仍未修建林道，只有3户大户自修林道。第二，林业经济扶持力度不足。仍以张蕾、张雪丽等人的研究结果为例，调研的3个省份、4个县市的13个林业合作社中，仅2个经营林下中药材种植的合作社享受了相关补贴，但种田补贴远多于林业经营补贴。第三，林业技术服务供给不足。林业生产技术服务主要包含产前、产中、产后3个环节，而各地林业站、专业合作社及林协等机构主要以产前和产后为主，产中服务项目较少，范围较窄且不符合规范化要求。据章超（2015）在杭州市临安区展开的调研显示，受访的128位林农中，近年来参加过林业生产技术培训的人数比例仅为48%，其中28%的参与者认为培训效果并不显著，还有12%的参与者认为没有效果。这充分体现出农民对政府在技术服务方面的指导与支持需求迫切。

四、金融支持力度不足

虽然在政策支持下，银行等金融机构对林业的信贷支持在不断加大，但整体来看林业金融支持仍需进一步加强。第一，提供林业信贷的金融机构较少、信贷工具有限。相较于工业与农业，林木生长周期较长、比较收益较低，因此提供给林业的贷款微乎其微。目前林农可获得的林业贷款主要是林权抵押贷款，但由于可抵押物品单一、林权抵押资产价值评估缺乏标准且费用较高；抵押林权处置农户林地面积小、分散且偏远；抵押林权处置变现困难等原因，银行为规避风险抬高贷款门槛、降低贷款额度，使农户很难申请林权抵押贷款。第二，国家对金融的支持力不足，没有建立起有效多样的担保机制，在财政、税收等政策面的扶持力度还有待加强，贷款贴息、政策性保险补贴、税收优惠等政策还有待深化。第三，林业保险缺失难以保障林农收益稳定增长。目前森林保险制度还处于探索完善阶段，林业保险种类较少，商业保险和巨灾保险还未有效展开，林区经营者的生产成果得不到森林保险的惠及，丰产不丰收的问题仍然较为突出。

五、林业经营发展能力较弱

第一，相较于种植业和畜牧业，经营林业投资数额更大、生产周期更长、经营风险更高、比较收益更低。经营用材林从幼林成长为成熟林需要15~40年不等的生长周期。

经济林相对来说回报较高，但也需要 5~7 年才能挂果产生效益。一般而言，在没有外力的扶持下，农户难以承受种植的一次性投入成本。此外，在相同条件的土地上种植粮食所得的收益远远高于经营林业。

第二，产业基础薄弱，森林资源利用率和经营效益不高。一是第一产业呈粗放式规模扩展。目前林业产业科技水平还处于初级阶段，远不能适应当前林业生产经济的快速发展与林业相关功能的转变。要求加快造林绿化，但开发模式与种植技术落后，使得规模化的用材林和经济林基地越来越少，林业产业的粗放式扩展模式，进一步导致林业资源质量和生产效益下降。二是缺少带动能力强的产业化龙头企业，林业生产力水平低下，深加工能力不足，产品附加值低，对农民增收贡献不大。三是第三产业市场化程度较低，难以发挥市场优化资源配置的作用。例如，主要经济林产区的林产品市场化服务业发展滞后，生产的相关产品并没有结合市场发展要求和消费者需求，不仅是林产品交易模式与第三产业建设的硬件设施存在一定的盲目性，信息服务与质量检测等市场软环境建设也不够完善。

六、林业服务体系不健全

林业体系作为一个庞大的自组织系统，其能否良好运作与发展和林业服务体系的支撑密切相关。林业服务体系是联结市场要素与林业主体的桥梁与纽带，其贯穿于林业生产、流转、收益分配及生态保护的各个环节。但当前在深化集体林权改革的进程中，林业科技资源投入不足、信息不对称、定价机制不规范等现象普遍存在。要想提高林权改的绩效，让林业生产力得到根本性释放，推进集体林权改革的市场化进程是关键。一方面，公私合营、股份制等创新形式，以及新型经营主体的发展壮大都能起到帮助林农优化经营、抵御风险的目的。另一方面，完善的林业服务体系、通畅的技术支持平台及金融支持也将极大的推动人才、林业资本与科技信息的流动与共享。如何充分利用市场机制对资源的优化配置作用，如何利用价格而非行政手段调控要素转移，是我国集体林权制度改革需要解决的难题。

第五节　深化集体林权制度改革与林业发展的路径

一、完善集体林权流转机制，促进集体林权规范流转

第一，尽快完善林地流转的法律制度。制定出台《林地流转管理办法》，在明确所有权、稳定承包权、保护收益权、尊重处分权的基础上，进一步扩大林地使用权的流转范围。根据形势的发展变化，调整修改《森林法》关于“防护林、特种用途林林地使用权不得转让”的规定。在经济活动比较活跃的地区，商品林和公益林只要权属明确，不改变林地用途，不改变经营目的，其林地使用权可以转让流转。第二，加强对林地使用权流转的规范化管理。一方面规范流转合同制度，另一方面制定科学的森林资源资产

评估制度。第三，加强林权流转市场建设。当前我国存在两类林权流转市场，分别为私人林权交易市场和政府主导的交易市场。前者市场合规性差、市场交易机制不健全，后者相较于前者合规性已大大提高，但仍存在政策干预强、办事效率差等问题，急需加快解决。只有不断完善林权市场建设，发挥价格的导向作用、实现林业资源的自由流动，才能促进集体林权改革的全面推进。第四，建立完善林地流转的审查及档案管理制度。及时办理申请、登记、审核备案等相关手续，严格流转行为登记和山林权证变更等流转完成后的法定手续，形成完备林地流转档案。

二、培育壮大林业新型经营主体，推进多种形式适度规模经营

2016 年，《国务院办公厅关于完善集体林权制度的意见》提出，鼓励和引导农户流转林地经营权和林木所有权，发展适度规模经营，培育壮大规模经营主体。

第一，鼓励和引导农户采取出租、转包、入股等方式流转林木所有权和林地经营权，发挥不动产权属证书和林权证在林权流转、抵押和生产经营中的效用，促进林地资源转化。农村集体经济组织统一经营的林权流转和农户委托农村集体经济组织进行的林权流转，需依照法定程序，支持其到公开的农村产权流转交易市场进行交易。

第二，积极培育新型林业经营主体。一是大力发展家庭林场，打造农户家庭承包经营的升级版；二是创新经营方式，如发展“公司+合作组织+农户”“公司+农户”股份制等经营形式，引导各类经营主体开展合作；三是加快发展林业专业合作社，发挥典型示范导向作用，同时鼓励组建林业合作联合社；四是林业部门要加强与财政、发改、金融等部门的协调，落实产业、财政、金融等方面的优惠政策，协调出台相关配套措施。

三、吸引多元主体参与，加强公共财政投入

由于林业具有极强的外部性，因此建立社会力量参与、公共财政为导向的投入机制具有必要性。

第一，进一步加强公共财政投入、优化投入结构。针对上文提及的林业基础设施建设、林业经济扶持以及林业技术服务等方面投入不足的问题，一是需多层次、多渠道筹集资金，此外各级政府要逐步提高在林业领域投入的比重，设立专门资金实行项目申请制。二是加大公共财政对偏远山区的财政倾斜力度、实行差别投入，统筹城乡和东西发展。三是建立林业、农业内生性增长机制，如政府对林业的支持可以结合扶贫开发、农业综合改革等政策展开。

第二，鼓励社会力量的广泛参与，提升财政资金的使用效率。一是强化高校、科研机构与林业经营者的合作。政府利用公共财政资金搭建合作平台，邀请高校专家、学者前往当地进行知识讲座或现场指导，定期选派人员前往高校或科研机构学习管理知识或先进林业技术。同时注重培养本土专业人才队伍服务，为本地林业发展提供服务。二是搭建农民、企业与政府的合作交易平台。三是多渠道吸引社会资金建立林业发展基金、设立林业风险投资基金，吸纳社会力量为林区发展建设做贡献。

四、吸引社会资本进入林业，拓宽林权融资服务模式

当前我国社会资本较为充足，却很难找到有潜力的投资项目与领域，而林业发展迫切需要资金投入但常常陷入无资金来源的困境。面对林权融资错位的现状，需要不断完善政策、创新机制，充分利用各种平台强化招商引资信息服务，引导工商资本流向林业，支持其投资高标准设施林业，林下经济、林木繁育等林业产业，开发利用农村集体闲置资源。同时，加强政府对金融机构的支持，强化金融对林业的支持力度。第一，探索林权担保模式。以市场运作和政府扶持为导向，加快林业担保公司的组建，采用担保公司筹资、政府财政补贴的方式设立运行林业投资担保基金。第二，完善林业贷款贴息政策。扩大贴息范围，如将林权抵押贷款和林业小额贷款纳入其中，同时进一步延长贴息期限、扩大贴息规模。第三，大力支持金融机构建设完善农村信用体系。在原有基础上，将农户林权资产纳入农户信用等级评级、授信范围，积极开发符合林业产业特点的多种信贷融资产品，简化贷款手续、适当放宽贷款条件、降低贷款利率。第四，给予林业企业更多的税收优惠。第五，推进森林保险向更深层次发展。完善森林保险机制，建立健全森林保险法律法规，将保险业务由试点逐步铺开到全国，加大公共财政对林业保险的补贴力度，依据情况设计多样化、多级别保险产品。

五、推进林业产业结构优化升级，强化绿色产业发展

以实现林业生态效益最大化、挖掘森林资源开发利用潜力和促进农民增收为立足点，全面优化林业产业结构，提高林业的投入产出效益。第一，将促进产业发展列为集体林改的一项重要内容，适度提高经济林种植比例，尤其是注重发展能速生丰产又能兼具生态效益的树种，进一步推广林草、林粮及林药兼做等林农复合型立体种植模式。第二，加快林产品精深加工和林业物流业发展，促进产业集聚与转型升级，推动实施品牌带动战略。第三，积极发展休闲康养、森林旅游等绿色新兴产业，促进三产业融合发展，充分发挥林业产业扶贫和生态扶贫的作用。第四，发展林业新型业态，打造“互联网+集体林业”，建设林产品电商平台，探索个性化林产品、林业众筹等新型业态。第五，完善财政激励机制。林业产业发展具有可持续性，发展潜力巨大，其既是生态节能产业也是绿色扶贫产业。地方政府要争取财政支持，把林业产业纳入山区扶贫开发、节能环保及促进农民就业增收等扶持政策领域。

六、加强林业服务体系建设，提升服务质量

林业的运作发展离不开林业服务体系的支撑。第一，充分了解林农最迫切的服务需求，丰富服务内容，创新服务方式，增强林业服务的有效性与针对性。充分利用现代信息技术，如通过网络服务平台、微信公众平台等，让林农免费享受点对点的技术和信息服务。第二，加快林业部门职能转变，提升林权管理服务机构能力和服务水平，强化服务支持。发挥基层林业站、林业专业服务队伍和市场化服务组织的作用，逐步将适合市场化运作的林业规划设计、市场信息、技术培训等服务事项交由社会化服务组织承担。

研究政府购买社会化服务指导目录，通过财政扶持、信贷支持等措施，加快培育林业经营性服务组织，争取开展政府购买林业公益性服务试点。第三，加强承包经营纠纷调处。加快县、乡、村三级林地承包经营纠纷仲裁体系建设。有条件的地方，可建立林业法律援助机制，推进纠纷社会化调处工作制度建设，为深化集体林权制度改革创造更好条件。第四，建立集森林资源、权属、生产经营主体等信息于一体的基础信息数据库和管理信息系统，积极发展林业电子商务，健全林产品交易市场服务体系。信息网络、服务网络、法律咨询、林权交易等系统间应打通物理接口，实现融合，在供给端实现林业要素的转移，使林业发展所需的技术、资金与信息得以充分共享。

第八章

农村宅基地和地上房屋
产权界定及流转

宅基地作为农村集体建设用地的重要组成部分，其节约集约利用状况影响到整个集体建设用地节约集约利用的成效。宅基地制度是农村土地制度的重要内容，宅基地的管理和资源有效利用有其特殊性。我国农村宅基地在所有权与使用权相分离状态下，采取了保留排他性而限制可让渡性的管制措施，这样既保证集体所有制前提下一定的土地使用效率，又确保了土地使用权的相对稳定性和持续性。然而，随着中国社会转型和经济转轨的深入，农村宅基地使用现状与统筹城乡发展越来越不相适应，由于农村宅基地的非市场性、非流动性，导致了宅基地的闲置浪费、利用效率低下、财产价值无法得到体现。如果农村宅基地使用制度得不到有效改善，未来城乡人口分布格局将加剧农村宅基地的低效利用和农民财产权益损失的局面。2015 年 1 月，中共中央办公厅、国务院办公厅印发《关于农村土地征收、集体经营性建设用地入市、宅基地制度改革试点工作的意见》，农村宅基地制度改革成为农村土地制度改革的三项内容之一，中央政府在全国范围内选择了 15 个县（市、区）开展宅基地制度改革试点，以期为全面深化农村宅基地制度积累经验，这标志着农村宅基地制度改革进入新的阶段。在此背景下，研究农村宅基地产权及流转问题具有重要现实和理论意义。

第一节　农村宅基地制度的历史追溯

农村宅基地是指农村集体经济组织成员用于建造住房而使用的建设用地，主要包括建了房屋、建过房屋或者决定用于建造房屋的土地，建了房屋的土地、建过房屋但已无上盖物或不能居住的土地以及准备建房用的规划地 3 种类型。宅基地一词最早见于 1962 年的《农村人民公社工作条例（修正草案）》，2019 年新修正的《土地管理法》中规定，宅基地属于农民集体所有，由村集体经济组织或者村民委员会经营、管理，农村村民一户只能拥有一处宅基地。新中国成立以来，农村土地制度历经土地改革、合作化、集体化等阶段变革逐渐建立起来，相应地，农村宅基地制度也经历了从私有化到集体化，从自由交易到限制流转的过程。我国宅基地使用制度大致分为宅基地私有化、宅基地生产队所有、宅基地农民集体所有 4 个阶段，不同的阶段有不同的法律政策内容。

一、宅基地农民私有制时期（1949—1961 年）

在私有化阶段，宅基地所有权与使用权集于一体，国家承认农民对宅基地和房屋的所有权，农户以房契作为产权凭证，可以自由地转让、买卖、租赁、继承以及抵押宅基地。新中国成立后，中国农村开展了以废除封建土地制度，没收大地主的土地与房屋分给无地无房农民为手段，实行“耕者有其田、居者有其屋”的土地改革运动。1950 年 6 月 30 日中央颁布的《土地改革法》规定，一是废除地主阶级封建剥削的土地所有制，实行农民的土地所有制。二是所有没收和征收得来的土地，统一地、公平合理地分配给无地少地的贫苦农民所有。三是土地改革完成后，由人民政府发给土地所有证，并承认一切土地所有者有自由经营、买卖及出租其土地的权利。《土地改革法》建立了农民私人所有的土地制度，大部分地区的农民领取了政府颁布的《中华人民共和国房地权证书》。通过土地改革，新中国政府把封建土地地主所有制转变为农民个体土地所有制，农民获得了较为完全的土地权利。

1954 年 9 月 20 日，第一届全国人民代表大会第一次会议通过了《宪法》，其中有关宅基地的规定有：①第八条：国家依照法律保护农民的土地所有权和其他生产资料所有权。②第十一条：国家保护公民的合法收入、储蓄、房屋和各种生活资料的所有权。③第十二条：国家依照法律保护公民的私有财产的继承权。

1956 年 6 月 30 日，第一届全国人民代表大会第三次会议通过的《高级农业生产合作社示范章程》第三章“土地和其他主要生产资料”中规定：①入社的农民必须把私有的土地和耕畜、大型农具等主要生产资料转为合作社集体所有。社员土地上附属的私有的塘、井等水利建设，随着土地转为合作社集体所有。②社员的土地转为合作社集体所有，取消土地报酬。③社员原有的坟地、房屋地基不入社。④社员新修房屋需用的地基和需用的坟地由合作社统筹解决，在必要的时候，合作社可以申请乡人民委员会协助解决。

1958 年通过的《关于在农村建立人民公社问题的决议》，对农民的自留地、零星果树的所有权问题进行了明确，提出自留地在并社的过程中变为集体经营，零星果树暂时仍然归农民私人所有，并认为随着经济发展、人们思想认识的提高，原私有的果树自然会变为公有。

这一阶段，农村宅基地制度的特点是农民个人所有、平均分配、无偿取得，实现了“居者有其屋”的目标。特别地，农村宅基地所有权与房屋所有权两权主体合一，即确定了农民对宅基地和房屋的所有权人地位，农民享有完全的宅基地所有权与房屋所有权。同时，宅基地可以买卖、出租、继承以及其他方式流转，均受法律保护。

二、宅基地生产队所有时期（1962—1981 年）

1962 年 9 月，党的八届十中全会正式通过了《农村人民公社工作条例（修正草案）》（简称《人民公社六十条》），第二十一条规定“生产队范围内的土地，都归生产队所有。生产队所有的土地，包括社员的自留地、自留山、宅基地等，一律不准出租和买卖。生产队所有的土地，不经过县级以上人民委员会的审查和批准，任何单位和个人都不得占用。”第四十五条规定“社员的房屋，永远归社员所有。”“社员有买卖或者租赁房屋的权利。社员出租或者出卖房屋，可以经过中间人评议公平合理的租金或者房价，由买卖或者租赁的双方订立契约。”“任何单位、任何人，都不准强迫社员搬家。不得社员本人同意，不付给合理的租金或代价，任何机关、团体和单位，都不能占用社员的房屋。如果因为建设或者其他的需要，必须征用社员的房屋，应该严格执行国务院有关征用民房的规定，给以补偿，并且对迁移户作妥善的安置。”“国家和人民公社的各级组织，应该在人力、物力等方面，对于社员修建住宅，给以可能的帮助。社员新建房屋的地点，要由生产队统一规划，尽可能不占用耕地。”

1963 年，中央又下发了《关于各地对社员宅基地问题作一些补充规定的通知》，对宅基地的所有权、使用权、宅基地上附着物的所有权、农民住房买卖后宅基地的处理办法等方面进行了明确规定。例如，“社员的宅基地，包括有建筑物和没有建筑物的空白宅基地，都归生产队集体所有，一律不准出租和买卖。但仍归各户长期使用，长期不变。”“宅基地上的附着物，如房屋、树木、厂棚、猪圈、厕所等永远归社员所有，社员有买卖或租赁房屋的权利。房屋出卖后，宅基地的使用权即随之转移给新房主，但宅基地的所有权仍归生产队所有。”

1975 年《宪法》第九条规定“国家保护公民的合法收入、储蓄、房屋和其他生活资料的所有权”。

1978 年 12 月通过的《农村人民公社工作条例（试行草案）》中第七条规定“农村土地包括宅基地一律不准出租和买卖。”

1981 年 4 月，国务院颁布《关于制止农村建房侵占耕地的紧急通知》规定：“农村建房用地，必须统一规划，合理布局，节约用地。”“农村社队的土地都归集体所有。分配给社员的宅基地、自留地（自留山）和承包的耕地，社员只有使用权，既不准出租、买卖和擅自转让，也不准在承包地和自留地上建房、葬坟、开矿、烧砖瓦等。”

这一阶段，农村宅基地制度发生了较大变化，一是农村宅基地所有权主体由农民个人所有变更为生产队所有，同时，确立了宅基地所有权与使用权相分离，农民无偿取得宅基地使用权。二是单独的宅基地使用权不能处分，只能随房屋的处分而发生转移，且宅基地使用权没有期限，充分体现了宅基地的居住保障功能。三是农村宅基地分配以“户”为单位，实行“一户一宅”。

三、宅基地农民集体所有，农户和城镇居民享有使用权时期（1982—1996 年）

《宪法》（1982 年）第十条规定：“农村和城市郊区的土地，除由法律规定属于国家所有的以外，属于集体所有；宅基地和自留地、自留山，也属集体所有。”这标志着，宅基地集体所有制以宪法的形式被确认。同时，《宪法》也承认了农村居民对宅基地的使用权，并予以保护，第十三条规定：“国家保护公民的合法的收入、储蓄、房屋和其他合法财产的所有权。国家依照法律规定保护公民的私有财产的继承权。”1986 年 4 月出台的《中华人民共和国民法通则》（以下简称《民法通则》）第七十四条规定：“集体所有的土地依照法律属于村农民集体所有，由村农业生产合作社等农业集体经济组织或者村民委员会经营、管理。”1986 年 6 月颁布的《土地管理法》中第八条第 1 款与上述《民法通则》第七十四条除有相同规定外，增加第 2 款规定：“村农民集体所有的土地已经分别属于村内两个以上农业集体经济组织所有的，可以属于各该农业集体经济组织的农民集体所有。”1989 年 7 月《国家土地管理局关于确定土地权属问题的若干意见》（1995 年 5 月 1 日起停止执行）申明：“1982 年 2 月国务院公布《村镇建房用地管理条例》之前农村居民建房占用的宅基地，在《村镇建房用地管理条例》施行后未经拆迁、改建、翻建的，原则上按现有实际使用面积确定集体土地建设用地使用权。”“凡符合当地政府分户建房规定而尚未分户的农村居民，其现有宅基地在没有超过分户建房用地合计面积标准的，可按现有宅基地面积确定集体土地建设用地使用权。”1991 年 1 月《土地管理法实施条例》（1999 年 1 月 1 日废止）中第二十五条规定：“农村村民建住宅需要使用土地的，应当先向村农业集体经济组织或者村民委员会提出用地申请，经村民代表会或者村民大会讨论通过后，报人民政府批准。其中需要使用耕地的，由乡级人民政府审核，经县级人民政府土地管理部门审查同意后，报县级人民政府批准；需要使用原有宅基地、村内空闲地和其他土地的，报乡级人民政府批准。”

在这一时期，法律规定城镇居民也可以使用农民集体所有的农村宅基地。1986 年的《土地管理法》第四十一条规定：“城镇非农业户口居民建住宅，需要使用集体所有的土地的，必须经县级人民政府批准，其用地面积不得超过省、自治区、直辖市规定的标准，并参照国家建设征用土地的标准支付补偿费和安置补助费。”1989 年的《国家土地管理局关于确定土地权属问题的若干意见》中规定：“非农业户口居民原在农村的宅基地，凡房屋产权没有变化的，可依法确定其集体土地建设用地使用权。”1991 年 1 月的《土地管理法实施条例》第二十六条规定：“城镇非农业户口居民建住宅需要使用集体所有的土地的，应当经其所在单位或者居民委员会同意后，向土地所在的村农业集体经济组织或者村民委员会或者乡（镇）农民集体经济组织提出用地申请。使用的土地属于村农民集体所有的，由村民代表会或者村民大会讨论通过，经乡（镇）人民政府审查同意后，报县级人民政府批准；使用的土地属于乡（镇）农民集体所有的，由乡（镇）农民集体经济组织讨论通过，经乡（镇）人民政府审查同意后，报县级人民政府批准。”第二十七条规定：“回原籍乡村落户的职工、退伍军人和离、退休干部以及回乡定居的华侨、港澳台同胞，需要使用集体所有的土地建住宅的，依照《土地管理法》第三十八条和条例（第二十五条）的规定办理。”

关于宅基地使用权的权能，1989 年的《国家土地管理局关于确定土地权属问题的若干意见》和 1995 年的国土资源部《确定土地所有权和使用权的若干规定》中均规定：“通过房屋继承取得的宅基地，继承者拥有使用权。若继承者已有宅基地，合计面积超过规定标准的，可以暂时按实际使用面积确定其集体土地建设用地使用权。”“接受转让或购买房屋取得的宅基地，与原有宅基地合计面积超过当地政府规定标准的，按有关规定处理后再予确定集体土地建设用地使用权。”这表示，法律认可农村宅基地使用权的继承、转让和买卖等权利。但 1995 年实施的《担保法》第三十七条明确规定：宅基地使用权不得抵押。

这一时期，农村宅基地制度特点是农村宅基地属于农民集体所有，农民可以无偿取得宅基地使用权，城镇非农业户口居民建住宅，需要使用集体所有的土地的，必须经县级人民政府批准。农村居民宅基地使用权，凡超过当地政府规定面积标准的，日后房屋拆迁、改建、翻建时，按规定面积标准重新确定使用权，其超过部分退还集体。农村宅基地使用权可以继承，继承房屋取得的宅基地，可确定集体建设用地使用权；因转让、购买房屋取得的宅基地，与原有宅基地合计面积超过当地政府规定标准，按照有关规定处理后允许继续使用的，可暂确定其集体土地建设用地使用权。但这一阶段，农民宅基地使用权不予登记，房屋产权证书，不得进行抵押。因此，宅基地使用权性质不明，仍会导致房屋所有权与宅基地使用权法律规定的矛盾。

四、宅基地农民集体所有，农户享有宅基地使用权时期（1997 年至今）

随着工业化、城镇化和市场化进一步发展，城镇周边的土地价格不断上涨，部分政策为炒卖城镇周边的集体土地提供了便利，宅基地隐形流转不断扩大，导致集体土地流失，耕地资源受到破坏。因此，1998 年国家对《土地管理法》进行了修订，取消了非农业户口城镇居民获取宅基地的规定，同时对农村宅基地取得和流转设定了严格的限制，农村土地使用权不能转让、出租用于非农建设。农村宅基地属于农民集体所有，1999 年和 2004 年《宪法》第十条规定："农村和城市郊区的土地，除由法律规定属于国家所有的以外，属于集体所有；宅基地和自留地、自留山，也属集体所有。"1998 年和 2004 年《土地管理法》第十条规定："农民集体所有的土地依法属于村农民集体所有的，由村集体经济组织或者村民委员会经营、管理；已经分别属于村内两个以上农村集体经济组织的农民集体所有的，由村内各该农村集体经济组织或者村民小组经营、管理；已经属于乡（镇）农民集体所有的，由乡（镇）农村集体经济组织经营、管理"。1998 年《土地管理法》与 2004 年《土地管理法》第八条规定："农村和城市郊区的土地，除由法律规定属于国家所有的以外，属于农民集体所有；宅基地和自留地、自留山，属于农民集体所有"；第六十二条规定："农村村民一户只能拥有一处宅基地，其宅基地的面积不得超过省、自治区、直辖市规定的标准。"

2004 年 10 月，国务院《关于深化改革严格土地管理的决定》提出："加强村镇建设用地的管理；鼓励农村建设用地整理，城镇建设用地增加要与农村建设用地减少相挂钩"；"农村集体建设用地，必须符合土地利用总体规划、村庄和集镇规划，禁止擅自通过'村改居'等方式将农民集体所有土地转为国有土地"；"禁止农村集体经济组织非法出让、出租集体土地用于非农业建设。改革和完善宅基地审批制度，加强农村宅基地管理，禁止城镇居民在农村购置宅基地。"2007 年的《物权法》第一百五十二条规定："宅基地使用权人依法对集体所有的土地享有占有和使用的权利，有权依法利用该土地建造住宅及其附属设施。"第一百五十三条规定："宅基地使用权的取得、行使和转让，适用土地管理法等法律和国家有关规定。"第一百八十四条规定："宅基地使用权不得抵押。"同时，《物权法》第三编"用益物权"第十三章还确立了宅基地使用权的用益物权性质。2008 年 7 月，国土资源部发布《国土部进一步加快宅基地使用权登记发证工作通知》规定："严格落实农村村民一户只能拥有一处宅基地的法律规定。除继承外，农村村民一户申请第二宗宅基地使用权登记的，不予受理。""严格执行城镇居民不能在农村购买和违法建造住宅的规定。对城镇居民在农村购买和违法建造住宅申请宅基地使用权登记的，不予受理。"

随着国有建设用地需求量不断增加，无法满足社会经济发展的需要，国有土地稀缺程度不断加剧，土地价格不断上涨。同时，随着农民进城务工的增加，农村宅基地闲置的现象越来越突出，通过宅基地流转实现"人地"资源优化配置的需求愈发强烈。2008 年 1 月，国务院出台《关于促进节约集约用地的通知》，其中有关规定："住宅建设用地要先行安排利用村内空闲地、闲置宅基地。对村民自愿腾退宅基地或符合宅基地申请条件购买空闲住宅的，当地政府可给予奖励或补助。""严格执行农村一户一宅政策。各地要结合本地实际完善人均住宅面积等相关标准，控制农民超用地标准建房，逐步清理历史遗留的一户多宅问题，坚决防止产生超面积占用宅基地和新的一户多宅现象。"党的十八届三中全会开启全面深化改革之口，农村土地制度改革是其中一项重要的改革内容。2014 年 12 月，中央全面深化改革领导小组第七次会议通过了《关于农村土地征收、集体经营性建设用地入市、宅基地制度改革试点工作的意见》。2015 年 2 月 27 日，十二届全国人大常委会第十三次会议通过的《全国人民代表大会常务委员会关于授权国务院在北京市大兴区等 33 个试点县（市、区）行政区域暂时调整实施有关法律规定的决定》，正式拉开了宅基地制度改革的帷幕。

第二节　宅基地使用权的立法缺陷

我国对农村宅基地使用权没有专门系统的立法，相关规定散见于《土地管理法》和《城乡规划法》等相关法律法规之中。同时，尽管国家先后出台了一系列的政策，但由于规范不统一或各规定之间经常发生冲突或矛盾，导致法律适用常常出现差错，宅基地使用权作为“用益物权”在实际操作过程中没有发挥应有的效用和价值。

一、宅基地使用权的取得方式限定不严格

我国宅基地使用权取得制度贯彻一户一宅原则，实行无偿取得方式。2010 年国土资源部《关于进一步完善农村宅基地管理制度切实维护农民权益的通知》中明确了“一户一宅”是指农村居民一户只能申请一处宅基地，所申请宅基地的面积必须符合规定的标准。但是对于何为“户”以及“分户”的标准并未做进一步的规定，对已经享受无偿取得宅基地的家庭成员在分户后的宅基地面积标准计算中是否应当扣除等问题也未做明确规定。各地在执行时也不尽相同。分户的条件，有些地方是以年龄为标准，有的地方是以结婚为条件，还有些地方要求有两个儿子等。这种取得方式限定的不严格导致实践中宅基地使用权的取得比较混乱，引发各种宅基地分配和使用权纠纷。

同时，有关宅基地使用权原始取得程序要件也存在问题。农村宅基地使用权的取得虽然也要经过村民的申请，村集体经济组织讨论通过，但不经过国家的审批，村民不能取得农村宅基地使用权。导致宅基地使用权的取得由私法调整的行为变成了公法调整的行为，这既违背了物权的基本理论，也扭曲了私权和公权之间的关系，使我国宅基地使用权原始取得程序未融入现代物权制度。因法律行为的物权变动通常都按照一定的公示方式进行公示，其过程一般分为合意和公示两个阶段。但我国现行的宅基地使用权的取得缺乏充分的物权合意，并且公示制度也不完善。

二、宅基地使用权的身份化制约使用权有效流转

宅基地使用权的身份化是通过“一户一宅”的制度安排表达和实现的。相关法律法规对宅基地使用权流转做出了严格限制，如新修正的《土地管理办法》第六十二条规定“农村村民出售、出租、赠与住宅后，再申请宅基地的，不予批准”；原国土资源部颁布的《关于加强农村宅基地管理的意见》，严格禁止城市居民在农村购买宅基地建房，禁止为城市居民在农村购买和违法建造的住宅发放土地使用证。因此，传统的宅基

地流转主要在集体内部通过置换和继承等形式进行。宅基地使用权是农村集体经济组织成员享有的、无偿取得的、无期限的权利，与享有者特定的身份相联系，非本集体经济组织成员无权取得或变相取得。这一权利除可在集体成员内部有条件流转外，城镇居民不得购买农村宅基地或农民住宅。《民法典物权篇》赋予了宅基地使用权用益物权属性，使之成为农民的一项重要财产性权利。但是，宅基地使用权的身份化和物权化并不在同一层次上，而是主次有别：宅基地使用权的身份化是主，是内核；宅基地使用权的物权化是次，是外皮。二者存在着“此进彼退、此消彼长”的关系，宅基地使用权的身份化必然要绑架“物权化”，制约物权的展开和强化，宅基地使用权也无法成为真正的用益物权，导致农民住房的财产价值无法彰显、增值和实现。

三、宅基地使用权法律对房地一体原则的否定与矛盾

我国法律对于宅基地使用权流转限定严格，新修正的《土地管理法》规定农民只能出租或出卖宅基地上的房屋，对于宅基地使用权的流转方式则无规定。因此，立法中存在明显的矛盾之处，即一方面无法否定农民享有的对宅基地上房屋的收益权和处分权，而另一方面又严加禁止宅基地使用权流转，这就从根本上否定了《民法典物权篇》中规定的“房随地走、地随房走”的原则。《民法典物权篇》所确立的房地分离只是强调房屋和土地是分别的所有权客体，即房地可以分属不同权利主体，但是同时也确立了房地一并处分规则，必须遵循房地一体原则，而这对于维护交易安全、充分发挥土地的使用价值、鼓励交易等都具有重要的促进作用。

第三节　宅基地制度的改革方向

一、逐步去除宅基地使用权身份权利

一是推动宅基地继承环节的去身份化。逐步扩大宅基地使用权的继承人资格，不局限于本集体经济组织成员，本集体外部的农村居民可按照地随房走的原则，连带取得宅基地使用权。通过继承环节取得农村住房及宅基地，实现突破身份限制的自由流转。二是推进宅基地使用权其他环节的去身份化。按照“严格增量、调整存量、双轨管理”的思路，按区域、有步骤地推进宅基地使用权诸环节的去身份化。严格增量是指冻结凭集体成员身份取得的宅基地使用权，遏制农村人口城市化“两头占”趋势。调整存量是指，对存量宅基地按“一户一宅、面积法定”原则进行确权和清理，在此基础上，将存量宅基地及其附属农房梳理划分为保障房和商品房两大类，实行双轨管理：保障房发挥社会保障制度的功能，以行政调节为主，其取得、继承及其他形式的交易要受到严格管制；而对商品房则引入市场机制，实行宅基地有偿使用，允许宅基地及农民住房突破身份限制的自由流转。双轨管理的目标是逐步建立城乡统一的住房制度，即实现农村保障房与城镇保障房接轨，发展农村商品房与城镇商品房一体化的城乡房地产业。

二、推进宅基地有偿使用制度

当前宅基地使用权无偿取得无法体现宅基地使用权的用益物权属性，应当按照他物权取得的基本原理重构宅基地使用权初始取得制度。对此，未来宅基地使用权应实行有偿取得制度。但考虑到我国现阶段宅基地使用权还具有较强的社会保障性质，法律可以探索宅基地使用权原则上无偿取得制度，但允许集体经济组织内部决议实行宅基地有偿取得制度，且有偿不得超过根据当地经济条件所设定的最高限价。

第一，应当明确农村宅基地有偿使用制度仅适用于超标准占用宅基地的情况。标准范围内的宅基地分配和使用应当是无偿的，以保障农民的基本住房条件。

第二，农村宅基地有偿使用制度应当包括两方面内容，一是对已超标占用的宅基地收取使用费；二是对向农民集体申请获得超标宅基地的农民实行有偿出让。有偿出让的，可以仿照国有建设用地出让，通过招标、拍卖、挂牌等方式进行。

第三，确定获得和使用农村宅基地的主体。对于标准内宅基地的使用因仍采取无偿方式，体现集体福利性，不宜向本集体经济组织外农民分配。而标准外宅基地的使用需采取合理有偿的方式，向本集体外的成员有序分配。

三、落实房地一体确权登记制度

公民不动产权利的发生、变更与消灭一般应以登记为手段，从而获得有力的法律保护。因此，宅基地使用权及地上的房屋也应该以确权登记方式加以正式的法律保护，其实际意义在于，一是确认农户对宅基地使用权和房屋产权所享有的权利。二是在土地征收或其他占用宅基地情形下，便于主张权利，获得法律救济。三是完备的登记制度也有助于规范各主体对农村集体土地的利用活动，杜绝超标宅基地无偿使用，从而更好地贯彻保护农村土地政策。为此，应进一步细化、落实农村房地一体的确权登记制度，分解为宅基地使用权与房屋使用权两种权属，结合各地实际开展物权登记，做好统一的登记机关、明确登记的范围、完善登记程序、明确登记的法律效力（即采用“登记生效主义”）等方面的工作。

四、建立宅基地及地上房屋一体流转机制

建立宅基地及地上房屋一体的流转机制有助于维护农民、农村集体经济组织的土地权益、提高政府土地管理效益和土地资源市场配置效率。

（一）完善宅基地使用权及地上房屋流转的相关法律法规

中国农村宅基地使用权流转还没有明确的法律制度保障，因此应在立法中明确宅基地使用权的性质，同时在《宪法》和《土地管理法》中也要体现宅基地的用益物权性质。同时改革现有土地法律中限制宅基地使用权流转的规定，确定自由流转的准则，对流转的方式、内容、范围以及收益分配等做出明确规定，为宅基地使用权及地上房屋流转提供有效的法律保障。

（二）合理确定流转收益的分配关系

依据农村宅基地使用权的福利性质及所有权与使用权分离的产权安排特点，并遵循“谁所有、谁受益”的基本原则，作为代行宅基地所有权的集体经济组织与宅基地使用权享有者的农民都将取得分享流转收益的主体资格。并且农民自然应该在流转利益分配方案中分享到绝大部分流转收益，集体经济组织留取一定比例的流转收益。

（三）加强对宅基地使用权流转过程的监督

一方面，要严格控制宅基地使用权流转的准入条件。宅基地使用权进入市场流转前，必须依法取得农村宅基地使用权证，且必须征得本集体经济组织同意，从而保障流转权益人和集体的合法权益。另一方面，宅基地使用权流转必须符合国家土地利用规划和村镇建设规划要求，政府及相关部门要控制流转总量，保持平衡。

五、逐步推动宅基地向集体经营性建设用地转化

在宅基地“三权分置”改革下，加快放活宅基地使用权步伐，逐步实现与国有建设用地“同权同价”。

（一）修改现行法律法规，放活宅基地使用权

一是允许在符合村庄规划和用途管制前提下，集体经济组织通过权属调整将宅基地复垦形成的集体建设用地指标转化为集体经营性建设用地并通过入市转让相应使用权或自己开发经营等；二是赋予宅基地使用权转变的集体建设用地指标依法转化为集体经营性建设用地入市、抵押等权利。

（二）逐步放开宅基地转化为集体经营性建设用地后的用途管制

一方面，允许宅基地复垦形成的集体建设用地指标在县（市、区）范围内依法落地并由市场配置，带动小城镇的聚集和发展。另一方面，逐步赋予集体经营性建设用地在符合规划前提下与国有建设用地同等的用途，并根据土地发展权理论，用土地增值调节税调节社会资本对集体经营性建设用地开发的不同用途。

第四节　宅基地改革试点做法、经验及评述

在我国目前法律下，农村宅基地所有权归属集体。自 2015 年国家部署开展改革试点以来，试点地区围绕宅基地取得方式、有偿使用、有偿退出、管理审批以及“三权分置”等关键领域开展了宅基地资源配置的积极探索，形成了全周期、一揽子的经验做法与制度成果，为进一步深化农村产权制度改革和土地政策制定提供了重要参考。

一、宅基地试点内容及基本做法

（一）推进宅基地“三权分置”改革

1. 落实宅基地所有权

江西省余江县针对宅基地集体所有权虚置问题，赋予了村民事务理事会代表集体经

济组织行使宅基地所有权，有效解决了宅基地所有权行使主体不清、长期缺位的问题，使宅基地集体所有权得到了进一步维护和巩固。确立村民事务理事会宅基地分配权、收回权、收益权、监督管理权。未经集体经济组织分配，任何人不得擅自占用集体土地建房。地上建筑物废弃倒塌或宅基地闲置两年以上的，村民事务理事会有权收回宅基地。宅基地在流转时集体经济组织应作为第三方鉴证人参与合同的签证，宅基地使用者取得宅基地流转、经营收益时，应在宅基地所有者与使用者之间进行合理分配。对宅基地的利用情况进行有效监管，防止宅基地被非法侵占、破坏。

2. 保障宅基地农户资格权

余江县在宅基地制度改革过程中出台了《余江县农村集体经济组织成员资格认定办法（试行）》为宅基地资格权的确立奠定了基础。通过对农村集体经济组织成员资格进行认定，保障了集体经济组织成员以户为单位的“一户一宅、面积法定”的宅基地使用资格。宅基地资格权由本集体经济组织根据集体经济组织成员身份，按户进行认定。在所有家庭成员均失去集体成员资格时，该户宅基地资格权自动灭失，宅基地资格权灭失后，仍然继续使用宅基地的需交纳宅基地有偿使用费。

余江县通过对宅基地资格权进行大胆尝试，丰富了宅基地农户资格权的多种实现形式，一是探索了宅基地退出“权证”制度。引导鼓励在城镇有稳定就业和生活的农民，退出宅基地或暂时放弃申请宅基地，进城购买政府优惠商品房，15 年后可以自愿申请建房宅基地。二是通过宅基地资格权获取集体受益。允许宅基地资格权人，可以延后申请宅基地，或不予申请宅基地，集体经济组织将建设用地统筹用于入市，对资格权人予以适当经济补助。集体经济组织根据宅基地收益情况，制定合理的补助标准。

3. 放活宅基地使用权

继续推进实施宅基地有偿使用、自愿有偿退出、农房抵押贷款等工作，盘活农村宅基地资产，壮大集体经济，提高农民财产性收益。

（1）有效盘活宅基地和闲置农房

通过出租、转让等形式，将农民闲置农房盘活利用，提高农民收入。如张坊镇田溪村，采用“公司+农户”的合作模式，通过手机 App 网上订房的方式，广泛吸引外地游客，不断扩大经营规模，创新探索城乡合作建房，在规定面积标准下，农户将资格权可申请的宅基地，让渡部分给城市居民合作建房。具体有两类：一个是“一对一”模式。农民利用现有农房或通过资格权申请宅基地，城市居民投资改建或新建，共同开发旅游民宿。二个是“多对多”模式。多户农民将节省的宅基地指标集中起来吸引城市居民或工商资本建设经营。长恒县大浪口村通过“宅基地+乡村旅游”，盘活利用村内废弃宅基地，建设集民宿、餐饮、娱乐、采摘、农业科普为一体的大浪口风俗文化旅游度假村，探索了宅基地“三权分置”的具体实现形式。余江区适度扩大农房用途范围，农房的用途从单纯的用于农民住房可以扩大到乡村旅游、健康养老、电商等新产业新业态。成都市在宅基地“三权分置”方面进行了大胆探索，以重塑城乡土地权利关系为基础，以超越农村土地静态化管理局限为突破，通过农村住房及其宅基地使用权的转让、出租、抵押 3 种方式来实现宅基地“三权分置”。在城镇规划区范围外已建成的农村村民集中居住区域，开展农村住房及其宅基地使用权的转让，转让年期为 30 年。在郫都区范围内开展农村住房及宅基地使用权出租，出租年限为 20 年；探索由农村集体经济组织或其经营实体作为农村村民住房财产权抵押担保人，完善了抵押贷款到期后债权和抵押资产处置办法，保障了抵押权人合法权益。

（2）构建宅基地的交易体系

浙江义乌市在保障农民基本居住的前提下，赋予宅基地更充分的财产权益，实现价值增值。主要做法：一是新社区集聚建设置换权益可上市交易和抵押。二是宅基地办证后可抵押贷款。率先建立了全国首个农村宅基地基准地价体系；全市 27 家金融机构累计发放农民住房抵押贷款 20 233笔，贷款金额 79. 86 亿元。三是宅基地可有条件转让。已完成农村更新改造的，允许在本市集体经济组织成员间转让，使用期限 70 年，村集体按宅基地基准地价的 20%收取所有权收益；未实施或正在实施农村更新改造的，允许在本村集体经济组织内部流转。目前已办理转让登记 311 宗，其中跨集体经济组织 37 宗，集体经济组织内部转让 274 宗。余江区出台了《余江县农（村、场）居民住房财产权抵押贷款操作规定（试行）》，为盘活农民的死资产变成活资本开辟了有效途径。

（3）创新宅基地流转方式

重庆市梁平区回龙镇将闲置的民房利用起来，作为微型企业厂房，重庆市梁平区金带镇滑石村充分利用境内拥有 4A 级景区——滑石古寨这一旅游资源，发展成为“旅游”村，通过转让、退出等方式促进农民梯度转移与市民化。余江区将闲置宅基地以出让、租赁、作价（出资）入股方式发展新产业新业态，或开发集体租赁住房并通过出台《关于加强农村宅基地流转的实施意见》，将宅基地流转扩大到全县范围内符合宅基地申请条件的人员，扩大流转范围。北京大兴区对城市规划区外的宅基地，可以在全县集体经济组织成员间流转；村庄规划范围内的存量宅基地，在不改建、不扩建的前提下，用作经营性用途时可以按照现状管理。海城市精准实施，流转稳妥有序开展，确定全市符合宅基地申请条件的集体经济组织成员均可通过出租、转让、抵押、赠予、置换等方式进行宅基地流转工作。其中，宅基地出租、转让的地上房屋财产收益归宅基地权属人所有，土地增值收益在集体经济组织和村集体经济组织成员之间合理分配。在退出方面海城市主要是采取村内空闲地退出、试点村组集中退出、划定限制建设区零星退出 3 种方式。

（4）明确农村宅基地有偿使用边界

辽宁省海城市将增宽拓面，有偿使用落到实处，农村宅基地有偿取得和使用人员的范围从本村村民拓展为海城全域农村集体经济组织成员，取得宅基地的使用权人承担该村相应的责任和义务，但不允许城市市民购置取得；宅基地收取有偿使用费的范围拓展为超占部分、“一户多宅”多宅部分，落实了有偿使用要求。金寨县创新出台差别化的宅基地面积标准，改单一按户确定为按户和人口综合确定。对每户 4 人及以下的，宅基地面积控制在 $120m^2$ 以下，每增加 1 人，可增加 $20m^2$，但最高不超过 $160m^2$。初步建立了疏堵结合、奖惩并举的农村宅基地管理利用机制，对“一户一宅”超规定面积部分，按阶梯累进办法收取有偿使用费。即，超出 $20m^2$ 以下部分，不收取有偿使用费；超出 $20 \sim 70m^2$（不含 $70m^2$）部分，按每年 3 元/m^2 收费。超出规定面积每增加 $50m^2$，收费标准提高 3 元/m^2。河南省长垣县在保障户有所居的前提下，实行村集体主导下的宅基地有偿使用制度，对超标准占用、一户多宅、非本村村民占用宅基地的收取有偿使用费，督促农民退出超占的宅基地。宅基地复垦后以增减挂钩指标在全县范围内统筹使用或者调整入市，所得收益返还农村，作为宅基地退出的经济动力和资金保障。已收取 2 753. 8万元，腾退宅基地 7 207亩。常州市出台了《常州市武进区农村宅基地保障对象认定办法（试行）》等，建立了差别化的有偿使用制度，制定了宅基地有偿退出的补偿标准和收回程序，建立了政府回购机制，形成了多渠道的权能实现途径。

（5）探索宅基地有偿退出

义乌市在保障户有所居的前提下，探索建立宅基地有偿退出的不同方式，真正实现宅基地减量化，并确保农民宅基地权益不受损。其一，退出宅基地复垦形成“集地券”。将宅基地使用权人自愿退出的宅基地以及废弃闲置的农村建设用地等进行复垦，验收合格折算成建设用地指标，即“集地券”，是城乡建设用地增减挂钩升级版。“集地券”实行台账管理，集中统筹使用；政府设立 40 万元/亩保护价。其二，退出宅基地用于再分配。自愿退出农村宅基地的，可以参加城乡新社区集聚建设，或进行纯货币化安置补偿。腾退的宅基地用于集体经济组织内部宅基地再分配的，回购价格由村集体参照宅基地基准地价与退出农户协商确定。金寨县通过综合运用奖补政策，合理配置政策资源，宅基地退出户户均获得宅基地退出补偿 8 万元左右，叠加易地扶贫搬迁、水库移民搬迁补助，户均增收 15 万元以上。除到城镇购买商品房、到规划点申请自住房外，对放弃宅基地使用权的，政府在给予适当奖励同时，要求其提供长期居住房屋的产权证明及产权人承诺。制定集体经营性建设用地入市增值收益管理办法，出台土地征收增值收益在农民集体内部分配使用指导意见，明确收益提留、入股、分红的比例、标准，保证农村集体经济组织、农民从土地资产上持续获得投资性收益，群众满意度大大提升。郫都区针对农村土地用途管制方式过于静态化，乡村新业态发展空间优化配置机制缺失，存量建设用地布局分散、利用低效等问题，探索建立了区域农村建设用地总量控制制度，制定出台了《农村集体建设用地指标收储管理和利用暂行办法》《农村宅基地制度改革试点使用宅基地退出节余指标土地征收审查报批办法》，探索出“零星宅基地“有偿腾退复垦—节余指标收储—台账动态管理—流量统筹利用”新路径，打通了偏远农村存量宅基地转换成集体经营性建设用地的通道。

（二）推进确权登记颁证工作

曲水县研究制定《曲水县农村宅基地及地上房屋确权登记颁证涉及问题处理办法》，2014 年 6 月，曲水县启动开展并于当年 10 月完成南木乡江村 286 户农户农村宅基地及地上房屋确权登记颁证工作，2015 年获得自然资源部（国土资源部）农村宅基地制度改革试点县后，在全县扩面推开并于 2016 年 1 月全面完成全县 6 816户农村宅基地及地上房屋确权登记颁证工作，为农牧民群众“确实权、颁铁证”，受到了农牧民的一致好评，同时有效盘活农村宅基地及地上房屋资产。

义乌市尊重历史分类处置农房违法行为，全面实施不动产统一登记，完善宅基地用益物权。一是区分严重或轻微违法。对于超占面积少于一间（36m^2）、超建不超过一层的，列为轻微违法，经村集体按宅基地基准地价 20 年一次性收取有偿使用费后，允许农户办证。现累计有53 702户农户交纳有偿使用费12.12亿元。其他情形属于严重违法，结合“三改一拆”予以拆除，全市农村拆违面积超380万m^2，665个村已通过“基本无违建村”验收。二是解决历史遗留问题后即可办证。但对收取有偿使用费的超占部分，不动产权证上用虚线标注不确权。已累计发放农房不动产权证53 600本。

（三）加强宅基地管理顶层设计

各地根据本地区经济及区域特点积极进行制度改革，大兴区按照宅基地改革“三权分置”精神和“两个完善、两个探索”要求，制订《宅基地制度改革试点工作方案》，明确改革时间表、路线图，制定了《北京市确定宅基地使用权规定》，围绕“资格权”，对登记发证、使用权取得及转移、一户多宅及审批程序进行细化。出台《农宅与土地管理利用若干意见》，探索集中统建、多户联建、集中建设农民公寓和农民住宅小区等“户有所居”实现形式。制定《农村宅基地管理规定》《农村住宅整体改造流程》《农村宅基地历史遗留问题处理暂行办法》等11个配套文件，为宅基地保障基本居住权，显化财产权提供制度保障。

曲水县在2014年开展农村宅基地及地上房屋确权登记颁证试点工作中，逐步完善形成《曲水县农村宅基地有偿使用、流转和退出审批管理暂行办法》；2018年，制定形成包括宅基地制度改革内容的《农村土地制度改革三项试点工作意见》，为宅基地制度改革提供政策依据和制度遵循。

（四）完善审批管理及民主管理机制

浏阳市着力完善宅基地审批管理模式及民主管理机制，明确所有权人对宅基地的处分权。在宅基地审批、流转中，明确要求所在集体经济组织农户代表签字确认，并按村务公开程序进行公示。明确村集体为村级规划落实主体，并将其作为违法用地、违章建筑的处罚追责主体。在行使宅基地流转、分配、抵押等环节中，集体经济组织通过表决的方式行使土地所有者的决定权。

广西玉林北流市指导各试点村的村民通过民主协商制定了村组理事会工作制度、村规民约、村民事务理事会权力运行监督机制、村民事务理事会章程、村民事务理事会工作流程图等11项管理制度，确保宅基地制度改革顺利有序开展。河南省长垣县简化和规范宅基地审批程序，发挥村民事务理事会作用，通过集体讨论、集体决策、集体监督，形成村民自治促管理的宅基地管理机制。成立了村民事务理事会，由乡贤、族长、致富能人等办事能力强、群众威望高、为民办事意愿高的人员组成。发挥村干乡贤带头表率作用。组织工作队进村入户，开展形式多样的宣传，营造了良好的改革氛围。

（五）由点及面，确保改革见成效

广西玉林北流市为保证改革任务的完成，将任务分解到各镇，每个镇安排不少于1个村作为宅基地改革试点村，通过结合农村集体经营性建设用地入市和新农村建设，统筹铺开农村宅基地制度改革，争取在今年年底前每个镇至少完成1个村宅基地制度改革任务。目前，北流镇新城村、潮塘村和民安镇高车村3个村调查工作基本完成，已成立理事会，已编制理事会章程和工作方案，正在引入资金开展相关工作。规划方面，已委托北流达武设计院对宅基地试点的3个示范村编制村庄建设规划，每户规划面积不超100m^2，现已初步完成北流镇新城村、潮塘村，民安镇高车村的规划草案，由村民理事会公开征求意见后，进一步修改完善后组织实施。第二批农村宅基地制度改革试点村涉及20个镇共25个村已报市委、市政府审批。

（六）保障宅基地多形式取得

义乌市探索不同区域农民住房保障多种实现形式，由“一户一宅”向“户有所居、住有宜居”转变。一是城镇规划红线范围内，实行新社区集聚建设。允许农民以合法宅基地面积1∶5置换权益面积，实行1（1套住房）+X（高层公寓、产业用房、货币等多种方式）安置。已建集聚高层公寓项目7个，总建筑面积227万 m^2，总套数11 885套，已安置9 284套，其余已签订协议，二期6个项目建设正在有序推进中；已建配套产业用房项目7个，总建筑面积81.2万 m^2，已将1.5万农民纳入城市生活。二是城镇规划红线范围外，推行和美乡村建设。已经核定用地规模农村96个，66个村完成选位，58个村已开工改造，今年共开展更新改造100个村。三是远郊村实施“异地奔小康”工程，已有40个村完成或正在实施下山脱贫，已建安置项目5个，总建筑面积80万 m^2，安置农民7 700人。四是将解决住房困难户和危旧房改造列为全市十大民生实事，通过异地安置、货币化安置等优先予以保障，试点以来已解决住房困难户5 010户，治理危房29 635户。五是宅基地分户审批权限下放给镇街，镇街已办理农户建房用地审批6.4万户。将村庄更新改造规划和实施细则、宅基地有偿使用和退出、收益分配、耕地保护等14项内容纳入村民主决策范畴。

（七）规划引导，促进节约集约用地

河南省长垣县城市规划区外的保留村，继续实行“一户一宅”，加强农村基础设施和公共服务网点建设，增强自身发展活力，适应现代农村发展需求；城郊村，通过“统规统建”建设新型农村社区，落实“一户一宅”，引导农民适度集中居住，已整合村庄42个，建设社区18个，节约腾退土地4 300亩。

海城市通过规划引导，促进节约集约用地，从严审批，土地实现依法利用。浏阳市则是宅改实现全域覆盖，突出规划引领。按照“多规合一”要求。分批启动全市322个村庄建设规划的修编提升工作，全面完成251个（城市规划区和园区规划区除外）村土地利用规划编制工作。重庆梁平区通过流转、入股等方式充分利用闲置农房发展二三产业。依法公开批准条件，严格审批程序标准，宅基地的法定审批面积为200m^2，本村村民首次获得宅基地的为无偿取得。市政府批准严格控制占用耕地行为，开展存量集体建设用地和复耕潜力调查利用等工作，积极促进农村宅基地建设与旧村改造、扶贫帮困、土地整理、空闲地复垦整治和“空心村”改造等工作，发挥宅基地腾空间、放红利作用。

二、宅基地改革试点存在的问题及原因分析

（一）配套制度不完善

余江区指出宅基地有偿使用对宅基地改革和管理具有较好的促进作用，但要每年对一户多宅和一宅超占面积的村民继续收取有偿使用费，没有法律支撑，村民事务理事会收取难度很大。北流市12宗集体土地的收益金因为农村集体经济组织不健全、收益分配方案未定等原因，没有进行分配。余江区也指出村民事务理事会法律地位不明确，在

宅基地管理等村级事务中难以长久性地发挥作用。

国家政策已明确可以出租、合作等方式流转闲置农房和宅基地，实际工作中也已有社会资本流转闲置宅基地发展乡村休闲旅游和养老设施，而《土地管理法》中有关宅基地只能在本集体经济组织成员内部进行转让的规定，成了投资者办理不动产权登记的制度障碍，因而无法得到法律保障。此外由于需求有限，能够利用闲置宅基地及农房发展新产业新业态的地方毕竟是少数，宅基地转让受限，只限内部转让，造成了农村人本身有地有房不会转让，城里人有需求又不能转让的困境。

（二）基层自治组织管理职能

基层自治组织不健全，导致农村集体土地管理缺乏强有力的组织机构。农村土地管理议事决策、民主监督、财产管理、服务群众、矛盾纠纷调处等机制无法建立，导致农村土地基层管理无法实现民主决策、民主管理、民主监督，从而影响到农村土地“三权分置”工作的推进。目前北流市 12 宗集体土地的收益金因为基层自治组织不健全、收益分配方案未定等原因，没有进行分配。自然村村民事务理事会在宅基地制度改革和农村社会治理等方面发挥了十分关键的作用，但其既不同于行政村层面的村党支部和村委会，也不是村组集体经济组织，法律地位不明确，与村组相关基层组织关系不清晰，可能存在法律风险。

（三）缺乏资金扶持

广西玉林市在改革中指出其缺乏启动资金，各大银行认为宅基地抵押回收风险过大，极易引发社会稳定问题，对宅基地抵押融资不认可，导致宅基地抵押融资难。启动宅基地制度改革，前期需投入大量资金，用于改革试点按照村庄规划建设的配套基础设施、开展示范村建设等，目前尚未明确资金渠道。部分意向投资人对投入资金后的收益保障存在顾虑，处于观望状态。因宅基地是农民生存生活最重要的资源，各大银行认为宅基地抵押回收风险过大，极易引发社会稳定问题，对宅基地抵押融资不认可，导致宅基地抵押融资难。

此外城市资本进入农村仍存障碍。虽然浏阳在积极探索“城乡合作建房”，但基于“城镇居民不得购买宅基地”“集体经营性建设用地入市不得用于房地产开发”等要求，对参与联合建房的城镇居民，在吸引参与、投入的同时，明确和保障其产权权益仍有待进一步深入探索。

（四）农民参与改革的源动力不足

浏阳市在改革过程中发现，农民参与改革的源动力不足。由于农村宅基地长期处于粗放管理的状态，农民取得宅基地门槛和成本极低，面积标准也执行不严格，超面积建房、建新不拆旧等现象非常普遍。虽然很多群众对这种状态颇有意见，但具体到规范自身建房行为的时候却不尽配合。试点中对超规定标准的使用面积一律实行有偿使用，由村集体每年按一定标准收取有偿使用费，这个做法是否能够长期坚持，是否具有普遍的可推广性，还有待检验。

（五）宅基地有偿退出的范围非常有限

目前宅基地有偿退出的收益十分有限，再加上离乡不离土、落叶归根等传统思想影响，广大农民自愿腾退宅基地的意愿不强。海城市按现行标准每户退出宅基地成本大约

20万元左右（含地上住宅成本），异地迁建成本也大约需要20万元，每平方米大约500元，远远高于征地价格。大兴区农房流转附带宅基地使用权流转，而宅基地使用权流转的受让人范围狭窄（按规定，宅基地使用权不得向集体经济组织之外的成员流转），也增加了抵押物处置难度。

（六）村庄规划编制滞后

村庄规划编制整体滞后，无序建设问题突出。农村宅基地现状复杂，广西玉林市指出由于村庄“空心村”问题，存在诸多问题如：一户多宅和宅基地超标；宅基地非法流转现象；违法建设现象。目前国土部门主导的村庄土地利用规划和住建部门主导的村庄规划，无法实现全方位整合、衔接，以3个示范村为例，房屋空置率达85%，面积达4.4万m^2。再统一规划新村建设点安排宅基地，可能与现在法律法规产生冲突等问题。根据现行的法律法规规定，农村村民申请使用集体土地作为宅基地建房的，只限于本集体经济组织的村民使用。因此，新村建设点的土地不进行权属调整，由于与现行法律法规冲突，无法进行宅基地审批；进行难度极大的土地权属调整，又面临着由此引发的一系列问题（如权属纠纷、群众意愿等）。

目前土地管理部门主导的村庄土地利用规划和住建部门主导的村庄规划，无法实现全方位整合、衔接，规划与群众实际意愿存在偏差。规划设计更多体现的是管理部门的意愿，而非具体群众意愿，导致难以全面规划或规划后无法实施，而不完整的规划又导致多规整合困难，各规划的控制指标不一致也导致了整合困难。以作为经济状况较好的北流市为例，自2011年开始进行村庄建设规划工作。截至2018年10月，玉林市农村完成村庄规划的不到30%。以白须村和六地坡村为例，均只完成了村委会周边的规划，其他自然村没有编制村庄建设规划。

三、思考及建议

（一）完善相关法律法规

一是建议修改《民法典》中关于集体所有的宅基地使用权不得抵押的规定。以承包合同方式流转的土地承包经营权，是否可以进行抵押应予以明确。

二是需要明确权属划分。应当进一步细化明确土地承包权和经营权的界限和权利主体，以及住房的宅基地使用权和农房的财产权之间的界限。只有明确了界限，才能进一步确定哪一部分产权可以抵押并进入流通领域。

三是放宽农民宅基地流转和抵押限制。在有效避免农民因流转或抵押宅基地，而导致丧失居所情况出现的前提下，可以考虑从两个方面入手，放宽农民宅基地流转和抵押限制：一方面是放宽范围，对于已在城市或乡镇购房置业，原宅基地已非其生存必需的农民，允许在提交相关房产证明后，流转或抵押宅基地；另一方面是设定期限，宅基地使用权是一种特殊的用益物权，现行法律没有限制宅基地使用权期限，建议参照我国《民法典物权篇》关于土地承包经营期限为30年、50年或70年的有关规定，予以立法规定。同时，设置抵押物占有和使用的最长期，如设定10~30年，保护抵押人不会永远失去宅基地使用权，也维护债权人的合法权益。

（二）进一步探索实践“三权分置”

宅基地“三权分置”是农村土地制度改革试点的重要内容，建议在不改变农村建设用地集体所有制前提下，通过所有权、资格权、使用权分“三权分置”探索，让宅基地使用权流转突破原集体经济组织内部限制，在更大范围内允许宅基地使用权流转，探索允许城镇居民下乡购买宅基地使用权。通过宅基地改革打通工商资本下乡新路径，用三权分置放活使用权，破解闲置宅基地流转使用难题。通过土地制度改革解决集体建设用地转身入市、灵活供地、同权同价、增值共享问题，为乡村全面振兴通过空间要素支撑。

（三）完善村庄规划编制经费管理

建议由地区财政统筹资金进行拨付解决，各地区协调金融机构加快建立多层次、多样化、相互补充的农村金融组织体系，继续创新农村产权抵押贷款金融产品；加快推动农信社改制组建农商行；进一步落实关于扶贫经营主体贷款、专项贷款贴息。从国家层面规范地方村镇建设规划的覆盖率，并严格监督其执行情况。促使地方政府调拨资金落实开展规划工作，并严格依照规划用途节约集约利用土地。尽量避免无规违建而事后又耗重资拆除的无序浪费现象发生。

（四）进一步完善有偿使用、自愿有偿退出制度

进一步探索完善宅基地有偿使用制度。设置两种有偿使用情形：①对于符合条件的村民申请宅基地实行付费有偿使用。该费用主要包括补偿腾退宅基地成本、基础配套设施的建设费用及调整后原宅基地、闲置房拆除、复垦的费用等。②对于一户多宅和宅基地超占部分实行有偿使用制度。对宅基地实行超面积收费，超占宅基地有偿使用费按年度交纳，一户多宅中对于符合村集体规划的部分，允许其一定时期内存在，但要作为临时用地进行管理，收取一定的临时用地管理费用，这两项费用归村集体所有，专项用于“空心村”治理。

完善有偿退出激励机制。宅基地制度改革探索自愿有偿退出机制，出台腾退宅基地的补偿政策和管理规定。通过政策支持和扶持补助，按照自愿、有偿原则，鼓励和支持农民以转让、出租、置换、抵押、入股、合作经营等方式，在乡镇行政区域内或本集体经济组织内腾退流转农村宅基地。一部分由村集体进行权属调整整合，形成连片的规划集中居住点；一部分利用城乡建设用地增减挂钩等政策，将农村建设用地指标调整到城镇建设使用后，将所得的收益反刍规划集中居住点的基础配套设施建设。

建议通过多样化的激励方式满足农民的合理需求，将农民纳入宅基地的增值收益分配，弥补退出农户的土地权益。对于按规划建设实行奖励扶持制度，建议给予适当的经济补贴，配套基础设施建设，提高农民建设新村的积极性，以达到农村宅基地有序建设的目的。对于低于规定标准，节约用地建房实行奖励扶持制度。对于自愿申请用地面积低于规定标准的、符合分户条件自愿不进行分户建房的、到规划的中心村庄或保留的自然村庄建房的、自愿放弃农村宅基地到城镇购房的，进行适当奖励。

（五）大力推进农村宅基地的腾退和复耕

配套建立农村宅基地腾退建设用地指标与集体经营性建设用地指标增减挂钩、农村宅基地腾退后地块权利人归属、相关建设用地指标流转、建设用地与耕地等不同地类性质土地区位置换政策制度，在确保耕地数量不减少、质量不降低的前提下，有效腾退利用农村宅基地建设用地资源，为县域开展建设用地增减挂钩、集体经营性建设用地异地调整入市提供政策和业务支持。

（六）加强农村宅基地规范化管理

针对改革前宅基地使用存在不公平、不公正、不透明现象，导致农民群众对改革前宅基地现状不满意的问题。始终坚持保障“户有所居”的原则，采取有偿、无偿退出和有偿使用等不同办法，促使村民退出超占宅基地和多宅部分；对历史形成的超占多占、且确实无法退出的，一律由村民事务理事会以有偿使用的办法进行收费调整。同时各村对有偿使用费收取、退出的户数面积、资金管理使用等情况一律张榜公布，切实做到阳光推改革，真正让广大农民群众切身感受到了合法合情合理、公开公平公正。

第九章

农村集体经营性建设用地产权界定及使用权流转

工业化和城镇化发展带来了城市建设用地需求量的急速增加，以开发利用农村集体经营性建设用地来满足城市的扩张和发展成为解决土地需求的重要途径。农村集体经营性建设用地入市故此显得紧迫而必要。《中共中央关于全面深化改革若干重大问题的决定》（全书简称《决定》）提出，“在符合规划和用途管制前提下，允许农村集体经营性建设用地出让、租赁、入股，实行与国有土地同等入市、同权同价。”允许集体经营性建设用地入市，成为《决定》的亮点之一，也是新一轮土地制度改革的突破点。迄今为止，我国法律上对“农村集体建设用地”并没有确切定义。依据现行《土地管理法》，“建设用地”是指建造建筑物、构筑物的土地，包括城乡住宅和公共设施用地、工矿用地、交通水利设施用地、旅游用地、军事设施用地等。对于“农村集体建设用地”，涉及的相关规定有“城市市区的土地属于国家所有。农村和城市郊区的土地，除由法律规定属于国家所有的以外，属于农民集体所有。”农村集体建设用地分为宅基地、公益性公共设施用地和经营性建设用地三类。基于已有文献，农村集体经营性建设用地主要指农村集体经济组织兴办企业或者与其他单位、个人以土地使用权入股、联营等形式共同举办企业经依法批准使用本农村集体所有的土地。

在土地公有制下，法律已明确规定集体经营性建设用地的所有权为农村集体所有，而使用权作为实现建设用地价值最重要的权利，其规则界定一直是立法的核心内容。集体经营性建设用地使用权的产生，起源于大陆法系用益物权中的地上权制度，其实质是一种用益物权。集体经营性建设用地入市不是其所有权的入市，只是使用权的入市，是使用权有偿让与或转让给其他组织或个人的行为。与城镇国有土地和农村农业用地具有较为完善的流转规则相比，集体经营性建设用地使用权流转在理论研究和制度建设都十分缺乏，在法律保障流转方式等方面受到了诸多制约和限制。因此，重构集体经营性建设用地使用权流转的相关制度，为进一步改革发展提供动力支持，具有重要的学术价值和现实意义。

第一节　集体经营性建设用地使用权的立法定位变迁

经济社会的发展与集体建设用地管理制度的改革休戚相关。新中国成立以来，农村集体经营性建设用地使用权流转制度主要历经 5 个阶段的调整，按照时间线索，主要分为严禁流转、依法转让、严格限制、指令调控和探索入市阶段。

一、严禁流转阶段

中华人民共和国成立初期，我国在生产力低下、生产资料匮乏的状况下，实行以生产资料公有制、计划管理、集体经营的计划经济模式。这一阶段，我国严格禁止任何单位或个人对国有土地和集体土地进行买卖、出租等任何形式的转让。1962 年，中共八届十次全会通过了《农村人民公社工作条例（修正草案）》，以生产队为基础的土地集体所有制正式确立，农村社会也从此开始了高度集权的社会范式，集体土地由集体统一经营，禁止买卖和出租，包括用途、收益分配在内的所有问题均由政府通过行政手段决定，农民无权对建设用地使用权进行流转。1978 年改革开放，农村集体所有土地中的农业用地实行家庭联产承包责任制，但是建设用地使用权并没有任何突破性的改变，而且基于保障粮食安全、城乡二元发展的需要，对集体建设用地使用权做了更为严格的限定。1982 年《宪法》第十条第四款中明确规定，禁止任何组织和个人以任何形式非法转让土地。同年的《国家建设征用土地条例》规定，农村集体所有的土地只能由集体按照国家规定享有使用权，用于农业建设、安置农民等用途，不可直接或者变相的通过出租、转卖的方式处置土地，也不能将土地通过入股等市场化的运作方式投入生产经营活动。

纵观这一阶段的立法定位，对于集体建设用地的所有权和使用权几乎没有区分，“使用权”形同虚设，国家拥有集体建设用地的绝对权利，其他相关主体丧失了对集体建设用地使用权进行流转的权利。这种集体建设用地使用制度完全违背生产要素合理流动与优化配置的要求，从根本上排斥土地的商品属性，造成集体建设用地的利用一直处于低效水平。

二、依法转让阶段

家庭联产承包责任制的实行，使得农民收入得以增加，需要开发集体建设用地建设乡镇企业的情况纷纷涌现。对此，1985 年，国务院出台《关于进一步活跃农村经济的十项政策》，允许农村集体按照规划建设店房及其他服务设施并且可用于出租，为农村集体建设用地的转让提供了政策依据。此后，江苏等地迅速展开了乡镇企业有偿使用农村建设用地的试点。1988 年的《中华人民共和国宪法修正案》不再严格禁止土地出租，允许土地使用权可以依法转让。同年，《土地管理法》进行了修正并明确规定“全民所有制企业、城市集体所有制企业同农业集体经济组织共同投资举办的联营企业，需要使用集体所有的土地的，可以按照国家建设征用土地的规定实行征用，也可以由农村集体组织按照协议将土地的使用权作为联营条件。”自此，集体建设用地使用权流转以法律的形式被确认。1990 年，国务院发布《城镇国有土地使用权出让和转让暂行条例》，对国有土地使用权的有偿转让、出让做出规定，但是对于集体所有土地使用权转让的相关问题，没有明确规定。因此，按照严格的标准来看，农村集体经营性建设用地使用权流转在法律上依旧空白。

这一阶段的立法实现了集体经营性建设用地使用权从严格禁止到允许依法转让的转变，并创设了所有权与使用权相分离的制度。但是不足之处在于，关于转让的细则没有以法律法规予以明确与规范，导致实际操作中集体建设用地使用权无序、自发流转的情况频频出现。

三、严格限制阶段

20 世纪 90 年代，我国房地产事业蓬勃发展，全国各地大举建设开发区，过快的开发速度加之没有合理的监督和规划，违法占地情况非常突出，导致农用地急剧减少，威胁到粮食安全。1997 年 5 月，国务院发布《进一步加强土地管理切实保护耕地的通知》对集体建设用地做出严格限制：一是非经国家征收，集体土地使用权不能用作生产经营等非农业建设，不能进行房地产开发，也不能出让；二是非农业建设的集体土地在用于本集体之外的单位和个人合作或者转让地上附着物，发生土地使用权交易时，必须经过严格的审批和保护农民利益。随之，1998 年修订的《土地管理法》取消了集体土地可以依法转让的原则，规定“农民集体所有的土地使用权不得出让、转让或者出租用于非农业建设。集体所有土地使用权不可转让亦不可用于非农业建设，只有在破产、兼并等少数极端的情况下并且同时符合总体规划、经过严格审批才能进行集体所有土地使用权转移。”这意味着，农村集体经济组织不再赋有征用集体土地的权利，国有企业等投资主体需要使用集体土地的，必须先由县市政府将其征收为国家所有，再由国家向其出让或划拨土地使用权。

这一阶段的立法，将农村集体经营性建设用地使用权流转空间陡然收紧，国家开始严格保护耕地，对于集体建设用地使用权转让的态度变为极为谨慎。此阶段的优势之处在于立法初步形成了农村集体土地的分类，已经将集体建设用地使用权严格限定在宅基地、公益性建设用地和兴办乡镇企业用地 3 个方面。

四、指令调控阶段

随着我国市场经济的蓬勃发展，城乡贫富差距逐渐拉大，“三农”问题开始得到国家重视。同时，农村工业快速发展，乡镇企业零星散布、违法占地杂乱无章制约了农村企业集中布局和规模化发展。为改善这种状况，国家开始调控集体经营性建设用地使用权转让。2003 年，国务院出台《关于做好农业和农村工作的意见》，允许个人私营者投资集体土地，意味着集体经营性建设用地使用权不仅限于集体。但由于国家没有具体的法律和政策予以指导集体经营性建设用地的使用，其交易一直处于隐形状态，交易的不稳定和不规范导致非法侵占耕地的情况时有发生。针对这种情况，2004 年 10 月，国务院下发《关于深化改革严格土地管理的决定》规定：“农用地转用的年度计划实行指令性管理”“农村集体建设用地，必须符合土地利用总体规划、村庄和集镇规划，并纳入土地利用年度计划”“禁止农村集体经济组织非法出让、出租集体土地用于非农业建设。在符合规划的前提下，村庄、集镇、建制镇中的农民集体所有建设用地使用权可以依法流转。”2006 年，国务院出台《关于加强土地调控有关问题的通知》，再一次强调严禁通过“以租代征”方式将未经严格审批程序的集体土地用于非农建设。自此之后，土地指标成为宏观调控的重要工具，国家通过每年下达新增建设用地计划指标的方式调控全社会基本建设投资规模。

这一阶段的立法与政策已明确允许集体经营性建设用地使用权流转。国家在严格禁止违法占用、非法出让农用地的同时，采取以年度用地指标计划适度放开集体经营性建设用地的使用，这表明有计划地管制集体经营性建设用地使用权流转的思路基本形成。

五、探索入市阶段

城镇化的迅速发展使得建设用地呈现供不应求，集体土地通过土地征收、征用的方式被大量国有化，应用于城市化建设。由于对集体经营性建设用地使用权严格限制的法律规定，不符合用地市场需求，导致农村集体和农民个人分享的土地增值收益过少，不利于农村经济发展，也不利于社会和谐稳定。在这种情况下，2008 年党的十七届三中全会通过的《中共中央关于推进农村改革发展若干重大问题的决定》提出，“在土地利用规划确定的城镇建设用地范围外，经批准占用农村集体土地建设非公益性项目，允许农民依法通过多种方式参与开发经营并保障农民合法权益”“逐步建立城乡统一的建设用地市场，对依法取得的农村集体经营性建设用地，必须通过统一有形的土地市场，以公开规范的方式转让土地使用权，在符合规划的前提下与国有土地享有平等权益。”2009 年，国土资源部出台《关于促进农业稳定发展农民持续增收推动城乡统筹发展的若干意见》中规定，“对需要流转的集体建设用地，要重点开展集体所有权和使用权确权登记，特别要开展集体经营性用地的认定和确权，为集体建设用地流转提供条件。”“各地在集体建设用地出让转让等流转活动中，要按照‘初次分配基于产权、二次分配政府参与’的原则，出台和试行集体建设用地有偿使用收益分配办法。”

2013 年，党的十八届三中全会通过的《中共中央关于全面深化改革若干重大问题的决定》确定要“建立城乡统一的建设用地市场。在符合规划和用途管制前提下，允许农村集体经营性建设用地出让、租赁、入股，实行与国有土地同等入市、同权同价。建立兼顾国家、集体、个人的土地增值收益分配机制，合理提高个人收益。完善土地租赁、转让、抵押二级市场。”与十七届三中全会相比，此次《决定》去掉了“逐步”二字，并明确了集体经营性建设用地与国有土地同等入市、同权同价，而非模糊性的“享有平等权益”。2014 年中央一号文件《关于全面深化农村改革加快推进农业现代化的若干意见》指出，“引导和规范农村集体经营性建设用地入市。在符合规划和用途管制的前提下，允许农村集体经营性建设用地出让、租赁、入股，实行与国有土地同等入市、同权同价。加快建立农村集体经营性建设用地产权流转和增值收益分配制度。”2015 年 1 月，国务院在全国 33 个试点地区启动了集体经营性建设用地入市试点工作，完善土地增值收益分配机制。2019 年中央一号文件《关于坚持农业农村优先发展做好“三农”工作的若干意见》进一步提出，“将全面推开农村土地征收制度改革和农村集体经营性建设用地入市改革，加快建立城乡统一的建设用地市场。”随后，《中共中央国务院关于建立健全城乡融合发展体制机制和政策体系的意见》中明确提出，到 2022 年，要“基本建成”城乡统一的建设用地市场；到 2035 年，要“全面形成”城乡统一的建设用地市场。这是新时期城乡融合发展背景下，农村土地制度改革的重点与核心目标。

这一阶段的立法和政策逐步肯定了集体经营性建设用地入市的必然趋势，集体经营性建设用地入市是推动城乡建设用地资源高效利用的前提，有利于发掘集体建设用地的市场价值，对于提高农民财产性收益、促进城乡经济协调发展具有重要意义。然而，集体经营性建设用地入市无疑将打破长期城乡二元土地制度下形成的利益分配格局，规模庞大的存量农村建设用地对建设用地市场的供需平衡也将产生重大冲击，因此，入市改革也面临着较大风险，相关立法和政策需要做出更加细化的制度安排。

第二节 法律和政策约束下的使用权流转形式

2019年新修正的《土地管理法》中明确农村集体经营性建设用地使用权流转的多种形式，即可以采用出让、出租、入股、作价出资等方式。随着各地的实践探索，使用权流转方式得以发展丰富，如出让、租赁、入股、转让、抵押等。其中，出让、租赁、入股为土地一级市场有偿使用方式，转让、抵押为土地二级市场有偿使用方式。

一、一级市场的使用权流转方式

（一）出让

出让是指集体经营性建设用地所有权人将一定年限的土地使用权和收益权出让与使用者，由土地使用者向所有者支付出让价款的行为，且出租年限不得超过同类用途国有土地使用权出让的最高年限。与过去将集体所有的土地先征收转化为国有性质，再按照国有土地出让进行交易的方式相比，作为所有权主体的农民集体可直接与受让方签订使用权流转协议。这种方式有助于规模利用和集约使用建设用地，也能使其所蕴含的权利真正物权化，所有权人通过出让直接占有支配收益。

（二）租赁

租赁是指集体经营性建设用地使用权人作为出租人，将集体经营性建设用地租赁给承租人使用，由承租人向出租人支付租金的行为。租赁中，承租人如将土地转租给第三人须要征得原出租人书面同意。租赁期限到期后承租人若想继续租赁土地，须与出租人订立书面的续租合同。建设用地使用权租赁合同到期时，村集体继续流转土地的，承租人享有同等条件下的优先权。

广东省南海区“租让并举”模式

广东省南海区自2015年承担农村集体经营性建设用地入市改革试点任务以来，探索形成了以“租让并举”的模式流转农村集体经营性建设用地使用权。“租让并举”意指集体经营性建设用地入市的同一项目中灵活采取租赁和出让并用的模式。2005年，广东省颁布《广东省集体建设用地使用权流转管理办法》（广东省人民政府第100号令），是我国第一个以地方法规的形式允许集体建设用地入市流转的文件，对集体建设用地使用权出让、出租、转让、转租和抵押等方式做出相关规定。在此管理办法下，2011年，佛山市南海区印发了《佛山市南海区集体建设用地使用权出让出租管理办法》，2014年，又出台了《佛山市南海区集体建设用地使用权流转实施办法》，对集体经营性建设用地出租与出让程序做了详细规定。

星港城项目是南海区探索集体建设用地出让和租赁并用的典型一例。星港城项目位于广佛交界的核心位置，紧邻广州环城高速，距广州城区仅一路之隔。星港城项目以打造亚洲浪漫地标型城市综合体为目标的，分别由万达广场、星港国际服装广场、浪漫谷、广佛会展中心、国际幼儿园等核心版块组成，涵盖摩天轮主题乐园、国际五星级酒店、甲级写字楼、千米邮轮主题步行街等主力业态。该项目总投资30亿元，总建筑面积47万m^2，总用地面积119亩，全部为大沥镇沙溪村的集体经营性建设用地。为了节省前期成本，开发商广东荔盈置业有限公司与沙溪村集体协商，采用部分土地出让、部分土地租赁的方式进行综合开发。其中北边约68.7亩土地于2014年经村民表决同意、并经大沥镇联席会议审核通过，以出让的方式将土地的40年使用权流转给荔盈公司，但荔盈公司不直接偿付土地出让金，而是在南边相邻的50.3亩土地上为沙溪村集体代建9万m^2的物业作为抵偿；村集体再将9万m^2物业返租给荔盈公司，由其统一经营，并向沙溪村集体支付月租。目前，荔盈公司的子公司城际公司按23元/m^2的价格支付月租，沙溪村集体因此每月可获得租金收入207万元。租让并用的方式既节约了开发商前期的运营成本，又使得集体土地所有权人得到了实惠。并且，租让并用方式对集体土地要素的灵活配置，在提高土地利用效率的同时，也调动了开发者使用集体土地的积极性，从而助推了集体经营性建设用地的发展。

（三）入股

入股，又称出资，是指农村集体或集体经济组织作为作价出资（入股）方将一定年限的农村集体经营性建设用地使用权以评估方式确定价格，以增资入股到已存在的企业或者作为出资与他人组建企业的行为。企业持有该建设用地使用权，集体所有权人或者其委托人持有该使用权作为作价出资形成的股权。这一方式既使得农民保证了土地使用者通过获得长期的土地使用权用于融资发展农业产业，又使得农村集体或集体经济组织获得较为丰厚的收益。

四川省成都市郫都区“有限责任公司+农户”的入股模式

四川省成都市郫都区友爱镇农科村位于成都市西郊，地处“天府之国”的核心地带，交通十分便捷。农科村具有悠久的花卉种植历史传统，有“中国盆景之乡”之称。同时也是中国农家乐旅游发源地，依托于民俗乡村旅游的定位，发展成为风光秀丽、环境优美的农业旅游胜地。由于旅游、文化娱乐和乡村酒店用地需求旺盛，农村集体经营性建设用地入市的市场基础良好。凭借郫都区作为国家集体经营性建设用地入市改革试点地区的政策便利，以及具有企业入驻、村集体有集体土地资源等优势，农科村积极探索了农村集体经营性建设用地使用权作价入股的流转模式，以约0.073hm^2的集体经营性建设用地使用权作价入股，与合作企业成立有限责任公司。具体做法如下。

第一，确定土地作价折股。本着“公正、公平、公开”的原则，入市主体自主聘请有资质的评估机构，在综合考虑容积率、剩余土地使用权年限以及区位、环境等多方面因素下，确定土地使用权面积、价格，且评估价格不得低于郫都区基准地价。最终得到宗地评估价格为每平方米907元。入市面积719.56m^2，合计65.26万元。

第二，配置股权。在以股权形式确权量化到集体经济组织成员基础上，农科村创新设计了“入市主体+实施主体”相结合的入市主体组织架构，农民集体作为唯一合法的集体经营性建设用地入市主体，组建并授权由自然人股东和股东代表构成的农村集体资产管理公司——成都海棠富农农业科技有限公司作为入市的实施主体，与成都农科物业管理有限公司共同出资设立成都市泰祥酒店管理有限公司。宗地作价出资入股后，相应股份由入市主体成都海棠富农农业科技有限公司代为持有并行使相应的经营权、股东收益分配权。成都海棠富农农业科技有限公司以入市土地评估总价65.26万元作为入股本金，占总股本27.2%。成都农科物业管理有限公司以现金方式入股，入股资金为174.74万元，占总股本72.8%。

第三，健全管理机制。联营公司按照现代企业制度，设立股东会、执行董事和监事会，建立健全财务管理、盈余分配、现金管理等各项制度，明确股东的权利、义务和转让出资条件。

第四，分配收益。根据公司章程，公司分配每年税后利润时，在弥补亏损和提取法定公积金（10%）后（法定公积金累计额超过公司注册资本50%时可不再提取），所余的税后利润，按各股东实缴出资比例进行分配。

二、二级市场的使用权流转形式

（一）抵押

抵押指农村集体经营性建设用地所有权人（或使用权人）作为债务人（或抵押人），在法律许可的范围内不转移土地的占有，而将一定期限的土地使用权作为债权的担保，在债务人不履行债务或双方约定情形出现时，债权人（或抵押权人）有权依法处分土地使用权并优先受偿的法律行为。抵押是一种不转移占有的融资方式，通过抵押实现建设用地融资功能是保护农民财产权的应有之意。抵押人在抵押期间仍可以对建设用地使用权占有、使用、收益，将使用权转变为经济收益。

江苏省武进区的使用权抵押模式

2015年，江苏省武进区成为全国33个“三块地”改革试点地区之一，具体承担农村宅基地制度改革任务。2016年9月，根据中央改革办的最新要求和国土资源部的统一部署，武进区同时开展农村土地征收和集体经营性建设用地入市的试点工作。武进区土地抵押登记的抵押权人以商业银行为主，同时涵盖了保险、担保、小额信贷、信托、典当、企业及个人多种类型。同时，集体土地的抵押权人就地域范围而言还是基本都位于常州市区域范围内。抵押期限方面，抵押人与抵押权人商定即可，在土地使用证有效期内均可实行，一般约定抵押期限3年居多。为化解抵押权风险，武进区政府投入1 000万元设立“三权”抵押贷款风险补偿基金，承担70%的贷款风险，积极化解融资难题。当地龙头企业以集体土地为抵押，通过抵押贷款替换原有担保贷款，不仅降低了运营成本，还成功化解了企业融资担保圈风险。

此外，武进区通过开发农村集体经营性建设用地使用权网上交易系统，创新运用改革授权政策和现有国有建设用地政策，实现了与江苏省国有建设用地网上交易系统同网运行、同网竞价、同网交易。交易平台的建立解决了用地权属不清、金融风险难以防范等一系列问题，使得集体经营性建设用地成为新型城镇化建设中工业和服务业用地的主要来源。在交易平台正式开通后的3个月内，完成了集体经营性建设用地一级和二级市场入市1 007.1亩，交易总额3.69亿元。其中，一级市场出让、租赁、作价出资入股等方式入市730.6亩，交易金额3.37亿元；二级市场转让、抵押等方式入市276.5亩，交易金额0.32亿元。这对全区近11万亩存量工业用途集体建设用地来说，存在着巨大的红利潜力。截至2017年9月，武进区已有36宗集体经营性建设用地的竞得者，将不动产权证押给银行，办理抵押贷款，共获得贷款4 049万元。例如，礼嘉镇常州双盛公司将取得的10.8亩集体建设用地向银行办理抵押贷款，抵押额324万元，每亩担保债权30万元，贷款年利率4.8%，与国有出让土地享受同样待遇。公司通过抵押贷款替换原有担保贷款，不仅降低了运营成本，还化解了企业信贷担保圈的风险。

（二）转让

转让指农村集体经营性建设用地的使用权人将使用权再转移给其他使用者的行为，原使用者的权利、义务随之转移，转让的年限为原土地使用年限减去已使用年限后的剩余年限。

浙江省德清县农村集体经营性建设用地入市经验

浙江省德清县是全国33个农村土地制度改革试点县（市、区）中15个集体经营性建设用地改革试点县之一。德清县在实践中形成“一办法、两意见、五规定、十范本”独特的制度体系，以“五两入市法”指导入市工作，并于2015年8月以协议方式入市全国第一宗集体经营性建设用地。截至2018年年底，全县已入市189宗，成交总额2.8亿元。德清县作为集体经营性建设用地入市改革先行的样本，为此项改革的全面推进提供了宝贵的经验。

第一，摸清存量底数。为确定入市范围，德清县首先开展了确权调查、规划等入市前的基础工作，对全县所有乡镇和行政村进行集体建设用地普查，旨在摸清存量经营性建设用地底数和符合规划情况。按照“一村一梳理、一地一梳理”的原则，德清县摸清了1 881宗10 691亩的存量底数。所有地块落实坐落、四至、权属，纳入国土资源“一张图”管理，每一宗地有唯一身份编码，并实行公开公示，让农民充分知情。同时，通过对照土地利用总体规划、城乡建设规划、产业发展规划和生态保护规划进行比对分析，分类确定可入市土地类型。最终确定产权清晰、符合入市条件的集体经营性建设用地1 103宗共6 903亩，占比约为65%。

第二，确定入市主体。德清县针对分属镇、村、组三级的集体经营性建设用地的情况，对入市主体规定了“自主入市、委托入市、合作入市”三种不同的入市形式。其中，集体经营性建设用地属乡镇集体的，委托乡镇资产管理公司或其代理人实施入市；属村集体的，由村股份经济合作社作为入市主体；属村民小组的，在其未取得市场主体资格时，可委托村股份合作社作为代理人实施入市；同时，鼓励偏远欠发达地区的集体经济组织与集中入市区块的集体经济组织合作，建立土地股份合作社共同入市。至于采取哪种办法，由农民集体和农民个人自主选择、民主决策。

第三，完善交易制度。一是制定交易规则。德清县参照国有建设用地转让管理办法，制定了农村集体经营性建设用地入市交易规则。修编了全县城乡统一的建设用地基准地价和租金体系，将全县划分为7个片区，实行统一的片区价，并明确了定价评估规则。二是统一交易平台。德清县将集体经营性建设用地与国有土地统一纳入县公共资源交易中心，实行一体化管理。三是统一交易服务。德清县实行集体经营性建设用地和国有土地统一的“申请、审批、交易、颁证”全程服务，并引入“第三方机构服务”机制，引导从事国有土地调查、测绘、评估、交易代理等中介机构，提供入市服务。四是统一的登记管理。完善不动产统一登记系统，将集体经营性建设用地纳入不动产统一登记范围。同时，落实使用权的抵押权能与国有土地同等待遇，县内银行业金融机构实现了抵押业务全覆盖。

第四，明确收益分配。德清县在确定国家与集体的利益分配上，以“同权同价”为原则，综合考虑土地用途、区位等情况，核算集体经营性建设用地成本和收益对比，合理确定“按类别、有级差”的调节金征收比例，一般按土地成交价款的16%~48%。在确定集体农民收益分配上，差别化落实集体内部入市收益分配。区分镇、村、组三种类型，分别实行实物形态、股权形态和现金形态三种分配模式：乡镇的入市收益用于辖区内农村基础设施、民生项目等支出；村集体入市收益不直接分配，用于追加量化农户股权、享受收益分红；村民小组收益的10%作为村集体提留，其余在集体经济组织成员间公平分配。

第三节　改革方向

集体经营性建设用地入市改革是农村“三块地”改革的关键和突破口，其改革成败和力度将直接影响其他两块地的改革成效。经过多年的实践探索，集体经营性建设用地入市的制度构建已经积累了较为丰富的经验，但同时也凸显出一些亟待解决的“硬骨头”，这些难题是未来全面推开改革亟须着重解决的重点问题。

一、明确使用权立法定位

农村集体经营性建设用地使用权作为一项设定在集体土地上的用益物权，有其独立的财产权价值。但如前所述，对于这一权利的法律性质，现行法律法规并未对其明确定位，更未构造清晰的法律规则。因此，实践中通过探索或者农民自发突破集体经营性建设用地流转限制的做法，已经屡见不鲜，地方造法导致管制规制不统一的严重问题，使得当前集体经营性建设用地使用秩序处于混乱状态。立法对集体建设用地使用权进行回应，是推进集体经营性建设用地入市改革，构建城乡统一建设用地使用权市场的法律基础和制度前提。对集体建设用地使用权进行法律制度的回应，既需对相关法律法规进行修订，将关涉所有权人和使用权人等民事主体的权利问题纳入《民法典物权编》，在《土地管理法》中则需重点加入集体建设用地使用权行政管制方面的内容，共同打造规则明细、公私兼及的集体建设用地使用权制度。

一是修改相关冲突立法。我国对集体经营性建设用地入市采取了严格的限制政策，并在多部法律中进行了规范，尽管新修正的《土地管理法》允许集体经营性建设用地直接入市，在立法上奠定了集体建设用地与国有建设用地获得同等权能的基础，然而，《宪法》《城市房地产管理法》等与之相关联的法律法规中仍存在诸多限制性规定。因此，推进集体经营性建设用地使用权流转有必要修改滞后的法律条款，为入市扫清制度障碍。例如对《宪法》第十条和《城市房地产管理法》第八条进行修改，使得城市范围内的集体经营性建设用地只要符合整体规划，不必经征收程序也可入市流转等。

二是建立全国统一的使用权流转规则。在修改已有法律的同时，为了更好地保障制度运行，规范市场秩序，还要制定专门的法律进行规制，将政策层面的权利上升到法律制度确定下来。一方面明确农民集体拥有的权能。如颁布《农村集体经济组织法》等，明确农村集体经营性建设用地的完整用益物权属性，保障集体对经营性建设用地完整的处分权，使得在市场流转过程中具有法律上权利的完整性，促进交易的实现。另一方面制定《农村集体经营性建设用地流转管理法》，比照国有土地的相关规定，构建包括流转条件、流转范围、流转方式、流转程序、政府监督、中介机构、收益分配等内容，建立规范的流转体系，从而有效规制集体经营性建设用地流转市场，保障相关主体的合法权利，实现公平公正。

三是地方立法或废或转。近年来，各入市试点进行了大量的实践探索，制定了实行多年的地方法律政策，未来待实践成熟，在尊重地方实践的原则下，应根据国家立法规定加以统一规范。具体地，如果当地法规与全国立法相一致，应允许继续适用，并鼓励当地在国家立法之上进一步细化相关规定。对于与国家立法冲突矛盾的法律条款，应结合当地发展历程和实际情况分析其是否具有合理性，在充分评估变更影响的基础上对可以变通的部分做出相应修改。对不应继续存在的条款予以废除。此外，对于那些虽然与国家立法相冲突，但符合当地实际情况，其继续存在不会影响市场秩序，但其改变则会产生巨大不利影响的情况，则应报请国务院土地主管部门备案，在其辖区内准许保留相应政策。

二、逐步扩大入市范围

当前改革试点将入市范围仅限定在存量集体经营性建设用地范围内，关于增量建设用地能否入市的问题在社会和学界争议较大。但多数学者认为应当允许增量集体经营性建设用地入市。如有学者提出构建城乡统一的建设用地使用权市场，不仅包括土地二级市场的规则统一，也包括土地一级市场的规则统一，只有允许新增集体经营性建设用地入市，才能真正做到建设用地一级市场的规则统一。现有的存量集体经营性建设用地仅指向乡镇企业用地，其占比十分有限。据统计，当前存量仅约 3 000万亩，全国近半数村庄并无存量集体经营性建设用地，且大半存量经营性建设用地并未经过县（市、区）政府及土地管理部门办理审批手续而无法入市。同时，限制增量入市，也制约农地转用和宅基地整理后节余的建设用地入市。故此，仅局限于存量集体经营性建设用地入市会导致入市范围极大限缩，无法综合性统筹利用整理节余的废弃建设用地、公益性建设用地以及宅基地等开发潜力大的土地，从而大大弱化改革任务的实践效果，并且对壮大农村集体经济、增加农民财产性收入效果甚微。

当然，现阶段国家将“严控增量、盘活存量”作为集体经营性建设用地入市改革的总思路，主要是由于入市改革尚处于探索阶段，扩大入市范围难以掌控改革带来的社会风险和对土地市场的影响。增量集体经营性建设用地关涉集体土地征收、宅基地整理转用等一系列复杂的程序问题，还有待于进一步研究破解。因此，未来集体经营性建设用地入市改革应逐步将依法变更的增量集体经营性建设用地纳入入市范围，盘活大量闲置的农村集体建设用地，为经营性建设用地的入市提供更加广阔的空间。

三、完善收益分配制度

收益分配是集体经营性建设用地入市的关键问题。按照涨价归公、收益共享的原则考量，农村集体经营性建设用地入市，必然带来土地增值收益的分配。收益分配涉及政府、集体、土地使用者、农民个人等各方主体的利益，不仅政府与农民集体之间、不同地区集体之间的收益外部分配不易确定，农民集体之间的收益内部分配也难以平衡。目前，不少试点县设置的土地增值收益分配将大部分收益留给“入市”集体和农民，政府提取5%～50%的调节金。但即使按照50%的调节金，扣除成本后集体经济组织获得收益仍明显高于征地收益，这并没有实现征地和入市之间收益“大体平衡”的改革初衷，还造成了集体利益侵占社会利益的不公平。另外，不同农村集体所占有的集体经营性建设用地面积不等、地理位置不同，拥有土地增值收益的机会、条件存在很大差别。例如，城郊区、工业化发展较好地区的农村集体可能会获取大量的土地增值收益，而偏远地区特别是土地用途严格限定的粮食主产区的农民集体则难以获得“入市”收益。若农民集体留存收益比例过大，还会导致不同地区、不同农村集体间分享土地增值收益的不公平。因此，面对各村集体经营性建设用地占有量的巨大差别，如何构建公平的收益分配格局，确定合理的调节金征收比例以平衡不同地段、不同用途入市主体的收益差别，值得深入思考和探索。

完善集体经营性建设用地入市的收益分配制度需同时兼顾收益的内部分配和外部分配。在政府与农民集体的外部分配上，政府作为集体经营性建设用地的基础设施投入者，直接带来了土地的增值，因此政府有权收回部分增值收益。在制定土地利用总体规划时应充分考虑地区发展的平衡和土地发展权的均衡配置，以实现农村集体建设用地入市收益和土地征收收益大体平衡为抓手，通过税收和转移支付等手段调节利益分配格局促进地区间的均衡，特别是建立经营性建设用地入市收益适度向农用地转移支付的机制。在参照国有建设用地有偿使用的税费体系下，贯彻“让利于农”的原则，减轻集体建设用地产权各方的税费负担。政府收取的调节金支出使用要有严格的法规程序，必须优先用于对基本农田、水利建设的支持，用于粮食生产的补贴，用于对粮食生产区农村建设的扶持等。

在不同农民集体之间的收益分配上，鉴于各村集体的经营性建设用地资源差异较大，容易产生利益差异和分配不均衡的问题，可借鉴上海市松江区以镇级统筹的方式，将农民承包地、集体建设用地及其他集体产权等确权作价入股，在此基础上，明确入市收益以资本金形式注入镇集体资产，以股权增值方式追加量化为成员股份，年终按股分红，以此消除镇内不同区位、不同用途土地入市的收益差异。

在入市收益的内部分配上，因流转收益属于集体成员所有，应充分尊重集体成员的自主决定权，由集体成员充分支配管理。一方面，完善农民集体主体制度，健全其决策机制。另一方面，健全内部收益分配制度，对集体成员的收益分配规则做出必要的规范和引导。内部收益分配：一是流转收益应当设立资金专户，公开收入与支出明细，增强管理透明度，接受监督。二是流转收益应当专款专用。农民集体可以分配部分流转收益给集体成员，剩余部分用于集体经济发展、基础设施建设投资、土地开发整理和小城镇建设，以保障分配收益的持续性。

第十章

农村产权交易市场建设——现状、问题与运行机制

本章基于我国现有尚且在不断演变中的相关法律和政策体系为框架基础，结合课题组在浙江、河北等地的实地调研，基于地方农村产权流转市场建设实践，主要瞄准农村经济中各类产权交易活动的发展变化，对农村产权交易流转的模式创新进行分析，指出地方各自开展的产权交易活动存在的问题，最后对农村产权交易市场的组织构建，包括设置原则、市场交易的品种和经营范围，以及管理服务平台建设提出政策建议。

第一节　农村产权市场交易的制度基础

产权制度是交易的基础，农村产权交易和市场培育离不开法律政策制度体系的构建。不完善不明确的制度体系虽然影响交易效率，但也能对交易者起到参照依赖的作用。了解农村产权相关的制度体系对于理解各类资产交易行为演变和规范化的交易市场的设置原则是必要的。正式制度体系是学术上的抽象概念，本研究从相关法律政策文件入手理解当前中国的集体产权相关制度，对集体产权主体类型以及集体经济组织地位方面的法律政策进行分析归纳，分析包括农村集体土地所有权和使用权、集体林权和农村房屋产权，以及其他农村集体经济组织资产及其流转等具体产权项目和农村产权交易市场建设方面法律法规政策，了解法律赋予的集体资产权能内容以及与农村产权流转的相关政策规定。

一、农村产权主体的法律和实践界定

（一）“集体”组织界定的法律依据

1982 年中央一号文件《全国农村工作会议纪要》承认了包干到户的合法性。之后经过一系列演变，当前，集体土地所有权的法律主体与实践载体在依然保留计划体制下形式痕迹的同时发生了重大变化。

《民法典》第二百六十二条规定：“集体所有的土地依照法律属于村农民集体所有，由村农业生产合作社等农业集体经济组织或者村民委员会经营、管理”。“集体”是农村土地的所有权人。但是，“集体”是什么并不明确。《土地管理法》第八条规定：“集体所有的土地依照法律属于村农民集体所有，由村农业生产合作社等农业集体经济组织或者村民委员会经营、管理。已经属于乡（镇）农民集体经济组织所有的，可以属于乡（镇）农民集体所有。村农民集体所有的土地已经分别属于村内两个以上农业集体经济组织所有的，可以属于各农业集体经济组织的农民集体所有。”

从这些规定来看，可以明确的是集体土地的产权归集体经济组织，集体主体具有多样性。但是集体经济组织的界定并不明确，实践政策中如何安排，需要进一步考察。

（二）当前集体主体组织建置的演变背景

从历史及改革要求来看，改革前的人民公社时期，实行“三级所有、队为基础”。1962 年后规定生产队是基本核算单位，同时将农村土地、林地、水面、草原等产权下放到生产队所有。家庭承包经营制度实行过程中，国家也废除了人民公社政社一体的体制，乡、镇政府为国家政权组织。根据《宪法》和政策规定，家庭承包责任制之后，

中央决定重建乡镇政府和乡镇地区性合作经济组织，并实行政社分开。1986 年《中共中央、国务院关于加强农村基层政权建设工作的通知》要求进一步“实行政企分开，促进农村经济进一步发展”，还指出“乡政府要支持乡经济组织行使其自主权，不能包揽或代替经济组织的具体经营活动，更不能把经济组织变成行政管理机构。在乡镇之下设立村民委员会作为村民自治组织，与此同时，设立“村级农业合作社”作为“地区性的合作经济组织”，其名称可以由村民自定。不过，如果群众愿意，村级组织也可以“实行两个机构一套班子，兼行经济组织和村民委员会的职能”。

由此可见，中央政策文件只是对提供经济职能的集体经济组织提供了一个原则性的界定，文件制定原则兼顾指导性和地方适应性，这体现了正式制度在现实中的存在方式。从实践来看，到 1985 年春，建乡工作全部完成，中国大陆 5.6 万多个人民公社、镇，改建为 9.2 万多个乡（包括民族乡）、镇人民政府。同时按照《宪法》规定，取消了原有的生产大队和生产小队，建立了 82 万多个村民委员会。村民委员会下设村民小组。据 1994 年的资料，全国共有农村社区合作经济组织 207.24 万个，其中村民小组一级的合作社有 138 万个，村委会一级的合作社有 66.57 万个，乡镇一级的联合社 2.67 万个。

在乡镇和村委会的建置过程中，我国不同省市的方式不尽相同。总的来看，乡镇和村的设置大致有 3 种模式。

一是“一社一乡制”：以原人民公社为基础设立乡镇政府，在原生产大队的基础上设立村民委员会，生产队设村民小组。

二是“大区小乡制”：在原人民公社基础上设区，改生产大队为乡，在生产队基础上建村民委员会，如云南、广东等省区就是采取此种体制。山东省《村民委员会工作简则（试行）》第四条还规定：“村民委员会，应按照居住状况，本着方便村民，有利于自治的原则设立。一般可以以自然村设立。自然村规模过大的，可以分设两个以上村民委员会；自然村规模过小的，也可以与邻近的自然村联合设立。”

三是“大区中乡制”：如湖北等省在原人民公社基础上设区，在原公社之下的管理区的基础上建立乡镇，改生产大队为村民委员会，生产队改为村民小组。据统计，1984 年 12 月止，“一社一乡制”占全国乡镇总数的 55%，占主导地位①。村民委员会多数也在原生产大队基础上建设，而原生产队则是村民小组。由此，绝大多数地方村民小组承继了原生产队的产权，是土地等集体产权的主体。

（三）对当前集体产权法律和实践主体的理解

当前的法律体系只限定了农村产权“集体”归属的原则，对“集体”的实践界定较为宽松。乡镇集体（合作）组织、村级集体和合作经济组织、村民小组集体和合作经济组织均可具有集体财产所有权。村级可以存在“两个以上”农业集体经济组织，集体财产也可归这样的多个集体经济组织所有。

从土地等集体产权的主体承继关系来看，原人民公社的集体产权由乡镇合作经济组织承继；如果原生产大队是基本核算单位，村委会是在生产大队基础上建立的，村级集

① 转引自李惠安（1994）“对发展专业农协若干问题的认识”中的资料。

体经济组织承继其土地产权；如果原生产队是基本核算单位，村民小组是以生产队为基础建立的，其土地等集体产权由村民小组范围的经济合作社承继。村级可以不设合作经济组织，即使设立村级经济联合组织，若生产大队为非基本核算单位，则其本身没有产权。

在实践中，由于绝大多数村民委员会在原人民公社时期的生产大队基础上建立的，村民小组则是生产队基础上组建，因此，村民小组则是原生产队的土地产权的承继者，或者集体产权主体。2010 年，十一届全国人大第十七次会议修订的《中华人民共和国村民委员会组织法》提出“村民委员会可以根据村民居住状况、集体土地所有权关系等分设若干村民小组。”同时规定“属于村民小组的集体所有的土地、企业和其他财产的经营管理以及公益事项的办理，由村民小组会议依照有关法律的规定讨论决定，所做决定及实施情况应当及时向本村民小组的村民公布。”

无论是 1982 年《宪法》还是后来的《中华人民共和国村民委员会组织法（试行）》及 1998 年的《村民委员会组织法》，都规定村民委员会本身不是集体经济组织，村民委员会并不拥有集体产权。但实践中多数村委会身兼经济组织角色，政社分开这种正式规定并没有在制度组织配套和实践中落实。这成为集体产权组织改革的一个模糊点。

1998 年《中华人民共和国村民委员会组织法（试行）》及 2010 年修订后的《中华人民共和国村民委员会组织法》都规定“村民委员会依照法律规定，管理本村属于村农民集体所有的土地和其他财产，教育村民合理利用自然资源，保护和改善生态环境。”实践中“管理”之说进一步模糊和混淆了土地所有者和管理者的界限及产权关系。

现实中村委会对土地等资产的承包发包权和管理权实质上是代行村集体经济组织行使的产权及经营管理权。正因如此，2007 年《物权法》第六十条明确规定：“对于集体所有的土地和森林、山岭、草原、荒地、滩涂等，依照下列规定行使所有权：1. 属于村农民集体所有的，由村集体经济组织或者村民委员会代表集体行使所有权；2. 分别属于村内两个以上农民集体所有的，由村内各该集体经济组织或者村民小组代表集体行使所有权；3. 属于乡镇农民集体所有的，由乡镇集体经济组织代表集体行使所有权。”显然，村民委员会行使的承包发包权及所有权等只不过是“代行”集体行使所有权而已。

改革以来由于各地都进行了大规模的撤村并组，造成集体组织的范围边界不断变动，特别是撤并村民小组，导致村民小组集体产权主体的缺位，加之村社不分的村民委员会体制混淆了集体产权的主体，导致农村集体产权主体极其混乱。一些地方村民委员会取代村集体经济组织以及村民小组集体经济组织的产权地位，事实上是对村民集体产权的“平调”和破坏。

二、农村产权内容的法律和政策体系

农村集体资产包括归乡（镇街）、村集体全体成员（社员）集体所有的资源性资产、非资源性可以货币计量的资产，如土地、林木、水面、山场、房屋、水利工程等等。农村产权法律和政策体系包括农村集体土地所有权和使用权、集体林权和农村房屋产权，及其他农村集体经济组织资产及其流转和农村产权交易市场建设方面法律法规政策，其中，土地产权是农村集体产权最核心的内容。根据本课题研究内容特点，本部分仅单独介绍农村土地承包经营权、宅基地及地上房屋产权和集体建设用地使用权的相关法律和政策规定。

（一）农村土地承包经营权及流转

1. 立法定位

（1）土地承包经营权概念的立法规定

在我国多部法律中，土地承包经营权以物权形式规定，但是关于土地承包经营权的概念仅在《宪法》《农村土地承包法》《民法典物权篇》《土地管理法》中有所涉及。如《宪法》第八条规定，我国实行家庭承包为基础，统分结合的双层经营体制，即家庭联产承包责任制度，农村集体经济组织成员有权依法经营自己承包的自留山、自留地。《农村土地承包法》对土地承包经营权制度和承包方式进行了规定，即我国实行以家庭承包方式对荒山、荒滩等农村土地实行招标、公开协商和拍卖等方式获得土地承包经营权。《民法典物权篇》规定，土地承包经营权是权利人对承包地的处分、使用、占有的权利，《民法典物权篇》把土地承包经营权确定为用益物权的一种，明确了其物权性质和物权内涵。统观法律的规定，土地承包经营权的概念应包含以下要素：所谓土地承包经营权，即以家庭承包方式和招标、拍卖等方式，对农村土地进行种植业、畜牧业、林业、渔业等农业生产，权利主体享有占有、收益、使用的权利内容。中共十七届三中全会通过的决定明确“赋予农民更加充分而有保障的土地承包经营权，现有土地承包关系要保持稳定并长久不变”，基本上赋予了土地承包经营权“永佃权”的性质。

（2）对土地承包经营权概念的理解

土地承包经营权主体包括农民、集体和其他农业生产经营组织，客体为其承包的耕地、林地、草地、荒山、荒滩等，权利内容为占有、使用、收益等，行为方式是从事农业生产经营。综上所述，土地承包经营权是指农民、集体或者其他农业生产经营者，依照土地承包经营合同，对集体所有，或者国家所有由集体经济组织使用的耕地、草地、林地、荒山、滩涂进行农业生产经营，并享有其各项权能。

从权利性质上看，土地承包经营权应属于物权。《民法典物权篇》已经予以明确。首先，土地承包经营权具有排他性，在同一块土地上不能同时赋予两个主体享有土地承包经营权；其次，“土地承包经营权具有支配性，符合物权特征，是直接支配承包地的权利。”土地承包经营权是用益物权，起源于罗马法，指非所有人对权利或物享有使用和收益的权利。土地承包经营权以集体或者国家所有的土地为基础，土地承包经营权的主要功能在于发挥标的物的价值作用，充分加以利用，因此具有用益物权的特征。

2. 土地承包经营权主体的界定与流转

（1）土地承包经营权主体的立法规定

1993 年《宪法修正案》规定，农村家庭联产承包为主的责任制是社会主义劳动群众集体所有制经济；1999 年《宪法修正案》第八条规定，在我国集体经济组织内实行以家庭承包经营为基础，统分集合的双层经营体制。明确了家庭联产承包责任制的法律地位，但并未明确土地承包经营权主体是谁。从家庭联产承包责任制的内涵来说，应属于“农户”或者家庭。

2017 年修正的《民法通则》规定土地承包经营权的主体是集体、公民。如《民法通则》第二十七条规定，“农村集体经济组织成员，在法律允许的范围内，按照承包合同规定从事农业生产经营的，为土地承包经营户”。第八十条第 2 款规定，“集体、公民依法对集体所有的或者国家所有由集使用的土地承包经营权，受法律保护”。第八十一条第 3 款规定，“公民、集体依法对集体所有的或者国家所有由集体使用的森林、水面等土地承包经营权，受法律保护”。由第二十七条可知，“集体经济组织成员为土地承包经营权主体，同时第八十条、第八十一条明确了公民和集体是权利主体。”

《土地管理法》规定，“村集体成员和村集体以外的个人、单位为权利主体。其中第十四条、第十五条规定，农民集体所有的土地一般由村集体成员进行承包经营，也可以由村集体以外的单位、个人进行承包经营。”

《农村土地承包法》规定，“村集体内的‘农户’和村集体以外的单位、个人为权利主体。其中第十五条规定，家庭承包方式的承包方是村集体的‘农户’。第四十八条规定，对不宜采用家庭方式承包的‘四荒’土地可以承包给村集体以外的个人、单位。”《土地管理法》与《农村土地承包法》关于土地承包经营权主体的法律规定区别在于，前者规定为“农户”、后者规定为集体经济组织成员。两者都具有一定的合理性，可认为，村集体成员是权利的实质主体，村集体内的“农户”为权利的形式主体。

《农业法》对于土地承包经营权的方式、发包方和承包方的权利、期限设定了准用性规则（适用承包地专门法和土地管理类的法律规定）。综合考察几部涉及土地承包经营权主体规定的法律，本研究认为《农村土地承包法》和《土地管理法》的立法规定较为妥当。

本研究认为，农民个人实质上，享有承包地收益，为实质权利主体，应当在法律法规中加以确认。伴随着规模化农业生产的发展，农村承包地出现了流转趋势并形成了流转市场，出现了新型土地承包经营权主体，如农业经营公司、家庭农场等，他们作为以家庭方式承包土地的权利受让人，应当进行法律上的资格确认。

（2）土地承包经营权主体的资格取得与消灭

《农村土地承包法》规定，承包方式包括两种，即对于耕地、林地、草地的家庭承包经营方式，就是家庭承包，“农户”取得权利主体资格；对于不适宜家庭承包经营的“四荒”土地采用招标、协商等方式，即以其他形式的承包，承包“四荒”土地的单位、个人取得权利主体资格。

比较两种主体资格取得方式可知，以“农户”为权利主体资格的取得方式具有社会保障性质，依托于集体经济组织的社员权。集体经济组织成员资格的认定就成为主体资格取得问题的重中之重。《民法典物权篇》和《农村土地承包法》并未对集体经济组织成员资格认定标准做出规定。一般认定集体经济组织成员资格以户籍为基本依据，兼顾一些特殊情形。一方面，户籍由公安机关进行登记管理，具有一定的公信力；另一方面，户籍公示性较强，要求具有公安局机关颁发的户口本，便于现实操作。然而，户籍的取得也要确定一定的原则，以避免农村户籍准入混乱导致侵犯集体成员权益的现象。

除了以户籍作为认定成员标准以外，还应该兼顾如在读大学生、外嫁女和入赘婿以及义务兵等特殊情形，这里不一一展开分析。而以其他方式承包经营“四荒”土地是通过市场化方法进行，承包经营主体为具有农业经营能力的单位和个人，其主体资格的认定相对宽松。

土地承包经营权主体资格消灭方式一般而言存在承包期限届满、承包地交回、承包地收回、承包地征收和灭失及土地承包经营权转让几种情形。目前随着我国经济的发展和城镇化速度的加快，权利主体资格消灭过程中日益暴露出一些问题，如土地承包经营权主体退出方式单一、土地承包经营权主体退出程序缺失、户主侵犯农户成员土地承包经营等等，需要对相关机制加以完善。

（3）土地承包经营权主体的流转变更与拓展

《土地承包法》第三十二条中规定：“通过家庭承包取得的土地承包经营权可以依法采取转包、出租、互换、转让或者其他方式流转。”《民法典物权篇》第三百三十四条规定：“土地承包经营权人依照法律规定，有权将土地承包经营权互换、转让。未经依法批准，不得将承包地用于非农建设。”几种土地流转方式存在法律上的差异。

第一，互换、转让导致权利主体发生变更。互换是指权利人为了便利耕作，互相交换各自的承包地，同时互置双方的权利义务。转让是指权利人因为家庭经济改善或者外出务工，希望放弃耕种土地时，向发包方提出申请并经发包方授权同意，将承包地转移给他人，受让人概括受让了承包期内的权利和义务，原权利人退出土地承包关系。权利互换、转让使得土地承包经营权主体发生变化，受让方取得土地承包经营权。

第二，转包、出租、入股、抵押并不导致权利主体变更。转包是指权利人不愿意继续耕种土地时，在村集体内部寻找另一成员，将自己的承包地转移给他人，由后者继续进行农业生产，保证土地不被抛荒。由转包的定义可以知道，受让方是同一村集体的他人，其只享有土地的经营权，不享有承包权，只是经营主体，承包方仍然是物权主体。同时，转包仍然需要向发包方备案。出租与转包类似，权利人不愿意进行耕种土地时，将承包地交给他人耕种，而不是采用抛荒土地做法。出租区别于转包的地方在于，前者的承租人可以是村集体的内部人员，也可以是村集体以外的人，出租后权利主体并未改变，承租人仅仅依靠出租合同享有经营权，并非新的土地承包经营权主体。

土地承包经营权入股是扩大土地资本的效益，实现农用地价值最大化的一种方式，指权利人将土地作为出资加入公司，农民获得股权，公司获得土地的部分权能。根据当前学者研究和个人分析可知，土地承包经营权入股仅仅是经营权转移，公司并未因此获得权利主体地位。

伴随着农村经济社会的变革，以农村承包地为基础，产生了另外一类法律主体，这类主体在学理上被称作土地经营权主体，在农村社会实践中，具体包括种养大户、家庭农场、农民专业合作社和农业产业化龙头企业。2013 年中央一号文件针对农业生产形式创新进行了政策引导，提出要稳定“农户”主体地位的前提下，保障土地承包经营权主体的权利。同时，要切实推动农业生产主体组织形式的创新，促进新型农业生产主体组织形式的形成和发展，激发农村资本形式的潜力，推动农村社会的发展。

（4）土地承包经营权法定流转形式的缺陷

第一，土地转让制度的缺陷。在实践中，土地承包经营权转让行为的发生率并不高，表明土地转让制度在实践中存在着不合理之处，其中土地承包经营权的转让程序非常苛刻：一是对承包方的要求严格，即有稳定的非农职业或者有稳定的收入来源。二是程序较为严格，即需要经承包方申请和发包方同意。三是受让主体受到限制，即为其他从事农业生产经营的农户。作为承包方并不能完全自主决定，而是需要经发包方的同意，且受让主体为其他从事农业生产经营的农户，然而由于其经济条件所限，未必能负担高昂的转让费用。与此同时，由于城乡二元结构中城市居民享有比较优厚的福利待遇和社会保障，农民所享有的社会保障却严重缺位，使得土地成了农民最大的人身福利。即便进城务工后具有了比较稳定的收入，却并不能使之因此放弃土地红利，加之社会经济发展中，对农村和农民的政策倾向性比较明显，农业生产和免税的补贴力度也不断加大，土地升值空间也较大。尤其随着城市化进程的加快，城乡结合地区的农民也完全可以因为城市建设征用土地而获得较多的补偿款项。因此在实践中，转让这一重要的流转形式并没有被广泛采用。

第二，转包和出租制度的缺陷。转包这一行为在立法上处于多余的位置，其与出租的法律分别更多的是一种意识形态，并无实质上的区别，这种分别规定不仅起不到丰富土地承包经营权流转形式的作用，而且是一种倒退的立法方式。随着市场经济的不断发展，土地承包经营权的流转形式必然更趋向于开放和有利于大规模农业生产的方向发展，这种只限于内部流转，且与出租行为并无本质差别的立法形式有待改善。

第三，土地互换的制度缺陷。互换的主体被限定在了同一集体经济组织。这一规定明显禁止了集体经济组织内部成员与外部集体经济组织成员的互换可能。和《民法典物权篇》中有关土地承包经营权的规定相违背，后者明确规定土地承包经营权是一种用益物权，这表明农民应当充分享有对土地的支配性权力，然而互换的限制性规定却违反了用益物权的这一根本特性。其无法与邻近集体经济组织进行互换使得有需要的村民无法享有耕作便利，进而成了扩大生产的制度性障碍。

第四，土地承包经营权入股的制度缺陷。对于土地承包经营权入股的形式，法律并没有明确的认定标准。土地承包经营权的入股是否等同于其他财产性权利的入股形式？是否可以按照股份有限公司的股权转让规定进行股权的正常流转？入股的土地能否作为破产的财产正常进行清算？法律中的规定有很多自相矛盾之处。

第五，土地承包经营权抵押的制度缺陷。对土地承包经营权抵押的开禁已然成了立法共识，然而目前法律和制度设计上并未及时跟进。

（二）宅基地和地上房屋产权及流转

宅基地使用权系我国所创设的一项具有中国特色的民事权利。农村宅基地使用权是农村集体经济组织为保障农户生活需要而拨给农户建造房屋以及小庭院使用的土地。用于建造住房、辅助用房（包括厨房、厕所、仓库）、庭院、沼气池、禽畜舍、柴草堆放等，是农村集体经济组织成员对于集体土地的宅基地诉求。

1. 立法定位

（1）相关法律

1982 年《宪法》规定宅基地属于集体所有。《土地管理法》第六十二条对村民建房用地做了规定：“农村村民一户只能拥有一处宅基地，其宅基地的面积，不得超过省、自治区、直辖市规定的标准。”“农村村民建住宅，应当符合乡（镇）土地利用总体规划，并尽量使用原有的宅基地和村内空闲。”“农村村民住宅用地，经乡（镇）人民政府审核，由县级人民政府批准；其中，涉及占用农用地的，依照本法第四十四条的规定办理审批手续。”“农村村民出卖、出租住房后，再申请宅基地的，不予批准。”《土地管理法》第六十三条规定：“农民集体所有的土地使用权不得出让、转让或者出租用于非农业建设，但是，符合土地利用总体规划并依法取得建设用地的企业，因破产、兼并等情形致使土地使用权依法发生转移的除外。”

依据中国《民法典》中《担保物权篇》第三百九十九条规定：“宅基地使用权不能单独抵押。”《民法典物权篇》第三百六十二条规定：“宅基地使用权人依法对集体所有的土地享有占有和使用的权利，有权依法利用该土地建造住宅及其附属设施。”“宅基地使用权的取得、行使和转让，适用土地管理法等法律和国家有关规定。”“宅基地因自然灾害等原因灭失的，宅基地使用权消灭。对失去宅基地的村民，应当重新分配宅基地。”“已经登记的宅基地使用权转让或者消灭的，应当及时办理变更登记或者注销登记。”

（2）行政法规和部门规章

《土地管理法实施条例》第六条规定：“依法改变土地所有权、使用权的，因依法转让地上建筑物、构筑物等附着物导致土地使用权转移的，必须向土地所在地的县级以上人民政府土地行政主管部门提出土地变更登记申请。”

1995 年，国家土地管理局印发了《确定土地所有权和使用权的若干规定》，其中关于农村房屋和宅基地买卖方面主要涉及流转完成后宅基地使用权面积超标的处理原则。

1999 年 5 月 6 日，国务院办公厅发布的《关于加强土地转让管理严禁炒卖土地的通知》为了加强对农民集体土地的转让管理，严禁非法占用农民集体土地进行房地产开发，明确了禁止农村房屋向城市市民出售。2004 年 10 月 21 日，国务院下发了《国务院关于深化改革严格土地管理的决定》，其中第十条规定：“禁止城镇居民在农村购置宅基地”。

2. 关于宅基地使用权现行立法的缺陷分析

宅基地使用权现行立法对宅基地使用权的取得、行使、流转、消灭、登记以及管理均有所规定，现重点对与该法律体系的有关前 3 个方面的基本规定及其缺陷做归纳分析。

（1）宅基地使用取得规定存在的不足

我国宅基地使用权实际的审批人是我国的行政机关，但是依据我国《宪法》《民法典物权篇》《土地管理法》关于宅基地使用权的规定，宅基地属于农村土地，而农村土地属于农民集体所有，即宅基地使用权的所有权人应该是农村集体。这就出现了作为所有权人的农民集体却没有审批宅基地使用权申请的权利，行政机关却有权审批的奇怪现象。

按现行审批程序，村民向村委会提出申请、乡级政府的审核、县级政府审批的多环节程序繁荣复杂，且没有时间期限要求，易导致了审批程序烦冗、复杂，行政效率低下；这也导致管理审批制度松动，很多地区农民可以随意占用耕地建房，甚至出现先建房后申请的现象；同时在实际的宅基地使用权审批程序的执行中，并没有按照法律规定的审批条件执行。“一户一宅”标准难以落实，导致了我国农村村民的总数在下降，“户”的总数却在上升，从而导致宅基地面积的总量不断增加。

（2）宅基地使用权行使规定存在的不足

我国现行的宅基地使用权管理制度相关的法律法规并不健全，需要进一步完善和改进。我国现行的有关宅基地使用权管理制度的法律法规及政策的数量不是很多，且法律效力的层次较低，难以满足现实农村社会的需要。迄今为止，我国还没有一部专门、正式的农村宅基地使用权方面的法律，只是依赖于一些规范性政策和地方性规章来调整和规范。近年以来，有些地方政府相应地制定了有关的宅基地使用权方面的政策文件，但是由于各个地方政府颁布的规范性文件不统一，并且内容很粗糙，形式不规范、不系统。所以，未能较好地反映农村社会的发展与需求，给我国宅基地使用权的行使、管理带来了一些困难与阻碍。

（3）宅基地使用权流转的规定及不足

为了保障农民的宅基地使用权，我国的《民法典》《土地管理法》及国家相关的政策都禁止了宅基地使用权的转让，即宅基地使用权的买卖、赠予、投资入股、抵押等均不允许。如《土地管理法》第六十二条对宅基地也做了规定：“农村村民一户只能拥有一处宅基地，其宅基地的面积不得超过省、自治区、直辖市规定的标准……农村村民出卖、出租住房后，再申请宅基地的，不予批准。”物权法禁止了宅基地使用权的抵押，但是却没有禁止农村房屋的抵押。

2009 年，国土资源部出台的《关于促进农业稳定发展农民持续增收推动城乡统筹发展的若干意见》（以下简称《意见》）强调，加快农村土地确权登记，规范集体建设用地流转，逐步建立城乡统一的建设用地市场。2010 年，在城镇工矿建设规模范围外，除了宅基地、集体公益事业建设用地外，凡是符合土地利用总体规划、依法取得的，均可采用出让、转让等多种方式有偿使用和流转。该《意见》明确地表明，国土资源部对经营性的集体建设用地的流转已经解除限制，但宅基地使用权的流转仍然没有被解禁。

通过对以上法律法规的梳理可知，我国目前对宅基地使用权的立法，从形式上存在着法律法规凌乱不堪、效力层次不一致的问题。从内容上来看，宅基地使用权所担负着重要的社会保障功能，所以我国现行关于宅基地的法律法规对其流转的程序和范围进行了严格的限制，但是也并未绝对的禁止。此外，我国宅基地使用权继承方面的法律法规相互之间并不协调，这也说明了法律法规和国家政策在宅基地价值导向上不吻合，导致了城乡改革一体化的形势下宅基地使用权制度与实践环节的脱轨。

（三）集体建设用地使用权及流转

1. 立法定位

集体建设用地包括乡（镇）村企业用地、乡（镇）村公益设施及公益事业用地和农村宅基地三类，农村宅基地已分析在前，故本部分中仅指前两类。与一般的用益物权相比，建设用地使用权在很多场合下发挥着近似于所有权的作用，有学者称之为“类所有权性”，这实际上也为我国现行的法律体系所认可，体现在建设用地使用权可独立于土地所有权，是与土地所有权并列的一项特殊用益物权，也是其他不动产权利发挥作用的基础。

《农村土地承包法》的实施为农村集体农用地流转提供了法律保障，但法律对农村集体建设用地使用权的使用和流转则有着非常严格的限制。《土地管理法》规定：集体土地使用权不得出让、转让或者用于非农业建设。近几年来，从中央到地方对其流转的限制明显松动，2013 年《中共中央关于全面深化改革若干重大问题的决定》指出“在符合规划和用途管制前提下，允许农村集体经营性建设用地出让、租赁、入股，实行与国有土地同等入市、同权同价。”

2. 流转形式的法律和政策

在有限的范围内，农村集体建设用地使用权流转有出让、出租、抵押、入股和联营、以及置换几种途径。

出让。出让是指一定期限的集体土地被集体土地所有权人作价出让给土地使用者，集体土地所有权人作为出让方收取受让方一定金额的土地交易对价而将土地转让给土地使用者的行为，这种交易方式与国有土地使用权的出让方式类似。出让的实质是集体土地所有权人失去土地，这种流转方式农民也较少采用。但在一些已建立了集体建设用地使用权流转试点的省市，土地使用权出让模式还是继续存在。如《广东省集体建设用地使用权流转管理办法》规定集体建设用地使用权出让、出租、转让、转租和抵押的，地上建筑物及其他附着物一并流转。

出租。集体建设用地使用权出租是指集体建设用地所有权人将集体建设用地使用权出租给承租人，并约定承租人承租期限的使用方式，或者集体建设用地所有权人或使用权人将集体土地上建造的厂房或库房及占用的土地一并出租给承租人，与承租人签订书面合同并按照合同约定的租金缴纳方式和租金支付时间向土地承租方收取特定金额的租金的土地使用权流转行为，该方式是目前集体土地使用权流转的主流形式。

抵押。中国现行二元制结构下的土地流转行为，虽然现行法律规定集体土地使用权可以抵押，但法律同时也规定了此种土地流转仅限于在特定条件下实现。实践中，银行信贷业务中符合条件的抵押并不多。

入股、联营。入股、联营是指农村集体经济组织（土地合作社）以土地所有者身份将一定年限的集体建设用地使用权收益作价，以出资或入股方式投入设立企业，并按集体持股比例行使管理公司的权利并获得分红收益的投资行为。实际上是以土地使用权为实物出资，它与出让的区别就在于用使用权作价出资的出资人并不转让土地所有权，使用权按约定在一定期限内让渡换取企业股份，需要与企业一同分担企业经营风险。

置换。置换是指对不同地块进行重新配置，置换的前提是这些土地都是经过批准可用于非农建设的土地。通过这种方式的置换，集体建设用地使用权会导致使用权人主体的变更。

第二节 各类产权交易历史和现状

一、整体概况趋势

我国农村土地流转市场发端于20世纪80年代中期，一些地方在家庭经营的基础上，对承包关系进行了一定的调整和完善，使一部分农田进入商品化经营，如“两田制”“区域种植、统种分管”“土地转包、转让”“专业队（组）承包经营”等。然而在较长时期内，流转市场发育十分缓慢。实行第二轮土地承包以后，随着地权稳定性的逐步强化、现代农业的发展和农村劳动力转移的加快，尤其是中共中央十七届三中全会进一步明确“土地承包经营权保持长久不变”的政策后，土地承包经营权流转呈明显加快趋势。2011年，全国农村家庭承包经营耕地流转总面积达到2.28亿亩，比2006年增加1.73亿亩；占家庭承包经营耕地面积的17.8%，比2006年提高13.3个百分点。2013年年底，全国承包耕地流转面积3.4亿亩，是2008年年底的3.1倍，流转比例达到26%，比2008年年底提高17.1个百分点。2019年，全国家庭承包耕地流转面积达5.55亿亩，占承包耕地总面积的35.9%，上海、北京、江苏、浙江、黑龙江等省市已经超过50%。2019年，全国出租（转包）和入股方式流转比例为80.37%和5.96%；分别比2018年下降0.73个百分点和上升0.49个百分点。按照流入主体来看，2019年农户、合作社和企业流转比重分别是56.18%、22.69%和10.38%①。分析发现，出租（转包）仍是流转的主要方式，入股和其他形式流转占比有所上升；流入方仍以农户为主，家庭农场等其他主体流入面积呈现增长趋势。

集体建设用地尽管一直游离在土地市场外面，但在利益驱动下，农民和集体经济组织更愿意自行开发或与其他利益体合作，以出让、转让、作价入股、出租等形式自发流转集体建设用地，并且在数量上和规模上呈不断扩大趋势，逐步形成集体建设用地隐形市场。以珠三角地区为例，该地区的集体经济组织大多以土地出租或在土地上建房出租而获得非农收益，这已经成为他们主要的经济收入来源。据统计，该地区通过自发流转方式使用集体建设用地实际已超过集体建设用地总量的50%以上。

二、基层制度模式创新

近几年国内各地形成了多样化的农村产权交易制度模式创新。创新方向主要是产权流转费用补偿支付方式，流转期限设定，股份合作模式设计，产权抵押、担保及信托机制设计等。以下介绍几个较为典型的模式创新。

（一）股份合作制模式

股份合作制实质上是一种将土地承包经营权变成资本的过程。目前，我国农村地区

① 数据来自农业农村部政策与改革司。

的土地股份合作模式主要包括 3 种类型：一是自主经营型。农民入股的土地由合作社集中规划，统一经营，农民根据入股比例获得保底实物分配及红利收益。二是内股外租型。即合作社将集中起来的土地通过村委会租给种田能手或农业龙头企业经营，农民按照股权比例获取租金（这种模式类似于“反租倒包”形式）。三是联合经营型。即合作社与其他农业企业（如农产品加工企业）等联合经营，以农业园区或产业化经营项目为纽带，社员可参加农产品生产、加工与流通的全过程，从而形成风险共担、利润共享的运行模式。这种模式不仅可吸纳当地农村剩余劳动力，在一定程度上解决了当地的就业问题，也为农民提供了一个较为稳定的收入来源。

理论界通过研究分析认为，股份合作制的土地流转模式比较适合具备以下条件的地区，一是当地具有一定的经济实力与技术支持。土地经营规模扩大后，需要依靠农业科技的广泛应用来提高土地的生产率，获取规模效益。二是当地人口较多，且非农产业比较发达。在经济较为发达的地区，农民的收入来源较多，土地已不再是其主要收入来源，因此，农民愿意将土地流转出去，并且一旦合作社遭受损失，社员也有足够的能力承受。三是当地市场经济意识和民主管理意识较强，领导具有较高的经营管理水平。在土地流转过程中，当地政府的积极引导作用不容忽视，因此，当地政府领导水平的高低直接关系到土地流转改革的成败。可见，土地流转股份合作制模式所要求的客观条件较高，而目前我国农村尤其是中西部大部分农村地区并未达到这些要求，因此，虽然这种模式具有巨大的优越性，却不具有普适性。此外，目前的土地股份合作制是把股份制的经营模式引入农村合作社，使合作社具有股份制和合作制的双重性质。而目前我国并未出台相关法律法规对合作社作法律定性，权益得不到有效的法律保障。同时，土地股份合作制只是把股份制形式引入到合作社，而并未建立起有效的权力架构与组织结构。合作社权力在村委会的高度集中，容易导致土地的非法流转与占用，如一些地方政府借股份合作之名，将土地集中流转给其他企业投资兴办工业项目，大行违规用地之实，不仅侵害了农民和集体的利益，也损害了国家利益。同时，合作社权力在村委会的高度集中也不利于公众的监督，容易滋生“权利寻租”。

（二）土地信托模式

我国农村土地信托模式就是在坚持农村土地集体所有制和保障农民对土地承包经营权的前提下，由政府出资设立信托机构，将所吸纳的农地按照土地使用权市场化需求，在一定期限内依法有偿转让给其他单位或个人进行农业生产。它实质上既是一种对土地使用权进行财产管理的制度安排，也是将土地有资源变为资产的过程。土地信托模式成功的关键在于建立一套完整的信托服务体系，通过土地信托流转完善的服务，使农户放心委托，大户安心经营，保证土地流转市场规范而有序地运行。

土地信托流转模式之所以取得成功，关键在于其完善的土地信托社会化服务体系，他将农户、市场和土地供求方有效地整合在一起，使农户放心地流转出土地使用权，大户放心地去经营。而完善的土地信托服务体系又离不开当地政府的积极参与和财政扶持。可见，土地信托流转模式比较适合于经济比较发达、人口较多、当地政府领导的管理水平较高的地区。不过，在土地信托流转过程中，也存在着一些值得我们重点关注的问题：一是土地流转的定价权问题，土地通过信托转入转出的价格由谁制定，依据什么标准制定。二是信托公司巨额的沉淀资金（包括注册资本、预收的土地承租金等）如何运转。三是信托公司通过租金价差获取增值收入的盈利模式如何避免与民争利现象的发生。

（三）家庭承包经营权抵押实践

对于家庭承包取得的土地承包经营权抵押，目前的立法模式可总结为如《民法典》中明令禁止与例外并存、最高人民法院《关于审理涉及农村土地承包纠纷案件适用法律问题的解释》的间接禁止、以及如《农村土地承包法》的避而不谈四类。然而十八届三中全会《中共中央关于全面深化改革若干重大问题的决定》带来了政策上的突破。正式制度的不一致导致各地在农村产权抵押实践创新中出现多种做法。如抵押标的的多样化，福建省明溪县的土地经营权抵押，浙江省丽水市土地流转经营权抵押、重庆市土地经营使用权抵押、成都市土地承包经营权和土地经营权都可抵押、云南文山自治州土地承包经营权之上的“农作物收益权”抵押、宁夏吴忠市土地承包经营权反抵押担保、山东省莘县土地承包经营权附随抵押或次抵押等。一方面反映了地方抵押制度的创新实践，另一方面反映了正式制度的冲突和缺失带来的问题。

（四）集体土地使用权的担保实践

为了对农村进行综合改革实验，全国诸多地方对土地使用权的担保问题进行了有价值的探索。例如重庆、成都和武汉的基本模式就是由地方权力部门自行制定农村土地、宅基地、房屋等产权资源的担保规范，然后制定配套的文书、权证，设立抵押登记机关，在本辖区内实现农村产权资产的抵押登记手续。这些地方做法面临的共同问题是，地方“小法”与担保法律的国家“大法”存在明显冲突。虽然地方政府可能迫于行政压力等因素会推行这种制度，但根据《立法法》的规定，实际上前述一系列行为都是无效的，不符合法治的精神，本质上是自说自话，难以全国复制。

权利质押担保游走在法律边缘。北京市农业融资担保有限公司接受以转租权进行的权利质押反担保，为农民融资服务，解决了部分农民融资难的问题。但这本质上是土地使用权的权利转让，虽然叫作质押，但实质上仍然是土地承包经营权的抵押。并且，根据担保法律权利质押的有关规定，土地转租权并非是一个明确的可质押权利，基于物权法定的原则，此类权利质押的合法性首先得到了质疑。

权利让与模式独辟蹊径。吉林省金融办推行的“土地收益保证贷款”做法，是目前最贴近法律实际并不直接与担保法律制度冲突的模式（魏华等，2012）。其基本做法是，农民把一定年限的土地承包经营权先行转让给政府成立的“物权中心”，物权中心再为农民提供担保，农民从银行获得贷款。如果不能按期偿还贷款，物权中心替农民还款后处置受让的土地承包经营权。然而这种做法直接违背了前述的担保法规定，是典型的流质条款，带有明显的法律瑕疵。

第三节　农村产权交易平台的组织形式和主要做法

我国农村流转交易市场主体主要有农村流转服务机构和农村产权交易服务机构。我国的农村流转服务机构主要指各级政府依托职能部门（农村经管系统）成立的各级农村土地流转服务中心，具有公益性服务机构的性质。2008 年 10 月，成都市成立了全国第一家农村产权交易所；12 月，重庆市成立了农村土地交易所；翌年 4 月、6 月，武汉、广州农村农合产权交易所相继成立。据农业农村部统计，截至 2020 年年底，全国已有 1 239个县（市）、18 731个乡（镇）建立了土地流转服务中心。农村产权交易是建立在集体产权交易和非国有、非集体产权交易基础上的产权交易行为。土地流转加快是土地流转服务中心数量增加的原因，而土地确权是土地流转的基础。目前，全国基本完成农村承包地确权登记颁证工作，为土地顺利流转奠定了基础。加之 2021 年 3 月 1 日即将实施的《农村土地经营权流转管理办法》，扩大了市场对土地流转服务中心的需求。以下根据课题组实地调研等资料，归纳介绍地方流转交易市场的组织形式和主要做法。

一、流转交易市场的性质

目前，全国范围内的农村产权流转交易市场存在两种性质，事业单位性质和公司性质。课题组调研的湖州德清县、嘉兴平湖市和绍兴柯桥区的农村产权流转交易中心均为事业单位性质，均由农办和农业局牵头，成立县（市）级工作领导小组，以三资管理中心或公共资源管理服务中心为基础，搭建农村产权流转交易平台，为农村产权交易提供产所设施、政策咨询、信息发布、组织交易、交易鉴证等免费服务。上海农业要素交易所（以下简称上海农交所）是综合性、跨区域、跨行业的开放性、全国性的农业要素交易平台，由市农委、市发改委、市经委等 11 个单位组成指导委员会，由 16 个部门组成领导小组，在工商注册登记。河北省平乡县农村产权交易中心在县级农村土地流转交易中心、乡镇土地流转服务站和村流转服务点“三个平台”基础上由县农委牵头成立。本研究认为，交易市场事业单位或公司性质的选择和演变取决于该机构中立性和公正性角色的维持，成立初期可更倾向于寻求政府部门的依托，随着后续的发展，自负盈亏以维持第三方公正角色就显得尤为重要。

我国现有的农村产权交易平台基本上为全资国有，并且实行独立法人运作，尽可能依托于市场，期待能够实现盈亏平衡。例如，北京农交所由北京市农业投资有限公司出资 5 500万元设立，属于 100%国有企业性质，实行独立法人运行，尚未实行股份制多元化运营方式。北京农交所的公司性质使其更倾向于市场化的运营方式，其盈利动机促使其不断尝试业务范围和交易模式的探索和创新。同时，北京农交所也接受市农委、农经办和市金融局等单位的业务指导，探索在公司性质下与农村集体资产管理部门的业务对接和协调问题，其工作的开展需要依托各区县政府的政策支持，并通过其设在各区县的分支机构进行。同时，政府对交易所业务运行提供财政支持，政府对产权交易双方优惠或免除的服务佣金提供补贴支持。

例如，成都农村产权交易所（以下简称成都农交所）是在全国统筹城乡综合配套改革试验区建设背景下，于 2008 年 10 月 13 日在全国率先挂牌成立的农村产权流转交易服务平台。在此基础上，于 2010 年 7 月 7 日由市国土局、房管局、林业园林局、农委下属的事业单位共同出资 600 万元重新组建成立了成都农村产权交易所有限责任公司，2014 年 12 月 30 日，原 5 家股东单位的 600 万股权划转给成都投控集团，并由成都投控集团增资2 400万元、成都农发投公司增资2 000万元，其注册资本金达到5 000万元。目前，成都农交所是经国务院六部委备案、省人民政府批准保留的九家交易机构之一。

二、交易中心的层级划分

绝大多数交易中心为分层级设立，通常设县（市）、乡镇、村三级。不同层级中心拥有不同的职能，可以更有效的提升农村产权交易的质量和效率。县级中心主要负责指导工作，实际交易多集中在乡镇分中心。德清县成立县级农村综合产权流转交易中心、乡镇（开发区）分中心、行政村（设区）服务站“三位一体”的交易大厅及服务窗口。例如德清县农村综合产权流转交易中心主要提供指导服务。县镇（开发区）分中心主要负责承担县交易中心授权的流转交易，同时还承担交易信息的收集、录入、报送，以及平台日常维护管理。村级（设区）服务站不承担流转交易工作，主要负责基础信息的采集、公开，以及平台维护等。

三、与各项产权确权颁证工作的关系

河北省平乡县农委有关领导认为，确权颁证工作和交易平台的搭建在集体产权改革进程中是互动关系。一方面，确权颁证是产权交易的基础性制度建构；另一方面，产权交易平台的尽快完善并服务于农村土地等要素流转有利于确权颁证工作的推进提供动力，减少阻力。浙江省调研地区确权工作进展较早，宅基地、住房、土地（林地）、荒地、水面以及集体经营性建设用地的确权工作均已开展或完成。为农村产权的流转交易提供了更充分的基础。确权中反映的影响交易的制度问题也得到暴露。比如由于集体经营性建设用地常被国土用地用作占补平衡侵犯农民权益的问题。

四、允许交易的农村产权范围和形式

依据现有法律制度，农村产权流转交易的类型可划分为农地承包经营权、农民宅基地使用权、农民自有房产所有权和使用权、集体林权、农村村庄集体公共建设用地使用权、农村集体经营性资产股权等。可采用限期转让、租赁、合作、入股、抵押、买卖等所有产权持有主体变更的形式。

实践中，不同经济发展水平不同，产权交易品种不尽相同。集体经济相对落后地区如河北省平乡县产权交易品种主要是土地承包经营权，其产权抵押融资服务也在推进以发挥产权制度改革的整体带动性。目前，平乡县在全省率先建立了向规模流转受让方颁发农村土地经营流转证书制度，为农村产权抵贷款提供了基础。上海农交所业务开展已相对成熟，平台已对农产品、农用物资、农村产权、农村金融等四大类交易规则进行规范，形成了40套交易流程。农村产权流转交易市场以土地承包经营权、农房出租、集体资产租赁（包括农房、设备等）、集体工程招投标项目为主。集体经济组织股权、土地承包经营权抵押贷款、农村住房抵押贷款、集体经营性资源经营使用权较少。德清县农村产权流转交易主要涉及集体资产股权、林权和土地承包经营权，已经全部完成确权发证，宅基地使用权、农房所有权和集体建设用地使用权方面的确权工作正在开展，争取年底完成确权进入交易平台。相关产权的抵押贷款工作在确权的基础上展开，农地承包经营权抵押贷款第一单在农商行洛社支行已经完成，贷款人共贷得 50 万元。平湖市农村产权流转交易品种主要有农村集体资产发包租赁转让和村股份经济合作社股权转让三大类，抵押贷款的产权种类有土地承包经营权抵押贷款、农村住房抵押贷款等。与德清县、平湖市不同，柯桥区的农村产权流转交易平台整合了农村集体工程招标。根据调研，农村产权流转交易中心今后的拓展范围主要针对其他多种产权抵押贷款、知识产权、法律援助等方面。

五、信息化建设

各地产权交易市场都较为重视信息化建设。开发了信息发布、交易管理和网络竞价等信息系统，提高了交易效率和公正透明度。德清县、平湖市和柯桥区均成立了农村综合产权流转交易网络，整合镇、村交易分中心收集、录入的数据信息，实时公布正在交易和拟交易的信息，要求所有的农村产权交易都要上网站。上海农交所运营至今已建设农交网、农买网、联动农游网、帮帮农网、贤游网、东北网等，形成系列网站 1 组 6 个，建成农业要素挂牌系统、拍卖系统、挂牌转拍卖系统、专场交易系统、农业订单交易系统、一站式服务系统、论坛系统等，完善要素整体平台，建设并集合子系统 10 个并设计了农产品融资交易系统；完成了农业产权、农业产品、农用物资、农村融资四大功能在一个平台上交易整合，除农村融资外其他交易系统都已经投入使用。

六、交易监督机制

规范化的交易流程和监督机制是正式产权制度建设体现的优势所在。浙江省平湖市对产权交易实行三级监控，通过可靠措施公开议定交易方案、开放交易现场、公开交易结果三步，保障交易进行。平湖市全市 2013 年完成 496 项交易，合同兑现 100%。除此之外，平湖市还采取多种方法并存的监督管理手段，并进行资格审核。

七、流转价格的确定方式

流转价格确定方式的重要性将在今后土地和其他产权流转中得到凸显。围绕定价评估和流转契约期限结构的问题将可能提高流转纠纷的概率。因此，流转交易平台在成立之初就应考虑定价机制问题。浙江省土地流转价格多采取动态变化的方式，与市场变化相挂钩。平湖市采取浮动价格，目前有 11 个村实现了整村流转，整村土地发包价格为稻谷 250~400kg/(亩·年)，按当年国家稻谷价格折成货币支付。村集体负责村基础设施，新的经营主体需按稻谷 50~100kg/(亩·年) 支付，按当年国家稻谷价格折成货币结算，稻谷价格按照国家价格每年浮动。柯桥区采取“指导价”和“分类价”等多种方法，对于各类农村产权价格的确定，农村产权交易中心的工作人员首先组织村里干部进行征求，其次对相关公司领导、经营大户进行征求，得到一个指导价格，作为标底价，此“指导价”三年调整一次，以适应市场供求变化。对于同一产权的不同分类，采取不同指导价，如针对种植不同作物（如水稻、花圃、蔬菜等）有不同指导价。同时，要求价格增长机制在合同中体现，否则合同审核不予通过。

根据调研经验，农村产权流转平台保障并便利了流转交易。流转平台有利于流转交易的整体推进，降低了集体议价的交易成本；同时由于产权权能扩大的作用得到彰显，农村经济的收入得到增加；规范的交易程序使得农民的合法权益得到保障；交易促进了集体财产的扩大，也带动了农村集体经济组织和村民自治组织建设，这促进了农村公共设施和环境的改善，促进了民生建设。

八、产权交易体系、交易流程和存在问题

（一）农村产权交易体系

我国农村产权交易平台体系建立较晚，但却拥有一定的后发优势。相比较而言，交易体系之中的信息化从一开始就得到了放大和加强，并且基于信息化达成了综合的多级统一的交易体系。

例如，北京农交所成立以来一直非常重视交易平台的信息化建设。2010 年，北京农村产权交易所在国内率先研发出第一套农村产权交易信息化管理系统。经过 5 年多的应用实践，该系统随着市场需求不断变化和互联网技术的跨越式发展，经过多次升级、改造和功能扩展，现已成为集“要素信息发布”“综合业务审批”和“网络电子竞价”三大功能为一体的新型综合性网络服务平台——全国农村要素流转信息化服务云平台。该平台主要用于为各级农村产权交易市场提供综合性业务管理支持的网络信息化系统，采用国内较为先进的云端应用程序虚拟化技术，为农村产权交易提供信息发布、业务审批、会员管理、交易结算、网络竞价、管理监督等标准化软件功能模块，并可根据客户具体需求实现定制化服务。该平台以“全国农村要素流转信息化服务平台”（www. crpft. com）为主要展示窗口和信息发布渠道，在全国农村要素资源数据持续汇集的基础上，以集约资源和共享技术为主要理念，推动各地农村产权交易市场同步发展。

以成都为例，成都农交所现已初步搭建了全市统一的农村产权交易体系，形成了农村产权交易综合服务平台，完成了成都范围内的县（市、区）、乡三级农村产权流转信息发布和组织交易平台的搭建，建立了 14 个区（市）县分所和 257 个乡镇农村产权交易服务站，培养了 2 000余名农村产权信息员和经纪人。同时，农交所已初步建立了农村产权电子交易与信息管理系统，建立了系统化的投资人信息库及短信宣传服务平台，实现了电子交易和信息管理系统市、县、乡三级覆盖，建成了 6 大功能网站，为分级网络平台建设提供了广泛的接口，发布各类信息 5 万余条，完成网络交易 20 余场次。信息平台服务功能覆盖了农村产权、资产处置、农产品交易、林权、农村土地综合整治、建设用地指标、集体建设用地流转、农业项目投融资、投资人和经纪人数据库管理等多项业务。此外，农交所还初步打造了一站式产权交易综合服务平台。通过与产权登记管理机构、产权评估机构、产权仲裁机构、公证机构、担保机构、保险企业、银行机构的广泛合作，建立了以农村土地综合整治项目、林权抵押融资、农业产业项目融资、资产融资、仓单质押融资为主体的一站式产权交易服务平台，确保了交易的公开、公正、公平，为农村要素对接资本市场提供了渠道保障。

（二）交易流程

目前，全国各地产权交易平台由于发展背景与服务内容的不一致，在交易流程上颇不相同。

北京农交所的交易过程首先是出让方提交出让申请，确定交易方式，可选方式一般为协议、拍卖、招投标、网络竞价和其他方式。申请提出后，监管部门将对其出让资格进行审查，通过后将项目信息发布，此时有交易意愿的受让方提交受让申请，资格审查通过后，交纳交易保证金。此时供需形成，组织交易，成交后签约。场内结算时将合同价款划入，通过交易保证金结算。之后出具交易鉴证，划出合同价款，最后成交公示。

相比较而言，成都农交所在交易过程中采取分类制定的方式，主要有 4 种类型，分别是入股类，此类占比最多，如土地合作社，一般不进场交易，但由平台规范办理交易鉴证书。抵押融资类，一般也不进场交易，办理交易鉴证书同样为前置条件。协议转让和招拍挂，流程相对复杂一些，放置于网站征询意见后，据此意见确定流转方式，如仅一个买家则协议转让，如有多个意向买家，则按招拍挂相关规定流程操作，签订协议后颁发证书办理产权。这其中，入股、协议转让、抵押贷款三类最为常见，且用时较短。

（三）地方农村产权交易市场建设面临的问题

我国的农村产权交易所还处在比较初级的阶段，在实践的过程中难免暴露出诸多问题。

1. 交易平台定位不清

目前各地设立的交易市场在经营范围、业务范围、交易品种设置方面是不一致的。定位的差异化一方面或许是地方经济社会环境特点使然，另一方面反映了地方有关部门在平台设置上缺乏经验带来的盲目性。

交易平台机构多是在政府部门牵头下设立，由此承担了一部分纠纷调解等政府公共服务职能，这进一步模糊了该类组织的定位。另外，如何理解交易平台的公益性对于其定位差异有重要影响。若因公益性而回避其自负盈亏的中立性，过于依靠政府支持，可能会影响其中介职能的发挥。这些都需要有一个基于理性讨论的统一规范。

2. 交易对象存在法律和政策障碍

前文已叙及我国产权及其交易制度存在法律滞后以及法律、政策之间相互矛盾的问题，值得强调的是中央和地方层面的法律政策均存在对流转对象的过度限制。地方相关法规政策的不一致也会影响产权交易平台的协调发展。

3. 抵押财产司法处置和监督设置执行难

地方有关部门在产权交易中抵押、监督等程序设计中依托的是名义上的正式制度体系，而现实中这些名义上的程序认定有时未必发挥作用，可能受人情和交易习惯的影响。这可能使得一些程序形同虚设，并制造寻租空间。

4. 交易平台存在多方面的激励不足问题

一方面，农民和集体资产管理者缺乏有偿服务的市场意识，不习惯这种新的交易方式，交易平台的中介作用在其成立之初未必能充分得到发挥。另一方面，交易机构的运营还没有形成长期出入平衡稳定的模式，因此其发展模式尚需讨论和规范。

5. 中介服务职能远未发挥

产权经济、拍卖、招投标、法律咨询、审计和资产评估等服务内容是作为交易平台的中介角色所必需的。这些职能需要在更加充分明朗的市场竞争秩序中形成。目前交易平台的角色和职能定位混乱，说明其还未在市场环境下得到充分演化。

【案例分享】北京农交所实行经纪会员代理制的问题。首先，现有公司制会员机构数量较少（只有十几家），且没有动力参与农村产权交易领域。根据国有资产管理条例，经纪会员机构需到工商部门注册，只能是北京产权交易所会员，这种制度设置上的要求限制了真正具有农村产权经纪参与动力的行为主体的参与，经纪会员的缺位导致农交所主要通过出让信息发布和公开招募的方式寻找受让方，影响了交易效率。其次，经纪会员代理的缺失客观上造成了交易所角色的错位，造成了其即代表出让方利益又代表受让方利益的局面，可能会影响交易的公正性。再次，经纪会员的缺失本身可能是农交所内生的制度问题，即农交所本身缺乏推动会员参与的动力，很多情况下并不愿让渡一部分服务佣金给经纪会员。农交所的角色定位应是探索资源整合机会的主动发现者，而不仅仅停留在信息发布和给经纪会员牵线这一层次。但是，农交所也确实在着手培育农村产权经纪人队伍，访谈中相关负责人表示他们计划利用现有农村经纪人资质或新设农村产权经纪人资质，参照国资产权交易做法，由经纪人协会颁发资质证书，委托农交所培训、考核，并负责日常监督，保障交易秩序。

此外，北京农交所在对交易资产评估方面存在评估难的问题。现实中资产评估通常难以操作，缺乏一个合理的评估方式，但流转中有时确实需要一个公允价格。目前，该农交所正在通过模仿国有土地评估的思路，研究农地评估模型，研究结果已初步形成。

【案例分享】成都农交所在产权交易方面暴露的一些问题。首先，成都的交易市场还不太活跃，农村产权交易市场尚处于培育期，入场交易还不太理想，除建设用地指标交易外，其他农村产权交易入场交易少。农村土地经营权、林权、涉农类股权、涉农类知识产权等其他交易产品的入场交易还不太理想，自发交易的现象仍然较多。其次，政策支撑还需进一步完善，需要在政策规定上对土地承包经营权、林权、集体建设用地使用权的交易规则进行完善；在完善农村金融体系，提高市场主体对农村产权交易的认知方面也还需要进一步提高；在加强农村产权场外交易监管，研究编制交易目录，进一步鼓励和引导农村产权入场交易方面也需要进一步加强；在拓宽耕地占补平衡指标、林权、土地承包经营权等品种交易范围，实现农村要素市场跨市（州）交易，促进农村产权布局更加合理，建设用地指标交易更加市场化方面也还需要进一步研究和加强。此外，交易平台自身能力需要提高，随着交易品种的不断丰富，交易市场的逐步活跃，交易范围的不断扩大，现有平台还不能完全适应农村要素市场的发展需要，需要做大做强。

第四节　完善农村产权交易市场建设的建议

地方农村产权交易市场在自发默许和扶持鼓励下的不断形成发展反映了农村产权制度改革的成果。市场交易制度也是人为设计的过程，从地方到中央对市场的规范指导有助于市场的健康发展，从而促进农业和农村经济发展。地方试点实践中反映的问题也确实反映了信息汇总和酝酿基础上统一指导意见的重要性。

一、农村产权交易平台成立原则

综合考虑我国农业政治经济环境，基于本研究对农村产权改革和市场交易的理解，本研究提出农村产权交易平台的应该遵循如下原则。

（一）坚持发挥市场配置资源的决定性作用

制度设计的目的即通过提供一个具有可信承诺的参照性的行为框架，使行为人之间形成有序的交易互动方式，达到资源的自由化高效率配置。应建立以集体资产经营使用权和农民自有财产所有权为核心的交易市场，确立各种合法市场主体的平等地位，完善市场转让标的物的价格形成机制，保障农村产权流转交易的公开、公平、公正。农村产权流转交易市场是开放的市场，凡是法律、法规没有限制的法人和自然人均可以进入市场参与流转交易。首要产权交易方可以家庭、专业合作组织、地区合作组织等组织形式，可以依法依规出让、租赁、合作、参股、抵押等。各种集体财产流转交易形式，均要建立在农民自愿的基础之上，由农民自行选择，充分保障农民的知情权、参与权和决定权，最大限度地尊重农民意愿。具体准入条件按照相关法律、法规和政策执行。

（二）合理设限

一定标的额以上的农村集体资产流转必须进入市场公开交易，防止暗箱操作。大宗的农村承包土地经营权、林权、集体建设用地使用权的流转交易要依法向行政主管部门备案。

（三）严格审查

农村产权流转交易市场要依法对各类市场主体的资格进行审查核实、登记备案。产权流转交易的出让方必须是产权权利人或受产权权利人的委托，共有产权交易要共有人同意方可进行，确保没有权属纠纷。产权流转交易的受让方应具备农业经营能力，除农户宅基地使用权、农民住房财产权、农村集体资产股权之外，产权流转交易的受让方原则上没有资格限制。对工商企业进入市场交易，应依据有关法律、法规和政策，加强准入监管和风险防范。农村产权流转可采取招标、拍卖、挂牌交易、协议转让等竞争方式，不允许炒买炒卖，不允许投机性质的交易。

（四）坚持在统一有序指导下运行

规定产权交易双方主体资格；制定交易程序、监管要求；建立资产价值评估、资产收益评估、投资风险评估、流转资产经营活动跟踪评估等机制；建立流转交易市场综合信息发布制度，扩大农村产权流转交易信息发布面，指导农村产权流转交易，规范市场秩序，提高社会公众的竞争和参与度，提高市场效率和社会效益。

（五）有效保护农民财产权益

公平性是市场契约基本要求。切实保障集体财产权和农民财产权流转不流失，农民权益不受侵害，保护集体、农户、农民的各项合法权益。

二、市场交易的品种和业务经营范围

（一）允许交易的农村产权范围和形式

包括农村集体所有耕地的家庭承包经营权、农村集体建设用地使用权、农村村庄集体公共建设用地使用权、农民宅基地使用权、农村集体经营性资产股权、农民自有房产所有权和使用权。可采用限期转让、租赁、合作、入股、抵押、买卖等所有产权持有主体变更的形式。

（二）农村土地承包经营权流转

1. 土地承包经营权有偿流转

允许农村土地承包主体自愿流转土地经营权，自愿选择流入方，与流入方协商收取流转费；流转费应包括土地承包权益性收入和经营性投入补偿；流转有效期限不超过土地承包期限。

2. 土地承包经营权入股

鼓励承包经营权在公开流转交易市场上向专业大户、家庭农场、农民合作社、龙头企业、农村股份合作制经济组织适度集中，农民以承包经营权入股发展农业产业，提高农业劳动生产率，优化土地和劳动力资源配置。

3. 土地承包经营权抵押、担保

出台土地承包经营权抵押贷款管理办法，制定土地承包经营权抵押贷款实施流程及细则，明确农村土地承包经营权法律界限、主体资格、抵押条件和范围，明确抵押标的价值评估，与相关部门金融机构协调合作，稳妥开展土地承包经营权抵押贷款业务；实行抵押登记，建立担保机制，完善贷款风险防范措施，

4. 农村土地承包经营权信托

依托农村土地承包经营权流转交易市场建设，成立农村土地信托服务机构，搭建承包方农民、农业经营主体与信托公司等金融机构的信息交流平台，建立多方主体公平对话机制，拓宽土地利用融资渠道，推进土地资源资产一体化运作。

（三）宅基地及地上房屋流转

1. 宅基地使用权转让

对于具有资格却无能力利用好的闲置、低效、危房宅基地，可以由村集体经济组织与业主协商，由集体经济组织实行按规划代建，统建使用，有偿托管，业主分享财产收益；探索宅基地使用权置换集体经济股权等多种财产形式，在保障农民宅基地使用权的基础上，整体优化宅基地的使用效益；建立宅基地转让的市场价格评估制度；建立与农村转移人口市民化相结合的宅基地有偿退出机制。

2. 房屋所有权流转

以房屋重置价为参考依据，建立宅基地上房屋的价格评估机制；允许农民通过转

让、出租等方式，将闲置房屋在本集体经济组织内部成员之间流转；允许将一定年限的房屋所有权、使用权，在当地政府和集体组织规定下，转让给集体经济组织成员以外人员或机构。

3. 房屋所有权抵押

建立房屋抵押制度，由具有资质的房地产评估机构评估确定房屋价值，抵押的农村房屋及其所占用宅基地的使用权一并评估，明确抵押房屋处置要求，包括购买权、受偿方式、受偿金额、清偿方式等。

（四）集体建设用地使用权流转

1. 集体建设用地使用权流转性质与期限

农村集体建设用地包括生产性建设用地和村庄公共建设用地；集体建设用地流转由集体经济组织按民主决策程序进行；集体建设用地流转属于使用权流转，流转期限参照国有土地使用权转让的有关规定。

2. 集体建设用地使用权流转范围

集体建设用地在农村流转可不受行政区划限定；探索集体建设用地在县域范围按照城乡建设规划自愿、有偿、统一流转，探索在特定历史条件下形成的城镇新规划区及各种园区，保留集体建设用地性质，探索农民按规划开发支撑现代农业和新农村发展的服务产业，满足农民生产、生活和就业需要。

3. 建立因土地转变用途产生的土地增值效益分享机制

集体建设用地因城镇发展或农村产业发展调整规划，所产生的增值效益，应由政府、集体和农民共享，应优先考虑农民就业和居住区公共环境、公共服务的改善。

（五）农村集体资产股权流转试点

1. 农村集体资产股权内部转让

允许农民持有的集体资产股权自愿在家庭成员内部转让、继承，允许在农村集体内部成员之间进行集体资产股权内部转让；股权持有人按照所持股权性质和相应规定，转让农村集体资产股权所有权或收益分配权；引导合理制定集体经济组织、集体经济组织成员收购股权的比例限制，建立健全农村集体资产股权内部转让制度。

2. 农村集体资产股权对外转让

允许集体经济组织按照优先内部成员、适当向社会开放的原则，引进社会资金，有偿获得规定期限的收益分配权，满足集体企业经营发展对资金及人才的需要；允许社会投资主体直接参股经营农村集体资产，在保障集体资产权益基础上，探索组建混合所有制企业，提高农村集体资产的经营效益。

3. 提高集体资产经营效益

鼓励农村集体企业通过确权改制后，建立健全现代企业经理人治理结构，通过竞争、招聘，引入职业经理人员，摆脱行政干预，提升集体企业的经济效益和市场竞争能力。

三、农村产权流转交易管理服务平台建设

（一）农村产权流转交易平台

整合完善农村集体资产流转服务平台，以县级为管理中心、乡级为交易平台、村级为受理门户站点，构建统一的县（市）、乡（镇）、村三级农村集体资产流转交易管理服务体系；流转服务体系为非营利的公益性服务项目，可依托现有农村经营管理服务系统或其他具有条件的市场交易机构设立。

（二）农村产权流转交易管理制度建设

流转交易管理服务系统应及时公开发布农村产权交易的供需、价格等信息，以及统计分析、市场预测等资料；加强网络系统对接和信息化建设；完善流转交易审批、流程管理、交易监督等服务内容。

完善农村产权交易的招、拍、挂制度，明确土地承包经营权、宅基地及地上房屋、集体建设用地使用权、集体资产股权、农业知识产权、农业项目、农机设备等产权的招拍挂要求及交易流程；建立农村产权经营主体的财务审计监督制度，建全农村产权流转交易纠纷处理机制。

（三）农村产权交易估价服务机构建设

建立产权价值评估机制。加强对进入流转交易土地的资源性和经营性评估、房地产评估，制定农村产权交易基准价格体系，充分体现一定条件下不同农村产权流转交易市场价格，指导农村产权流转交易。

（四）农村产权交易人才培养制度建设

通过学习培训、研讨交流、定向培养等多种方式，提升农村产权流转交易服务人员的管理水平和经纪能力，培养综合性的农村产权交易人才，为农村产权交易业务发展提供智力支持。

第十一章

“三资”管理创新的探索——以集体资产管理平台建设为例

经过40多年的改革开放，我国农村集体经济组织积累了庞大的经营性资产、资源性资产和资金盈余（统称“三资”），这些资产在推动农业农村发展，促进农民增收中发挥了积极作用。为管好盘活农村集体资产，激发农业农村内在发展活力，加快建立乡村振兴的体制机制，近年来全国多地在农村集体产权改革的背景下积极探索推进农村集体“三资”指导、监督和服务方式，对农村“三资”监管系统进行升级改造，在原有单一的财务监管功能基础上，增加农村集体经济组织成员管理、股权管理、合同管理等模块，形成新的农村集体经济财务与股权管理平台，促进了农村集体经济资产管理的信息化、制度化和规范化，有效保障了农民的财产权利，发展壮大了农村集体经济。

第一节 “三资”管理概况

农村集体资产是广大农民群众辛勤劳动积累的成果，是巩固和壮大农村公有制经济，发展农村市场经济的重要基础。对农村集体资产的管理有利于社会主义公有制经济的巩固和壮大，有利于促进市场经济的发展。农村集体资产的有效管理能更好地使集体资产保值增值，壮大集体经济，提高农民财产性收入，同时也具有维护农村稳定发展的政治功能。

一、“三资”管理的现状和问题

（一）农村集体产权制度改革为“三资”管理创新带来机遇

农村家庭经营体制建立后的较长时期里，全国的农村集体经济组织很多处于有名无实的状态，集体经济组织不健全，地位和职能无法得到法律的认可和保护，作用难以发挥。一些地方虽然挂了牌子，但集体经济组织仍处于弱化状态，并导致集体资产管理主体错位，农村集体财务管理出现的诸多问题难以根本解决。如征地补偿费分配管理不规范、集体资产管理及收益分配不透明等，成为农民群众反映强烈和加剧干群矛盾的突出问题。究其问题由来，集体资产产权不清是根源。2016年12月中共中央、国务院出台《中共中央国务院关于稳步推进农村集体产权制度改革的意见》（中发〔2016〕37号），对农村集体产权制度改革做出总体部署，随后以“先试点后推广、由点及面”有序进行农村集体产权制度改革。2017年修正的《民法通则》确立了农村集体经济组织的法人地位。至此，具有特殊法人地位的村集体经济组织作为农村集体资产的管理的主体得到明确，三资管理进入新的历史时期，集体资产管理主体弱化、错位情况出现改观，并将随着集体经济组织改革到位而逐步实现规范化管理。

（二）农村集体资产监管平台呈现由无到有、由点到面发展态势，但不平衡问题突出

随着农村产权交易的频繁发生，原有的三资服务中心业务已经无法适应现代产权交易制度的要求，亟需对三资服务中心进行综合改革，扩展业务内容、创新监管方式。以农村集体经济组织“三资”管理为核心建立和完善农村集体资产管理平台，将有力推动清产核资工作、对接产权交易平台建设，进而激活农村集体资产保值增值新动能。总

体来说，目前三资监管平台呈现由无到有、由点到面发展态势，但存在两方面突出问题：一是地方各自有不同的监管平台，全国三资监管平台尚未建立。地方政府通过购买监管平台技术支持服务，监管平台设置存在差异，将来很难和全国性的监管平台进行数据对接。二是东西部地区平台建设不均衡。东部地区几乎都建立了监管平台，中西部地区很少建立三资监管平台。

（三）政社不分情况依然存在，但政社分设的改革方向明确

农村集体资产管理的核心问题是要注意处理好村“两委”与集体经济组织的关系。人员和职能分开是“政社分离”的关键所在。由于“政社分离”受到集体经济发展程度、地方安全和稳定、基层干部素质、成员民主参与意识等因素的影响，目前并非所有村落都具备条件加以实施。对于大多数尚不具备“政社分离”条件的村，现阶段仍实行“政社不分”或“半政社分离”的过渡机制，村两委成员与集体经济组织理事会、监事会成员交叉任职。但这一过程不宜过长，否则将会一定程度上削弱集体经济作为市场经济主体的地位与发展能力。

二、“三资”管理创新的探索趋势

对农村集体资产管理的指导、监督和服务，是各级农村经营管理部门的重要职责，近年来全国各地涌现出大量“三资”管理创新的探索。苏州市作为典型范例，其“三资”管理创新的探索具有趋势性和代表性意义，可供借鉴。

（一）苏州太仓市引入第三方代理

随着新农村建设的深化推进，太仓市村级集体资金、资产、资源不断壮大，基层各村可支配收入越来越多。早在 2011 年年底，太仓市村级集体资产总额已达到 30 多亿元。面对如此庞大的“三资”体量，原来村账镇管体制已经出现诸多不适，如村账镇管机制中，记账人员严重缺乏；镇农经人员既当“裁判员”，又是“运动员”等情况屡见不鲜。

为了解决上述问题，2013 年，太仓市城厢镇作为试点，开展“三资”监管平台建设及引入第三方代理试点工作。引入第三方代理，即政府通过招投标决定引入会计师事务所代理农村集体财务，由其驻派财务总监、驻镇会计、驻村出纳进行日常监督管理、村级账务处理及货币资金管理工作，保证财务人员中立、独立开展工作，确保资金的管理与所有权、经营权分离，真正实现钱、账分离。镇、村分别与第三方代理机构签订协议书，明确各自权责。各镇农村集体财务监管中心明确人员配置及职能，建立员工聘用、薪酬福利、印章管理规定及保密等系列制度，确定工作流程并制作上墙，落实和强化以制度管理、流程管理的机制。各镇每年定期组织镇农经部门、村集体经济组织对第三方中介机构及人员的履职履约情况进行打分考核，考核结果要作为代理服务费支付、工作人员奖惩的重要依据。

太仓市引入第三方财务管理机构，改变了农村会计缺失独立性的现状。原来，农村集体资金使用及管理、会计核算都是由出纳、村会计提供，其隶属于村书记、村主任管理，在财务核算与监督中，往往会受到行政职权干预，不能充分彻底的按照管理制度执行会计职责，会计独立性消失①。

（二）太仓市设立“阳关村务”移动监管平台

太仓市依托微信和信息化手段，创新开发了“阳光村务”监督平台，为太仓市农村集体“三资”监管安上了一把“智能锁”。“阳关村务”监管平台内容丰富，操作简便。其内容包括村务公开、“e阳光”意见建议板块，其中“村务公开”包括党务类公开、村务类公开、政务类公开、财务类公开、服务类公开、专项类公开；“e阳光”内有农户信息、土地信息、各项补贴、社区股份合作社分配、参保情况。每户农民都设有专门的用户名和密码，确保各类信息的安全。“意见建议”主要是村民直接表达各种诉求。通过“阳光村务”监督平台，登录个人页面，村民可以查询家庭各成员信息、各种补贴，社区股份合作社分配。通过平台也可以知悉村级集体资产状况以及三农各类政策，同时还可以对集体资产的管理和集体经济的发展提建议，也可以进行网上监督。村集体资产移动监管平台切实把村里的监督权、评议权交给群众，进一步实现“三资”监管公开透明，让基层权利在阳光下运行，有效防控身边的“微腐败”，从而大大增加了农民群众对党和政府的信任和依赖②。

（三）苏州吴中区“政社分离”管理经验

“政社分开”模式，即村委会和集体经济组织的职能、机构和人员等关键要素实行分离的制度。江苏吴中区建立了“四分开一集中”的政社分离体制，即明确村两委和集体经济组织的各自职责，具体化为机构分开、职能分开、财务分开、人员分开，本质是让集体经济组织专心致力于发展经济。鱼和熊掌不可兼得，村两委一旦担负经济管理职能，就无法安心做好社会管理，进而阻碍经济的发展。吴中区进行政社彻底分离，让集体经济组织独立自主地发展经济，同时村民自治组织管理好村级社会秩序，使得政治发展和经济发展相得益彰。

第二节　农村集体资产管理平台建设

建立和完善农村集体资产管理平台，是中央的政策要求、改革实践的现实需要、农民群众的迫切期盼。通过发挥信息集聚和发布、财务管理、股东管理、交易对接、产业政策引导五大功能，推进农村产权市场健康发展，对保障农民和农村集体经济组织的财产权益，提高农村要素资源配置和利用效率，维护农村改革发展大局稳定具有重要意义。

一、农村集体资产管理平台建设的基本情况

随着农村确权工作的开展，“产权清晰、权能完善、流转顺畅、保护严格”的产权制度正在我国农村逐步发展形成。这其中，以原农村集体“三资”管理组织载体和管

① 马士光，2017. 农村集体“三资”监管在苏州［M］. 北京：中国方正出版社：89-91。

② 马士光，2017. 农村集体“三资”监管在苏州［M］. 北京：中国方正出版社：97-101。

理内容为基础，建设农村资产管理平台起到不可替代的重要作用。目前农村集体资产管理平台建设功能呈现由存量管理向增量管理扩展、由承包合同管理向交易合同管理扩展等兼容性、多样化发展特点。同时，也存在区域发展水平差距、协同性欠缺、集体资产管理主体缺位、外部监管能力有限、交易活跃度不高等问题。

（一）集体资产管理平台性质复杂，以营利性为主

目前集体"三资"管理作为农业部门职能，由基层乡镇经管站、县（市）农经站（局）代为行使。以此为基础整合其他资源组建的县（市）土地流转中心、乡（镇）土地流转站大多为事业单位性质，也有部分新成立的农村产权交易机构为公益性法人。如重庆农村土地交易所是由重庆市政府出资成立的非营利性事业法人，武汉农村综合产权交易所定位为非营利性企业法人。但大部分农村集体产权流转交易机构为营利性法人。如成都农林产权交易所、昆明泛亚农村产权交易所、北京农村产权交易所、天津农村产权交易所、温州市农村产权服务中心、齐鲁农村产权交易中心。

（二）形式不一，发展速度较快，具有显著的农业农村特色

2008 年，成都市在农村产权制度改革试点的基础上，率先在全国成立农村产权交易所，开展产权交易、技术与资本结合、投融资服务等多功能的综合性服务。成都农交所的成立在国内外引起了广泛的关注，随后全国多个省有效地整合了同类的交易资源，成立了地区性的农村产权交易机构。如北京、上海、广东、天津、河北、浙江、武汉、安徽、四川、重庆等。还有许多县市乃至乡镇以农村土地承包经营权流转服务中心或以农村集体三资服务中心为依托，建立健全农村土地承包经营权流转和农村集体资产发包、出租和村级公共资源配置和交易。截至目前，全国有 1 239个县（市）、18 731个乡（镇）成立了土地流转中心，以成都、重庆、武汉、北京农村产权交易所为代表的一批综合性交易所相继成立。

目前，多种形式的农村集体产权管理平台既有单一进行"三资"管理的，也有单一从事农村产权流转的，还有将"三资"管理和产权流转结合一体的。但凡涉及农村产权流转的平台则具有明显的资产使用权租赁市场特征。因为目前的农村产权交易不涉及农村集体土地所有权和依法以家庭承包方式承包的集体土地承包权，流转交易以服务农户、农民合作社、农村集体经济组织等为主，流转交易目的以从事农业生产经营为主，具有显著的农业农村特色。无论是"三资"管理的规范还是资产交易的探索，都为深化农村集体资产管理制度改革积累了经验。

（三）交易业务的注册资金和业务范围各有差异，受让方有一定限制

农村集体产权流转交易市场的规模差异较大。较早成立的武汉农村综合产权交易所注册资本仅为 100 万元，规模较大的齐鲁农村产权交易中心注册资本为 3 000 万元，而北京农村产权交易所注册资本高达 5 500 万元。现阶段通过市场流转交易的农村产权包括：承包到户的和农村集体统一经营管理的资源性资产（如农地、林地、园地、水面等），经营性资产（如作为农业生产设施的农机具、渔业船舶、厂房等），不动产（如农村房屋）等。涉及以农村土地承包经营权、集体林地经营权、农村集体建设用地使用权、农村集体经济组织股权等，甚至包括农业知识产权、农产品（活体畜禽）所有权、农产品期权等各种产权。但各个交易市场可交易的农村产权品种不一。品种较少的如重庆农村土地交易所只有3种，而昆明泛亚农村产权交易所、温州农村产权交易平台等都超过10种。

（四）交易业务的范围以本地为主，交易活跃度不高

农村集体产权管理的终极目标是增加农民财产性收入，确保集体资产保值增值，因此交易是集体资产管理的重要一环。从交易范围上看，全国除武汉农村综合产权交易所和上海农业要素交易所定位为既服务辖区农村产权流转交易、又面向全国之外，其他交易市场基本以面向本地为主。从交易活跃度上看，农村产权交易市场尚处于培育期，除建设用地指标交易外，农村土地经营权、林权、涉农类股权、涉农类知识产权等其他交易产品的入场交易还不太理想，入场交易少、自发交易（场外交易）的现象仍然较多。

二、存在的问题

（一）平台建设存在区域发展水平差距、协同性欠缺

第一，数量和质量上的区域差距。数量上，以东部和城市郊区为代表有经济发达地区产权改革力度大，集体资产管理交易平台建立面较广；中部西部地区尚处于起步探索阶段，成立农村集体资产管理交易平台较少。质量上，东部发达地区较中西部地区功能更为全面，作用明显强大。

第二，资产管理平台建设上下联动的少。已建成省、县（市）、乡（镇）垂直联通的农村资产管理平台的较少。大部分地区实行分级交易，分级建立交易平台的试点工作已经由点到面逐步推开。

第三，全国性的农村集体资产管理平台尚未建立。我国农村集体经济组织三资管理多数局限在县（市）、乡（镇）基层，个别省建立了省内上下联通的管理平台。但全国性上下联通的农村集体资产管理平台尚未建立，特别是各地在农村资产管理平台与农村产权交易平台的对接上，还处在试点探索阶段。

（二）市场主体参与交易动力不足，交易风险较高

就农民和集体资产管理者而言，往往缺乏有偿服务的市场意识，通过公开交易保护自身权益的意识不强，缺乏参与的积极性，使得交易平台的功能不能充分发挥。就农村产权交易机构而言，一方面，他们一般既承担了政府公益性服务职能，还承担了部分本应由市场机制发挥作用的价格指导职能，甚至兼具调解纠纷、仲裁职能，导致政企不分、政事不分。有的机构因公益性而回避其自负盈亏的中立性，过于依靠政府支持，影响其中介职能的发挥和可持续发展。另一方面，在交易受让方和出让方仍面临较大交易风险情况下，交易机构的运营尚难形成长期平衡稳定的交易模式与机制，交易机构难免缺乏交易的动力和活力，甚至出现有些交易平台在勉强运转两年后难以支撑，申请吊销营业执照的情形。

三、农村集体资产管理平台建设的基本原则

（一）原则性与灵活性相结合

中央政府主管部门建立一个统一的全国农村集体资产监管平台，各级地方政府相应

地建立地方农村集体资产监管平台。全国实现垂直一体的网状监管平台。在平台建设中，中央到地方所建设的主要功能模块要一致，但在地方的监管平台中，除了与中央的主要功能模块保持一致以外，可以因地制宜的设置该地区所需要的功能模块。

（二）统分结合

即农村集体资产管理平台由监管和交易两部分组成，在集体资产监管方面建立统一的、垂直一体的网状监管平台。同时农村集体资产交易平台则根据集体经营性资产分布、经营状况、管理水平、区域经济一体化程度等因地制宜建立，两个平台间形成信息联通、功能互补、系统对接、独立运行的统分结合发展格局。

（三）公益性与经营性相结合

总体上，农村集体资产管理平台必须坚持为农服务宗旨，突出公益性，不以营利为目的。特别是农村产权流转交易平台应在引导、规范和扶持的基础上，通过无偿服务、成本性服务、有偿微利等方式充分发挥其服务农村改革发展的重要作用。

（四）政府扶持与独立运营相结合

全面考虑国家、集体、农民三方利益，合理划分市场、中介和政府的职责，凸显交易机构的市场地位。同时明确政府扶持的条件和阶段，逐步探索形成符合农村实际和农村产权流转交易特点的市场形式、交易规则、服务方式和监管办法。

（五）分类管理与设计功能相结合

广义的农村集体三资管理包括资源、资金和资产三大类，由于他们的特点不同，在管理上需要进行分类管理。同时平台建设也需结合农村“三资”管理对象设置不同的功能板块管理侧重点。如应做好资源类集体资产的台账管理；需建立健全农村资金的财务管理制度；要建立农村集体经营性资产的农村集体产权交易系统平台。

四、农村集体资产管理平台建设的总体思路

运用现代信息化技术手段建设农村集体资产管理平台系统。平台系统包括农村集体产权交易平台和农村集体资产监管平台，并将两个平台无缝对接，实现“统一平台、统一标准、分级实施、制度健全、管理动态、交易阳光、监控实时、信息共享”的目标。

（一）以监管为主线，构建统一的农村集体资产管理平台

农村集体资产管理平台的结构，包括中央主管部门、省、县（市）、乡（镇、街）四级。为了方便数据的无缝对接，在地方所设置的功能模块，需包含中央部门层级监管系统的各大功能模块。该平台功能定位如下。

其一，在信息化主管部门统一提供系统软硬件运行环境资源的情况下，依托各级电子政务外网，提供村（组）出纳做账、中介组织会计核算、各级管理人员查询监督等功能，实现农村集体财务的网上统一核算、实时监控。

其二，国家配置服务器作为全国农村财务信息汇总，通过电子政务专网连接，在确保数据信息安全的前提下，汇总收集各区农村财务核算系统的全部财务数据。在相关数据进行分析、对比、匹配的基础上，统一划定列入具有分级管理、实时监控、预警纠错、数据共享、信息服务等基本功能的农村集体资产管理平台系统。分级管理，即省、

市、区、镇（街）政府及有关管理部门，村（居）管理人员和相关财务人员等可凭账户和密码登录系统，在被赋予的相应权限范围内，查询和管理相关数据。实时监控，即相关管理人员登录系统后可实时查询所辖区域的农村财务数据，对农村会计、出纳账务核算进行实时在线监控。预警纠错，即当平台中的监控数据超出设置范围时，系统自动发出预警信号，相关管理人员可以直接点击预警事项，通过系统层层穿透，一直查询追溯到原始数据记录，找出问题所在。同时，相关管理人员可凭权限做出相应处理。数据共享，即各区农村资产和财务信息统一存储，并实时同步到市级平台，实现数据共享存储和使用。信息服务，即各级单位可利用市级平台数据，在管理权限范围内根据实际需要灵活选择区域或科目汇总以及相关性横向对比分析，为政府管理部门开展农村集体经济指导提供决策参考。

其三，开放部分功能提供便民服务。

（二）统一的农村集体资产管理平台，对接农村集体资产交易平台

依照国务院办公厅印发的《关于引导农村产权流转交易市场健康发展的意见》（国办发〔2014〕71号），农村集体资产交易平台建设应以县域为主，确有需要的地方可以设立覆盖地（市）乃至省（区、市）地域范围。其中，各乡镇（街）建立的农村集体资产管理交易中心，作为农村集体资产监管和交易的基层服务和监管机构，同时对接农村集体资产交易平台和农村集体资产管理平台。

纳入农村集体资产交易平台管理和农村集体资产管理平台的资产包括：村、组所有经营性资产（包括厂房、市场、店铺、机器设备等固定资产，长期投资，无形资产和其他资产）和非经营性资产（包括农业用地的耕地、荒地、山地、林地、鱼塘、滩涂等，农村的宅基地、自留地、自留山等，以及建设用地的公益性用地、企业用地和商业用地）。

（三）划分各级主管部门的管理权限

总体来说，农村集体资产管理平台建设要实现6大功能目标：一是台账动态管理功能；二是交易信息发布功能；三是组织交易功能；四是组织合同鉴证功能；五是审核监督功能；六是档案管理功能。功能与权限存在一定的匹配关系。各层级的主管机构因其职责和分工不同，对农村集体资产管理平台的管理权限也不同。

首先，中央政府主管部门。中央政府主管部门具有根据地方农村集体资产管理情况制定方针政策，指导和监督各个地方农村集体资产管理的权限。因此需在这一层级设立一个统筹全局的领导机构，负责建立全国的农村集体资产监督平台，以及指导协调各地农村资产交易平台建设。

其次，省、市级政府在农村集体资产管理的权限。省、市级要建立与中央部门相配套的农村集体资产监管平台。但省级不一定要同时配套农村集体资产交易平台，这要根据各个地方的需要和特点而因地制宜。例如北京，既建立了北京市农村产权交易所，又分别在区县—乡镇都设立了配套的交易中心、交易站。但也存在省里并不设立农村产权交易平台而在市级建立交易平台的现象。如安徽，其在合肥市成立“安徽省农村产权交易有限公司”，但在省级没有再建设交易平台。因此，省市级一定要与中央相配套的监督平台，但省市不一定要建立交易平台。

再次，县（市）级同时建设农村集体资产交易平台和监管平台。县（市）级是农村集体产权管理平台建设重心，原因在于县级政府熟悉农村，处理好"三农"问题是县级的主要任务，县级离农村的群众组织较近，熟悉农村集体资产经营情况。相比较乡一级，县级更有能力统筹农村集体资产的要素流动；相比较省市两级，县级更接近农村，了解和熟悉农村，建立农村集体资产交易平台既有能力，也有必要。

最后，乡镇级以建立监管平台为主，设立农村集体资产交易平台为辅。乡镇一级与村组关系紧密，是农村村财乡管的载体，有必要强化这一集体资产管理职能，将其作为农村集体资产监管平台的重要组成部分加以建立设。乡镇（街）级平台的功能，是将村（居）、组集体资产（资源性资产、经营性资产和非经营性资产）信息和合同录入软件系统，建立登记台账，实现农村集体资产增减变化和合同变更的动态管理。另外，乡镇也是一级集体经济组织单元，有些发达地区乡镇的集体经济实力仍然较为发达，乡镇辖域内也存在农村集体资源要素流动的需求，因此，是否在乡镇级设立农村集体资产交易平台要根据需求而定，可作为农村集体资产交易平台的延伸起便利和辅助作用。

（四）依据"三资"管理对象需要设置不同平台功能模块

依据分类管理原则，对农村"三资"管理对象需要设置不同的功能板块进行管理。

1. 台账管理

对于资源类集体资产，应做好台账管理模块。农村集体资产资源类资产主要有从《宪法》第九条、第十条规定中看出，属农村集体所有的资源型资产包括：法律规定属于农村集体经济组织或村民委员会所有的耕地、园地、森林、山岭、草原、荒地、滩涂等；农民群众的宅基地、自留地、自留山等；水面或小型水利工程设施等。面对这些资源，地方要进行清产核资，建立规范的台账档案，上报到国家的农村集体资产管理系统里。

2. 农村集体财务管理

对于农村集体资金的管理，应建立健全农村集体财务管理模块。农村集体经济组织财务管理的内容是由其资金运动的内容决定。村集体经济组织在生产过程中，为了维持正常的生产经营活动，就必须要筹集资金，并将所有筹集到的资金投入到各个生产环节及能为其带来收益的各个方面。随着产品生产不断创新，资金被用于购建固定资产、购买各种功能材料物资、支付劳动报酬等，形成各项成本费用高。日常资产管理活动则是为了提高固定资产和流动资产等的使用效率。最后村集体经济组织通过产品销售和提供劳务获得经营收入，用来抵补生产费用和缴纳税金后获得收益，并按规定进行分配。因此，农村财务管理的主要内容是筹资管理、投资管理、营运资金管理、日常资产管理活动和资金收回及其分配管理。因此，在资金管理系统应建立筹资管理、投资管理、资金运用管理和资金的回收与分配管理四大板块。

3. 农村集体产权监管

对于农村集体经营性资产的管理，在基础性财务管理的基础上还需建立农村集体产权监管模块，包括股东管理、合同管理、交易平台信息管理等内容。其中交易平台信息管理，可与不同地区因地制宜建立的、具有地方特色的交易系统平台对接；各地交易系统平台在因地制宜特色建设的同时，必须满足对接集体产权监管平台所需各项内容的全部模块设计。如佛山南海区的农村集体产权监管平台主要包括资产管理、交易提醒、立项管理、民主议事、发布管理、成交管理和合同管理七大板块。南海区充分发挥民主议事的作用建立了自下而上的系统平台。因此，平台突出了“民主议事”特色，设立“民主议事”功能模块。而北京农村产权交易所则建立了三大子系统：信息发布系统、综合业务审批系统和网络竞价系统。信息发布系统，以农交所网站为依托，通过与综合业务审批系统的无缝对接，可提供意向发布申请、提交出让发布申请的通道，并实现有效项目信息的实时发布及查询，搭建实时、快捷的网上服务渠道，是农交所对外发布信息、对农服务的重要窗口。综合业务系统审批系统，实现了项目信息的登记、审核、网站信息发布对接、成交公示、合同审核、交易鉴证、交易结算等功能。通过环环相扣、按步骤推进、发生问题逐级退回的方式可确保整个审批过程严格按流程进行，防止暗箱操作，充分体现公开、公平、公正的原则，是农交所业务开展的重要工具。网络竞价系统，竞价活动可采用场内竞价和网上实时竞价两种方式。网上实时竞价，取代了传统竞买人“举牌”应价的方式，交易各方无须到交易现场办理任何手续，可直接进行远程异地竞价及多标的同时竞价，最大限度地节约了参与各方的交易成本。同时，由系统识别并组织竞价交易活动，可进一步实现规范竞价交易行为的目的。北京市农村产权交易所在交易平台建设上的特色是利用网上竞价系统，这可能因为北京整体农民的文化水平整体比较高，能熟练运用现代化网络。因此建立网络竞价系统可使受让方和出让方的交易成本（包括时间和经费）明显下降，也受到了欢迎。

4. 平台业务流程

农村集体资产管理平台中涉及资金的财务管理、资源的台账管理、经营性资产的合同管理等重要内容。在现行“村账乡管”“一事一议”，以及农村集体经济会计制度下，流程已经较明确。但集体资产进入流转交易环节后，规范其业务流程对保证公平交易十分必要。交易平台业务流程主要包括以下几个环节（图 11-1）。

第一，核定农村集体资产。有必要的时候需聘请专业评估机构来评估资产价值，准确核定资产。第二，提交交易意向立项申请并审核。第三，待审核通过后，草拟交易方案。第四，方案需经过民主程序进行审议表决，表决通过后申请发布交易信息。第五，组织交易，或通过民主协议，或通过网上竞价，或通过现场竞标，签订《成交确认书》。第六，公示成交信息。第七，签订合同，并形成鉴证书。第八，公示鉴证书。第九，交易资料归档。

五、主要建设内容

以下建设内容为中央级集体资产管理平台国家投资部分，分类列出。

（一）农村集体资产管理场所

一是结合农业农村部相关职能，设立会计核算办公室。

二是结合农业农村部相关处室职能，设立档案室。

（二）监督管理与交易平台数据库管理系统

1. 信息数据采集

一是农村集体经济组织主体信息登记备案，包括：日期、单位名称、负责人、地址、成员名单、资产总额、成交价格资源面积等。二是农村集体资金、资产、资源数据库，包括：资金、资产账面数据情况、资产实物图片、土地等资源四至测量或卫星数据等。三是农村集体产权制度改革信息备案，包括：量化资产总额、股本总额、股东总数、股东名册等。四是银行相关数据的采集。五是政务信息。

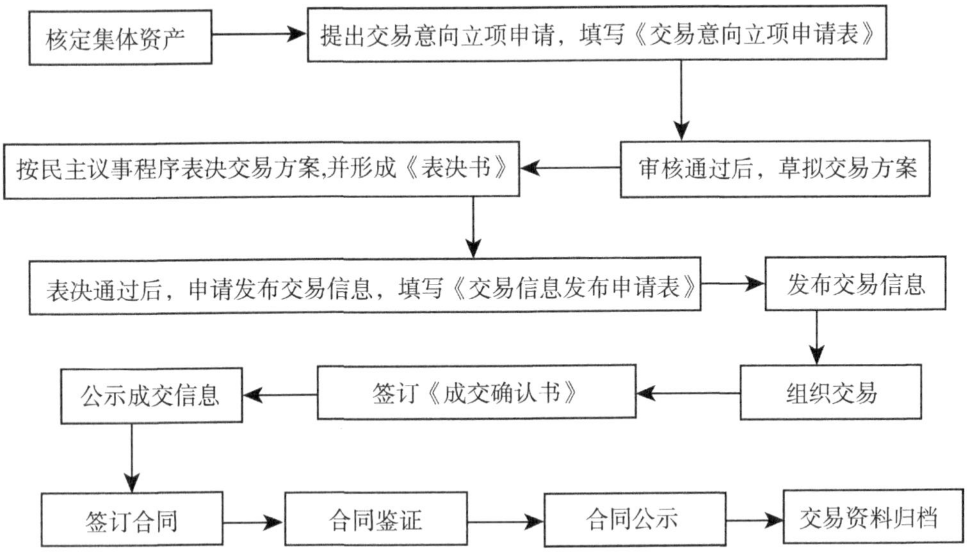

图 11-1　农村集体资产交易平台业务流程

2. 信息数据管理

一是农村集体财务会计账务处理系统，包括会计核算软件、原始凭证扫描。二是农村集体资产和资源的处置和交易系统。三是报表管理系统，包括：资产负债表、收益分配表、产权改革表等。四是合同管理系统，包括：原始合同的扫描等。五是"三资"公开系统。六是"三资"预警系统。七是综合政务信息查询系统。

3. 信息数据利用

各级农业主管部门、纪检监察部门共享农村集体"三资"数据库，可以加强有关数据分析，为中央决策提供参考依据，促进农村集体经济发展壮大，增加农民财产性收入。也可以更加规范管理、加强监督、强化公开，有效化解农村社会矛盾，使得农村集体"三资"管理公共服务能力明显增强，制度环境更加优化，政府与农民参与农村集体"三资"管理的手段和通道更加畅通。

（三）资金来源

平台建设以公益性为主，建设及运转全部成本由财政承担。

1. 中央平台

平台建设由国家财政资金投入，运维费用（按建设投资的 5%~10%估算，约为 40 万元/年）每年由财政专项全额补贴，并统一监管使用。

2. 地方各级平台

省（直辖市）级平台建设及运维成本均由省（直辖市）财政全额投入，并统一监管使用。地（市）、县、乡（镇）各级平台遵循分类原则，事业法人的由各级财政投入、补贴。企业法人的在遵循市场规律及成本核算前提下，除按规定落实税收优惠政策外，可由各级财政对建设和运维给予适当补助，尤其在运营初始阶段，随后补贴数额逐年减少。

鼓励探索实施政府购买服务模式。包括购买社会化服务或设立公益性岗位，公益性交易项目（如承包土地经营权等）可通过政府购买服务解决流转交易成本高、回报低的问题。

（四）平台运行

平台系统实行“统一登入、管办分离、规则主导、全程监管”的运作机制，加强常态化、及时化、动态化、全程化监管，对农村集体资产交易活动实施有效的监督和管理。

1. 设立常态工作机制

一是借鉴海淀区建立农村集体资产监督管理委员会的经验，在项目建设领导小组基础上，探索建立健全农村集体资产监督管理工作机构，负责政策规划、宏观决策等事务，充分发挥联席会议机制作用，加强部门沟通协作，加强统筹领导。

二是中央平台以行政职能分工为基础，遵循“谁主管谁负责”原则，建立项目主管领导、办公室、主要科室及责任人负责制，管理平台、协调运作，与业务主管部门在明确职责基础上承担相应监管职能，建立岗位责任制和监督管理责任制。

三是地方各级政府应在不增设机构的前提下，以农委、农经站为基础强化和整合部门职能，监督本级和下一级的集体资产运行、分配情况，省级应设立专门科室、地（市）级应设立专责工作人员、县级应选派对接人员，逐级完成相应工作。

2. 建立信息共享机制

依托平台畅通信息源和完善信息项，建立共享机制，实现农村集体资产信息互联互通、高效监管。一是平台建设推广过程中，要做好新旧系统数据迁移工作。二是加快横向建设联通，信息对接农业、发改、国土、规划、安监、财政、审计及行业管理等部门，实现信息动态管理。三是推动纵向衔接有关部门到地方各级政府的在线审批监管平台，完善资产实时输入制度，实现信息全透明、可核查。四是信息平台配套建设网站、微博、微信等，横跨政府门户网站、集体资产交易网等多种媒介，保证信息发布的广泛性和公开性。五是加强数据资源统计分析，提升综合利用水平，完善风险监测预警，为各相关主体提供专业、深入的信息服务。

3. 强化信息监管职责

按照监、管、办分离要求，中央平台不直接干涉各地依法进行的交易活动，通过健全信息监管和信用监管机制，强化事前审查备案、事后执行跟踪的实时监管，进一步推进和规范交易服务、管理与监督职能相互分离。

一是清晰界定监管事项。制定《平台监管交易目录》，做到监管交易事项“应进必进”，包括交易前审批信息、交易过程信息、交易后执行信息，受让主体资格审查及受让主体直接、间接信息等，明确应进事项及范围，严格不进入平台项目的管理监督。做到监管交易过程“应进必进”，各级平台交易流程无论采取何种模式，都必须统一设计可支持公开关键环节，并对接中央平台，通过统一信息发布、规范关键流程、全面开放端口、严格备案时限等，确保监管交易全程进入平台。

二是完善联合监管机制。构建行业主管部门、行政监察部门、平台管理机构三方共管体系，建立部门之间协同配合、有关部门和地方各级政府上下联动的监管机制，包括联合发文、联合调查机制。同时，注重发挥地方政府就近就便监管作用和有关行业管理部门专业优势，形成整体监管合力，拓展监管成效。

三是推进信息公示公开。建立健全交易信息和信用信息公示公开制度，依法公开交易公告、资格审查结果、成交信息、履约信息以及有关变更信息等；加快建立市场信息共享数据库和验证互认机制，逐步推进全国范围内共享互认。

四是严格约束惩戒机制。健全相关部门协作监察机制，严肃查处违纪违规行为。有关部门要强化在线监测、项目稽查等执法手段，实施在线审批、平台共享，便于其他部门及时跟进监管。中央平台实施“黑名单”制度及预警通报机制，一方面针对违法违规交易行为，要建立异常信用记录，采取联合惩戒措施形成失信惩戒长效机制，并向社会公布，由于行政力量干扰或干预而导致的交易违规行为，也要予以处罚并公示；另一方面针对违法违规备案行为，对地方各级政府（平台）履责情况进行动态管理，对不达标或违规备案登记情况，采取先期提醒督促整改，严重者给予行政处罚等，并将结果向社会公布。

4. 完善财务管理机制

完成资产核算。清理盘点农村集体资产情况，要求各级政府加快核实农村集体经济组织所有资金、资产、资源及村级签订的各类经济合同情况，明晰权属关系；完善资产清查制度，建立定期清查、汇总、通报制度。

建立监督台账。将清查后的农村集体资产全部相关信息录入监管系统，建立交易和监督两个台账，对“三资”及经济合同情况进行信息化、动态化监督，做到账账、账实、账款、账据、账表相符，实现集体资产管理全覆盖和台账管理常态化。

完善财务监管。健全财务管理模块的操作规程、数据管理及检查指导机制，细化财务统计制度，统一划定列入监控范围的财务指标，完善财务网上监控和预警纠错功能，实现农村集体财务网上统一核算、实时监控。

实施审计制度。制定农村集体资产审计阶段工作计划，建立经常性审计制度，审计结果以省级为单位上报平台主管机构。平台主管机构联合相关部门对重点领域进行专项审计和抽查，并将检查结果在平台实时通报。

5. 健全内部监督机制

农业农村部要会同有关部门加强对平台运行工作的指导和协调，各级管理部门要按职责分工加强监督执法。

设立平台监督窗口。相关行政主管部门应在平台设立监督管理窗口，通过端口履行监督职能，重要部门应在平台现场设立常驻窗口，将相关管理工作前移，提供一站式服务。

探索创新监管方式。完善三方监管组织体系，明确政府、交易主体、中介机构在体系中的定位、职责和实现途径，确保有序运转。鼓励社会力量以投诉、举报、曝光等方式参与监督，完善投诉处理机制；发挥行业组织作用，建立服务机构和人员自律机制。

六、保障措施

（一）落实资金保障，完善配套基础设施建设

农村集体资产管理平台建设是农村集体“三资”管理系统的升级版，具有公共产品的属性，其建设基金主要应当由政府财政支出。至于对接的交易平台，虽然全国各地农村交易平台的性质不一样，有的是事业单位性质，有的是国企性质，但他们经营的对象是农村集体资产。这一特殊性决定交易平台本身的运转不是完全交由市场，还需要政府的政策支持，可以走 PPP 建设模式，也可以在平台建立初期，国家设立专项基金扶持平台建设，包括硬件设施和软件设施的建设，也可以建立专项资金保障平台的运转，调动交易者和平台机构双方的积极性。总之，政府的资金保障是影响农村集体资产管理平台建设能否可持续发展的关键因素。

集体资产管理平台两大硬件基础设施建设包括办公场所和办公设备。可以结合现有条件，以合用、租用、新建等多种形式解决办公场所问题。并以计算机信息系统建设为主相应配套网络专线和电脑设备，即要减少重复建设和不必要的浪费，也要高起点提高信息化技术应用水平。

（二）理顺政府部门监管职责，形成合作沟通机制

加强政府部门间的沟通与合作，做好分工计划，各司其职。两个平台建设工作涉及面广、工作量大、综合性强，各有关部门必须切实履行自身职责，抓好本职工作，加强配合协调，共同推进两个平台建设各项工作。两个平台的建设需要农业部门、信息产业部门、财政部门、住房和建设部门、国土和资源部门、规划部门、民政部门、审计部门和纪检监察部门的沟通与合作。

（三）加强领导，形成认知、推广、应用的大环境

需要得到领导干部的支持。领导干部的支持是平台的顺利运行的关键。有些领导干部，特别是年轻的基层干部，不熟悉农村，不了解农村集体资产对农村经济发展的重要性，所以做这项工作积极性不高。因此，特别需要加大领导干部对农村集体资产管理重要性的认知力度，克服对这项工作消极怠慢的思想和态度。

获得群众乃至村集体的认同。“水能载舟，亦能覆舟”，群众是这项工作的“水”，对这项工作的重要性不言而喻。鉴于此，群众支持是做好工作的前提。要大力宣传，加强培训。大力宣传是为了营造良好的社会氛围，充分利用广播、电视、报刊、宣传标语、发放宣传资料等形式进行宣传发动，阐明农村集体资产管理交易平台建设的目的和意义，做到家喻户晓，人人皆知，维护和保障农民权益，减少各方阻力，确保工作顺利开展。各级要全方位、多渠道、有针对性地开展培训工作，让“两个平台”建设工作和应用功能家喻户晓，获得村民广泛参与，营造良好的工作推进氛围。

（四）加强制度建设，保障监督和责任有效落实

对农村集体资产的有效监督管理，必须从制度上和技术上双管齐下。从技术上说，农村集体资产监管平台的建立为实施动态管理，增加预警机制提供了技术支撑。因为设立农村集体资产监督平台，农村资产每一处变动都需在平台上进行实时更新，方便领导

和群众及时查询、跟踪和监督。当数字更新时，向领导和群众进行“报警”，告知他们对农村集体财产进行实时监督。但技术只是保障监管的必要条件，在非充分条件，有效监管的充分条件在于制度建设。从制度上建设监督系统，主要包含以下几方面。

1. 以民主公开制度，推进财务公开

民主公开原则，是指农村集体组织成员参与资产经营的民主决策、民主监督、民主管理的权力，以及农村集体组织对资产使用运行效果向全体成员公开的制度。民主公开原则，是农村集体资产管理的主要特点，农村集体资产经营效益的好坏，直接关系到集体成员的切身利益。集体经济组织全体成员有权力监督集体所有资产生产经营的效果，有权力参与农村集体资产的管理。这是农村集体经济组织中全体成员民主理财的民主权利的具体体现。农村集体资产，是属于集体组织全体成员的，是全体成员得以生存和发展的物质基础，是生产生活得以按需的重要条件。因此，对资产特别是经营资产的生产经营管理不是少数人的事，而是全体成员的事，它既关系到每个集体成员利益，又关系集体经济和社会事业发展的前途。坚持民主公开的原则，就是集体主义和社会主义主人翁单位在农村的表现，通过民主公开的管理形式，更广泛地调动劳动人民群众的生产积极性，更广泛实行劳动人民群众当家做主，限制少数人对集体资产的独占性支配，以维护集体经济组织全体成员合法经济权益，确保集体经济不断长大。集体经济组织作为集体资产的管理者，要充分尊重全体成员的民主权利，要按照民主公开的原则，建立健全成员大会或成员代表大会制度，设计集体资产管理和生产经营的重大事项，必须经过民主讨论决定，从组织形式上保障集体经济组织成员有效地行使对集体资产的监督权和决策权。民主公开的原则要制度化，集体经济组织要以制度的形式加以明确，如建立健全产权登记、财务会计、民主理财、资产报告等项制度，以保证集体成员民主权利的实施。

2. 自上而下的监督

发挥好纪律监察部门和审计部门的职责，对与农村集体资产的相关人员和事项定期进行监督。

3. 中介机构的评估与监督

政府向社会资产评估机构和监督机构购买服务。在对农村集体资产清产核资、摸清家底中，需要再对集体资产进行正确的评估，防止村集体经济组织瞒报谎报而造成的集体资产统计的不严密，以致造成农村集体资产的损失。因此，有条件的地方可以向社会的资产评估机构购买服务，让中介机构对农村集体资产进行评估和监督，这是比较客观公正的。中介机构的评估与监督，没有部门利益的牵连，相对地能做出较为客观地评估和监督。

4. 确立责任制度，形成内控机制

当违反农村集体资产管理制度，则应承担相应的责任。因此，要建立明确的责任机制。区分直接负责人和主管负责人，同时追究他们的责任。由于村委会和农村集体经济组织不像国有企业，其管理人员由民选产生而不由上级任命，因而无法从人事任免上追究。村委会和农村集体经济组织也不像工商企业，因而无法用处理工商企业的法律法规解决责任追究问题。对农村干部的责任追究，只能从“面子”上、从个人报酬上入手。

不过，可以从责令改正、通报批评、扣减报酬、建议股东代表大会处理、移交纪检部门处理、移交司法机关处理等多种方式进行。最后，要把责任机制以制度的方式确定下来，建立《责任追究办法》。如何让《责任追究办法》知晓、遵守并执行下去，则需要把握 4 个环节。一是要确保宣传到位。通过媒体报道、印发贯彻意见、制作责任追究一览表等形式进行宣传。在具体工作中，镇街驻片领导和下基层驻农村干部要带头学习，在调研和指导工作中向村组干部宣传。二是要确保培训到位。采用统一编制培训教材，省培训到市、市培训到乡镇、乡镇培训到村组的方式，对所有管理人员、村组干部、监事会成员、财会人员进行全面培训，为《责任追究办法》的实施打好基础。三是要确保执行到位。要制定好责任追究文书范本，规范相关文书格式。要建立定期检查、备案和典型案例通报制度，加强检查交流，及时发现问题，督促整改落实。四是要加大考核力度。建议将《责任追究办法》的执行情况纳入镇街领导班子年度工作量化考核范围，加重分值，营造领导重视、齐抓共管的良好氛围。

5. 完善立法制度，保障集体经济组织的权益

至今，集体资产管理缺乏法律依据，集体经济组织和集体经济组织成员的身份和地位在法律上不明确。明确管理主体的权限、职责和地位、管理方式和方法以及相关的各项规章制度。

6. 加强人才培养，为农村集体经济发展提供不竭动力

众所周知，人力资源是第一资源。在平台建设中，人才队伍的素质至关重要。一方面，需要培养一支熟悉农村财务管理的队伍。农村财务管理包括资金筹集管理、流动资产管理、固定资产管理、农业资产管理、投资管理、收入、支出和收益管理等方面都与常规财务管理有所差异。因此，我们需吸收一批懂农村财务的工作人员来管理农村集体资产，或者加大对现有工作人员的培训力度，对农村财务管理专业知识进行培训和指导。另一方面，设立农村财务管理专家智库，为农村财务工作者答疑解惑。

第十二章

农村集体产权改革实践观察——案例分析

第一节　北京市大兴区集体产权改革试点

大兴区地处北京南部，是距离北京市区最近的郊区。区域面积 1 052 km^2，辖 14 个镇，8 个街道办事处，527 个行政村，全区现有村级集体经济组织 561 个，常住人口 154.5 万人（2014 年年末人口数据）。2015 年 3 月，根据农业部中央农村工作领导小组办公室、国家林业局印发的《积极发展农民股份合作赋予农民对集体资产股份权能改革试点方案》（农经发〔2014〕13 号）统一部署，大兴区被确定为全国发展农民股份合作赋予农民对集体资产股份权能改革 29 个试点单位之一。集体经济组织成员股东 35.9 万名，村级集体资产总额 176.5 亿元，净资产总额 140.2 亿元，各集体经济组织平均资产总额 3 156 万元，各成员股东平均集体净资产 3.98 万元。

一、主要做法

大兴区属于快速工业化和城市化的地区。从总体情况看，政府、村集体和农民都有股改的需求，农村集体产权制度改革既符合政府政策导向，又与绝大多数农民的利益诉求有着高度的一致性。在北京市的统一部署和大力指导下，平稳、有序、全面、快速地推进了 561 个农村集体组织的社区型股份合作制改革工作。

（一）开展清产核资

各镇按照区级针对有明确权属的集体经营性、非经营性、资源性等全部资产范围统一制定了 15 张清产核资报表。农村集体清产核资 4 个步骤，一是登记造册。以会计账簿为依据，采取先账内后账外，先资金再资产的办法，对集体资产进行全面清查。二是张榜公布。召开村民代表会议，通报集体资产清查情况，公示清查结果，接受群众监督。三是核实整改。对清查中发现的问题及时研究解决；对历史遗留问题和疑难问题，重新登记造册，逐个处理到位。四是建立健全资产和资源台账。录入市级农经平台，实行动态监管。

（二）确定资产量化的范围

对于账内资产（经营性和非经营性资产）同时折股量化；对于土地、林木等资源性资产只进行资产清登，不评估入账，不再重新量化。对于农用地这一资源性资产，大兴区重点是抓紧抓实土地承包经营权确权登记颁证工作，2016 年基本全部完成土地承包经营权确权登记工作。对于集体经营性建设用地这一资源性资产，大兴区按照保既得、利当前、重长远重点做好集体经营性建设用地国家级试点工作。在积极探索同地同权、同等入市、充分保障集体与农民利益方面。保既得，即确保农民已经获得的收益不减少；利当前，即通过土地上市，实现地块大幅增值，确保农民收入比改革前有所增长；重长远，即确保农民每年都有稳定收入，同时，引导农民主动参与市场竞争，提高农民利用土地发展产业获取收益的能力。农用地征收收入、建设用地入市收入统一纳入年底成员股份分红。

（三）界定农村集体经济组织现成员资格

对于集体经济组织成员身份的确定，在改革中坚持依法依规、坚持尊重历史承认现实、坚持尊重群众意愿和民主决策、坚持与承包经营权确权人员有效衔接等四项原则，给出了 13 类人界定标准，形成了“以在册农业户口为基准线，采取三放宽两限制的成员资格界定”办法，具体就是：改革基准日在册农业户籍人员＋农转非大中专在校生＋户口未进驻的外埠婚娶人员＋小城镇户口人员－1984 年以后外来户且未缴纳入社资金人员－子女顶替工作居转农的人员。另外，改革基准日时死亡的不再认定为集体经济组织成员，其他特殊人员身份界定情况交由代表会讨论决定。

（四）进行原成员及现成员的劳龄统计

劳龄的确认首先要在《北京日报》进行劳龄登记公告，广泛告知村社人员，确保产改信息的公开、透明。具体操作方法是以 1956 年 1 月 1 日至一轮承包开始 1983 年 12 月 31 日之间的 28 年间，作为集体经济组织成员参加集体劳动的劳龄确认期。个人劳龄的计算起点为 16 周岁。最高个人劳龄兑现金额为 10 220 元。

（五）设置集体资产股权

一是妥善设置集体股，为解决遗留问题保存空间。对于无历史遗留问题的整建制转非村，提倡将集体净资产 100%量化到个人；其他村结合实际需要保留不超过 35%的集体股，待公共开支、遗留问题解决后或者村集体经济组织实现“政经分离”后，逐渐降低或取消集体股。二是分类管理股权，充分尊重农民意愿。对于城镇建成区和城乡结合部及经济开发区已经全部转非安置的村，按照改制时点成员，实行股权固化管理，“生不增，死不减”；对于以农业生产为主，户籍流动及股权调整不大，且分红较少或没有分红的村，实行 3~5 年一调整或 1 年一调整的“生增死减”动态管理模式。

（六）明确集体经济组织的主体地位

对于当前解决集体经济组织身份问题，大兴区采取的做法是由区经管站代办，对镇级和村级集体经济组织统一发放的盖有大兴区政府印章的组织登记证书。组织登记证书主要记载集体经济组织的名称、地址、主要负责人、经营范围、资产等内容，农村集体经济组织可据此申办组织机构代码证、开立银行账户、申领票据、订立合同等，开展生产经营活动，获得市场主体地位。

二、改革成效

（一）坚持程序公正，减少改革风险

保障农民集体经济组织成员权利，是农村集体资产产权改革的重要基础。为了做好上述工作，减少制度变迁的阻力和矛盾，在清产核资、成员界定时，努力确保信息公开，追求程序公正。清产核资结果的审核认定严格遵循 3 个程序，即成员代表大会确认、镇政府审核、区经管站认定。在确定集体经济组织成员时，在不违背法律政策的前提下，允许成员代表大会民主决策。各村关于股东的名单、劳龄的确认，都 3 次张榜，广泛征求意见，再作最后决定。至于嫁入的媳妇、出嫁的姑娘、入赘的姑爷以及不符合计划生育政策超生的子女，是否给予或部分给予成员资格，则由各村村民代表大会自主

决策。为了规范发展，还要求各产权改革村，将资产量化、股权设置、收益分配等写入新型集体经济组织章程。

（二）考虑区域差异，改革形式灵活

农村集体资产产权改革，必须结合不同类型村庄的实际情况，避免一刀切。针对不同类型村庄，允许施行不同类型的集体资产经营管理方式外，在集体资产股份设置形式上，对已经融入城市社区的村（转居村）与其他常态村庄做出区分。整建制转居村以改制日（转居日）为时点，固化成员固化股份，生不增死不减，不得退股、不得赠予、不得转让，可以继承。常态村人口股实行生增死减，成员股东 3～5 年动态调整，股权持有人不得退股、不得赠予、不得转让、不得继承。对于劳龄股不增不减，已在第一轮改革中进行完登记的，有劳龄的，即使没有实现现金兑现就死亡的人员，也享受劳龄兑现权利。现成员迁出及死亡前，劳龄股兑现收益超过原成员兑现标准的，死亡时不再兑现劳龄。

（三）引入产权交易平台，激发农业生产要素活力

大兴区出台了《关于促进农村产权交易工作意见》，给予产权交易项目服务费用的减免；对利用北京农村产权交易平台组织农村产权交易工作较好的镇，择优给予一定的补贴。通过农村产权交易工作，促进了农村资源和社会资本的有效对接，有效盘活了农村集体资源和资产。通过农村产权交易平台公开交易，有效避免了村集体内部关于村内闲置资产利用产生的社会矛盾，促进了农村社会和谐发展，杜绝产权交易中的腐败行为。近 3 年全区涉及农村产权交易项目 71 宗，成交金额 10. 65 亿元，实现土地流转 2. 8 万亩。

（四）采取多种形式，创新集体资产经营新路径

在集体资产经营过程中，鼓励和支持新型集体经济组织利用资金、资产和资源，开展多种形式、多种途径的经营。近年来，全区各镇村创新开展集中理财、留地安置、购买底商、产业经营、联村入股、管理挖潜 6 种集体资产经营模式。并由单村各自为战的经营向镇级统筹、联村联营路径升级。西红门镇统筹集体土地入股，建立集体联营的北京市盛世宏祥资产管理公司作为统筹平台，实施镇级统筹集体联营公司运作的新模式。旧宫镇在全镇 19 个村范围内，按照南街、庑殿、旧宫、集贤 4 个片区，实施联村联营组团式开发、片区式经营。2015 年年初，全区实现集体经济组织分红 11. 16 亿元，涉及股东 17. 18 万人，人均分红达到 6 494 元，人均分红增长 32. 6%。分红涉及村数 276 个，比去年增加 13 个，实现分红村达到 52. 4%。

第二节　山东省济南市章丘区集体产权改革试点

章丘区属于山东省济南市的一个市辖区，位于济南市的东部。2017 年 10 月开始在普集、宁家埠、白云湖、龙山 4 个镇街 18 个行政村进行农村集体产权制度改革，并于 2018 年 6 月在全区 895 个村（居）全面铺开。共清查农村集体资产 49. 36 亿元，清查农村集体土地 231. 2 万亩，界定农村集体经济组织成员 88. 7 万人，创设了 8 种股权设置形式，实现村民分红4.78亿元，受惠群众231 579人次。农村基本形成了“两委一社”新型治理格局，基本建立了产权清晰、归属完整、流转通畅、保护严格的新型农村集体产权制度。

一、主要做法

（一）探索清产核资新模式，实现资产明晰

清产核资是农村集体产权制度改革的基础和关键。章丘区创新清产核资工作模式，共清查农村集体资产49.36亿元，清查农村集体土地231.2万亩。一是实行“三所跟进”模式。章丘区财政划拨915万元，895个村（居）全部聘请专业会计师事务所进行专业审计、专业核查、形成专业的清产核资报告。除“三所跟进”外，政府、村居、第三方服务机构三位一体，确保改革稳步推进。二是推行“六亮工作法”。通过亮成员，把乡贤能人吸收到村改革领导小组，增强群众信任感；通过亮措施、亮程序、亮报告，让群众广泛知晓，积极建议，增强群众参与感；通过亮责任、亮家底，做大集体资产数字清、底数明，实现资产运营、收益和分红透明，增加权重获得感。

（二）探索成员界定新办法，实现农村稳定

集体经济组织成员界定工作牵扯群众切身利益，百姓最关切、矛盾点最集中、推进难度最大。按照尊重历史、照顾现实、程序规范、群众认可的原则，充分考虑户籍、劳龄、贡献等因素，采用“五单界定法”，共界定集体经济组织成员887 009人，有力维护了农村社会稳定。一是充分发挥基层首创精神。章丘区从群众需要出发，设计了“四张明白表”（摸底表、户确认表、成员确认表、汇总公示表），首创了“五单界定法”，通过授权单，确认村民代表行使改革权能的合法性；通过公示单，保障农民知情权、参与权、收益权；通过确认单，维护集体组织成员利益，书面形式确认成员资格；通过影像单，村民代表会议成员表决结果全程录音录像，确保改革留痕。通过备案单，压实镇街和主管部门责任，确保改革经得起历史检验。二是创新“三榜公示”制度。集体经济组织成员确认结果在村“居”实行三榜公示，经初榜、再榜、终榜，村民无异议后才最终确认集体成员资格，并签字确认。

（三）探索折股量化新形式，实现收益明确

章丘区将农村集体经营性资产和集体统一经营的资源性资产通过股份或者份额的形式折股量化到人，确权到户，确保集体资产保值增值的同时，明确集体成员收益分配份额，真正让农民成为集体资产管理的参与者和受益者。一是实行群众认可的静态管理模式。章丘区绝大多数村（居）采取静态管理模式，实行“增人不增股，减人不减股”。对于农村新增人口，通过家庭内部分享股权的形式，确保股权在集体组织内部；流转继承。二是推行灵活多样的股权设置模式。章丘区充分尊重民意，不设集体股，创设个人股、世居股、户籍股、夕阳红股、民生股、扶贫股、特殊贡献股等股权形式，满足不同群众利益诉求，防止“权益落空”现象，杜绝多数人侵犯少数人利益，最大限度维护妇女权益。

（四）探索权能实现新途径，实现农民增收

一是落实好股民的占有权和收益权分配权。通过改革，将集体资产确权到户，量化

到人，每家每户都领到一本象征财产权利的股权证书，每年分享集体经济发展带来的现实红利。二是结合农村集体产权交易市场建设，探索集体资产股权的流转、有偿退出新机制。章丘区 18 个镇街全部建立了高规格的产权交易大厅，集体内部股权转让通过网上公告，村集体内部竞标，高价中标的形式，确保股权转让合法有效，提升股权转让溢价率。

（五）探索经济发展新动能，实现农村富裕

农村集体产权制度改革的出发点和落脚点是发展壮大集体经济，增加农村财产性收入，实现共同富裕。章丘区以乡村振兴战略为契机，结合扶贫攻坚，从人才、机制、发展模式等诸方面深化改革。一是创设职业经理人制度。结合脱贫攻坚，选派懂经济、晓法律、知村情、会发展的干部到股份经济合作社担任职业经理人，兼职不兼薪，利用派驻干部的资源优势和自身优势，带领农民发展致富。二是探索实现政经分离。按照组织机构、人员选举、财务核算、议事决策、资产管理“五个分开”的要求，对村级治理结构进行重组，形成农村基层党组织领导的村民自治组织和集体经济组织运行新机制。三是探索集体经济发展新路径。聚焦开发资源增收、服务创新增收、区位拉动增收和股份分红增收等形式，积极探索增加农村集体经济增收的新路径，推动集体经济发展。

二、改革成效

（一）摸清了集体家底，明晰了集体产权关系

村集体通过清产核资，全面摸清了集体家底，厘清了权属关系，消除了群众的疑虑和误解，实现了“混着过”到“明算账”。通过界定成员身份和量化股权，赋予集体经济组织成员对集体资产的占有、收益、有偿退出、抵押、担保和继承等权利，密切了成员与集体的利益联结关系，使群众吃下了定心丸。通过成立村股份经济合作社，按照“三会”制度管理集体资产，解决了集体资产管理少数人说了算的问题，有效防止了集体资产流失。

（二）释放了改革效应，实现了集体和成员双增收

通过改革激活了村集体沉睡的资产资源，丰富了集体经济的发展路径，提升了村集体资产的运营管理水平，拓宽了群众增收渠道。村股份经济合作社通过发展壮大集体经济，提升了凝聚力和号召力；集体经济组织成员通过股份分红，增加了财产性收入，增强了对集体经济管理参与和监督的积极性，形成了干部群众群策群力谋发展的正向激励效果，群众满意度明显提高。

（三）完善了治理机制，增强了改革发展内生动力

通过改革，厘清了村党组织、村民自治组织、村集体经济组织的权责边界，逐步形成了村党支部领导，村民委员会负责村务管理，股份经济合作社负责集体资产运营的新型农村治理模式，让村级治理的组织架构更加科学合理，有力解决了集体经济组织缺位的深层次问题，实现了由“管理村庄”向“经营村庄”转变，形成了实施乡村振兴战略的强大内生动力。

第三节 陕西省榆林市榆阳区集体产权改革试点

榆阳区位于陕西省北部、榆林市中部，境内以明长城为界，沿北为风沙草滩区，约占总面积的75%；沿南属丘陵沟壑区，约占总面积的25%。全区辖19个乡镇、12个街道办事处，4个镇便民服务中心，317个行政村、53个社区居委会，户籍总人口57.96万人。从2013年在赵家峁村起步探索，到不间断地总结经验、因地制宜、全域推进。截至目前，榆阳区317个行政村已有303个村顺利完成农村集体产权制度改革，注册成立了401个股份经济合作社，形成了百村示范、全域推进的新格局，广大农村焕发出了勃勃生机。

一、基本原则与措施

（一）坚持的基本原则

榆阳区在农村集体产权制度改革过程中以抓好顶层设计，土地“三权分置”的政策底线和尊重群众意愿为基本原则。一是为搭好顶层设计，榆阳区委区政府在人财物等方面予以大力支持。农经站增编5个，抽调农业系统38名精兵强将组建产改办。二是为保证不触碰党十九大提出的农户二轮土地承包经营权到期后再延长30年不变的红线。榆阳区确权107万亩土地，发放《农村土地承包经营权证》7万多户，从法律角度筑牢了这条红线。三是坚持“有法依法、无法依规、无规依民”原则，充分发挥农民主体作用。坚持“1%>99%”原则，在改革各个环节，遇到重点难点、纠纷矛盾、意见不统一等问题时，必须通过召开村民大会，100%通过方能实施，防止多数人侵犯少数人的利益。

（二）采取的主要措施

三级书记扛责任。把农村集体产权制度改革确定为书记工程、一号工程，建立了“三级书记”抓改革责任制，区委书记与乡镇党委书记和村党支部书记签订《三级书记抓农村集体产权制度改革承诺书》，以“军令状”的形式把改革任务落实到三级书记身上。

因地制宜创路径。榆阳区南北差异极大、发展不平衡，在改革中，坚持因地制宜分类指导，一村一策，一组一法，绝不搞一刀切和齐步走。北部草滩区形成了集体资源性资产改革模式；南部山区形成了土地股份制度改革模式；城郊村、城中村、集体经济发达村形成了集体经营性资产股份制改革模式。

政策扶持作保障。区委区政府出台《榆阳区农村集体产权制度改革村（组）项目扶持奖励办法》每年拿出5 000万元以上专项资金扶持改革村集体经济发展。

二、主要做法

通过农村集体产权制度改革，榆阳区总结出“六步”工作法。

一是清产核资。榆阳区在2015年以来共进行了三次清产核资，第三次聘请专业第三方进行清产核资。全面清查核实计提各类资产，建立农村集体资产监督管理信息平台，健全农村集体资产监督管理制度，实现农村集体资产监督管理信息化、制度化、规范化，为深化农村集体产权制度改革奠定坚实基础。

二是界定集体成员。改革村基准日之前的在册人员既是村民又是股民，基准日之后新增人口只是村民不再是股民，为了给予符合条件的村民充分的办理手续时间，规定改革基准日发布时间不少于30天。在界定集体成员过程中，坚持“宜宽则宽，能入则入”原则，统筹考虑户籍关系、人地关系、集体积累贡献等因素。通过成员界定，明确了集体资产的受益者，解决了出嫁女、女户等利益分配问题。目前全区317个村中有303个村完成改革，界定成员34.3万人。

三是股权设置。把土地股、人口股、林地股作为基础股，配比时必须以农业、林业、国土部门的确权为依据。支持鼓励各村根据实际设置发展股，如白舍牛滩村、黄崖村等设立了“资金股”平衡股权，成功解决了人地矛盾突出问题；赵家峁村、寨垅村设立了“房产股”，发展乡村旅游，促进了农村一二三产业融合，等等。在股权管理上提倡静态管理，如实行动态管理至少5年为一个周期，变动时只调整“人口股”。

四是制订章程。每一个章程都是经过村民大会或股东代表大会几十次讨论而“量身定制”的章程明确了合作社成员界定、股权配置、运营机制、管理模式、利益分配等内容，确立了集体资产的管理、使用、处置等办法。其中，集体公积公益金提取比例原则上控制在10%~20%。章程明确内部治理结构，引入现代企业管理制度，确保提高经营效率和效益。

五是成立合作社。经村级自验、乡级初验、区级验收合格后到榆阳区农业局进行登记注册，赋予农村集体经济组织市场主体地位，实现了自然人农业向法人农业的根本转变，打开集体资产市场化运行的大门，解决了小农经济与大市场对接问题。

六是发放股权证书。由合作社统一发放股权证书，以人计股，以户发放。榆阳区共计颁发股权证10.9万本。股权证书载明股民所持的股权种类和数量，赋予股民对集体资产占有、收益、抵押、担保权利。

三、改革成效

产权制度改革后农村集体经济运行整体发生了质的变化，民主高效的运行机制日趋形成（表12-1）。农村这些质的变化对加快推进我国农村城镇化进程和实现乡村振兴战略具有重要作用。

表12-1 农村集体产权制度改革前后变化

项目	产权改革前	产权改革后
治理主体	村委会	村委会、新型股份经济合作社
决策主体	村干部“一言堂”	成员民主决策“群言堂”
产权制度	村民共同所有	成员按份共有

（续表）

项目	产权改革前	产权改革后
分配制度	按劳分配	按劳分配与按股分红结合
要素配置	要素间联系松散	整合要素，优化配置
管理方式	传统农村管理	社区管理

注：结合方桂堂《农村集体产权制度改革的多重影响研究》以及实地调研情况整理而得。

（一）民主参与，共同决策，使农民真正成为集体资产的决策者

《民法典物权篇》第二百六十一条明确规定“农民集体所有的不动产和动产，属于本集体成员集体所有”，通过集体产权制度改革，真正实现“还权于民”。在农村集体产权制度改革整个过程中，以农民为改革主体，民主决策为方法，村民满意为目标，充分体现了“民主决策、农民自愿”的原则。成员界定和清产核资通过张榜公示，村民完全同意才算通过。通过产权制度改革，村民和干部的权责明确，农民成为集体资产名副其实的决策者和参与者。

（二）农村要素优化整合，逐渐向市场经济转变

农村要素由联系松散向优化整合转变，并逐渐向市场经济转变。农村要素优化整合，一方面提高了要素利用率，另一方面有利于城乡之间要素公平自由流动。例如：两村将集体土地统一进行平整改良并经村民的一致同意流转到股份经济合作社，采用现代化技术统一经营。据了解，白舍牛滩村采用互换承包地经营权，形成“一户一田”，将户均耕地 7.7 块变为 1 块，选聘有经验的老农民种植，有效解决了如何种地的问题。据了解，亩产值增加 15.2%，每亩节约成本 400 元左右。

（三）政经分离+新三委，形成有效的权力制衡

从最初的“还权于民”到探索“赋能于民”，真正实现集体经济组织成员的占有权、收益权、有偿退出权及抵押权、担保权和继承权六项财产权利，完善产权交易市场，优化产权配置。通过集体产权制度改革建立多元治理组织，由“一言堂”变为“群言堂”的乡村治理结构，进一步完善了社会主义市场经济体制。两村完成集体产权制度改革后，形成了“一社三会四权”① 的乡村治理结构，构建符合社会主义市场经济体制的权利制衡机制，可有效化解农村社会内部矛盾，为农村城市化稳步发展奠定了基础。

（四）收益分配：按劳分配与按股分红相结合

农村集体产权制度改革改变了两村收益分配方式，由按劳分配转变为按劳分配与按股分红相结合的方式。首先股份设置公平合理全面，有效保护各类农民权益。如赵家岗村提取 20%公益金主要用于村办幸福院，规定 65 岁以上老人自愿免费在幸福院生活。同时还用于修缮了村内水路桥庙宇等公共产品，方便村民生活。白舍牛滩村针对有户无

---

① “一社”是指股份经济合作社；“三会”是指股东会、监事会和理事会。针对“四权”的含义学者有不同的理解：方志权指出“四权”是指出资者所有权、法人财产权、出资者监督权和法人代理权；张占耕指出“四权”是指话语权、知情权、参与权和表决权。

地的农民设置了资金股。股权的分类充分考虑村民的感受，未将村民“排除”在集体之外，充分体现了此次改革的惠民性。其次，村民的收入渠道增多，包括地租、分红和工资所得。赵家峁村 2013—2016 年 3 年时间，村民人均可支配收入翻了一番，达到 11 200 元；2017 年突破 14 412 元。白舍牛滩村 2016 年和 2017 年的人均可支配收入为 14 570 元和 15 880 元。再次，集体经济壮大，“家底”变厚。赵家峁村和白舍牛滩村属于典型的贫困地区，通过集体产权制度改革，盘活集体资产，将农村要素进行整合，提高农业产出率和优化资源配置，使集体经济增长迅速。据了解，2017 年赵家峁村集体经济收入达到 300 万元。最后，农村社会环境和谐稳定。一是村民生活环境得到改善。集体产权制度改革之前，存在村民居住分散；公共环境差等问题。集体产权制度改革过程中，实行“村居共建”，实现村民治理向社区管理转变；修缮道路和庙宇、水渠、健身器材、幸福院等基础公共产品，提高了农村社会的和谐程度。二是改善干群关系，农村稳定和谐。明晰的产权，清晰的份额，大大改善了干群关系，促进了农村地区的和谐稳定。据了解，此次产权制度改革过程中，村民因集体资产问题、土地征占问题等上访的次数明显减少，且无一集体上访事件发生。

第四节　陕西省西安市高陵区集体产权改革试点

高陵区位于陕西省关中平原腹地，西安市北部，距西安市钟楼和咸阳国际机场 20km、新市政中心仅 7km，总面积 294km^2，辖 7 街道，86 个行政村，总人口 35. 11 万人。20 世纪 50 年代，被国务院授予粮食生产先进单位称号；20 世纪 80 年代中期，曾以养鸡闻名全国；20 世纪 90 年代初，又被评为西北唯一的吨粮县。20 世纪 90 年代后期，走出了一条工业强县的路子。2010 年 12 月 3 日，率先在西北地区启动了以“还权赋能”为核心、以农村“土地承包经营权、集体建设用地使用权、集体建设用地上房屋所有权、集体土地所有权”等四权确权登记为主要内容的农村产权制度改革试点工作。2012 年被农业部确定为农村土地承包经营权流转规范化管理和服务试点区。高陵区在推进宅基地制度改革过程中，探索出“共享村落”新模式。自信息发布以来，新华社、人民网、西安日报、陕西日报、东方卫视近 30 家主流媒体竞相采访报道，接待来访市民 167 批次 420 余人。目前，已累计完成交易 19 宗，成交总价 227 万元。

一、主要做法

随着城乡一体化的发展进程加快，农村出现大量闲置的宅基地和农房，加之受征地拆迁补偿标准低等多种因素的限制，农民自愿有偿退出的积极性不高。为盘活这一闲置资源，提高其利用率，高陵区结合宅基地“三权分置”改革，创新推进“共享村落”。高陵区首先在渭河北岸的张卜街道张家村、南郭村两个村开展试点。高陵区用半个月时间对两个村的闲置宅基地和农房进行了详细的摸排，共 50 户农民有出租意愿。2018 年 7 月 2 日，高陵区借助区农村产权交易中心以及新型自媒体等多种形式对外发布“共享村落”房源消息。

“共享村落”是指以村集体为主体，在农村产权交易平台进行流转交易的农户自愿有偿退出后交回的或农户委托交易的闲置宅基地和房屋的一种新型村落。承租人（共享人）包括依法设立的法人、其他组织或具备完全民事行为能力的自然人均可申请共享，出租收益按照村集体经济合作社和个人 1∶9 的分配比例。交易完成后，共享人取得《不动产权证书》，享有新建权、改建权、转让权、经营自主权、经营收益权、融资抵押担保权等权益，可以用于发展乡村旅游、民宿、文化创意等产业，也可以用于休闲居住及养老，以盘活农村闲置资源，房屋共享年限不高于 20 年。

高陵区专门制定了《西安市高陵区“共享村落”扶持政策》，鼓励共享人利用“共享村落”创业。如：对被认定为国家级、省级、市级众创空间，分别给予 20 万元、15 万元、10 万元奖励。认定逐步升级的，按照差额补助。

二、改革成效

一是“共享村落”模式统筹解决了稳定与放活的矛盾。一方面通过落实宅基地集体所有权，保障了宅基地农户资格权，有效维护了农村社会组织结构及土地占有关系的稳定性。另一方面，将宅基地使用权流转范围扩大到了本集体经济组织以外，适度放活了宅基地使用权，激发了农村资源的流转动力和活力。

二是“共享村落”模式有效激活了农村沉睡的土地资源。通过对外出租闲置宅基地和闲置农房，显化出宅基地财产价值，壮大了村集体经济，提高了农民财产性收入。如，在方先生交易案例中，按照村集体经济合作社和个人 1∶9 的分配比例，张家村集体可以直接收益 4 000 元，房屋出租人可以直接收益 36 000 元。

三是“共享村落”模式促进了农村土地市场的有序发展。按照“政府引导、部门指导、街村主导”方式，高陵区“共享村落”交易程序十分规范，签订出租合同后，承租人不仅可以办理《不动产权证书》，还可利用出租取得的宅基地使用权进行抵押贷款，在“资产”变“资本”的同时，实现了“权能”变“资本”。所以，不同于农户私下流转，高陵“共享村落”将宅基地自发流转纳入规范化的轨道，能够有效保障交易双方的合法权益，有利于稳定市场预期。

四是“共享村落”模式突破了城乡要素流动的壁垒。一方面，高陵区“共享村落”的实施，为更多具有田园梦想和创新创业梦想的城市居民的提供了居住养老、创业发展的必要空间，破解了农村宅基地和房屋闲置浪费难题，提高了土地利用率。另一方面，城市居民的生活理念、发展理念以及各类产业要素为高陵的乡村振兴集聚了活力，实现了城乡发展要素双向流动。此外，“共享村落”的实施，在一定程度上也倒逼了农村村庄整体环境的改善，促进了农村居民群众幸福感和获得感不断提升。

专栏一

来自西安市未央区的秦先生想在西安周边农村租一院宅基地居住。看到高陵区发布的“共享村落”消息后，秦先生多次到高陵区实地察看，最终看中了张家村马东组马文娜家闲置的一院老宅子。2018 年 9 月 11 日，秦先生与张家村村集体签订了《高陵区“共享村落”（农民闲置宅基地和闲置农房使用权出租）合同》，双方协议该闲置宅基地和闲置农房出租年限为10年，由秦先生一次性支付租赁费8万元整。

专栏二

来自西安市未央区的退休教师方先生，以前是西安市城中村的一户居民，城中村拆迁后不得不入住在城市单元楼，夫妻二人身住城市却难以割舍农村生活的“田园梦”。在新闻媒体看到关于高陵区“共享村落”的相关报道后，方先生第一时间进行了电话咨询，在与工作人员约定时间后，夫妻二人到高陵区张卜街道“共享村落”接待室进行了现场了解，并实地查看了房源情况。之后经多次协商，2018年7月11日，方先生与高陵区张卜街道张家村集体经济合作社签订了《高陵区“共享村落”（农民闲置宅基地和闲置农房使用权出租）合同》，双方达成出租协议。方先生选中的闲置宅基地和闲置农房位于高陵区张卜街道张家村6组，宅基地占地面积300m^2，农房面积70m^2，房屋所有权人是一名大学生，常年在外求学，导致宅基地和农房闲置。这次交易双方约定出租年限为10年，由方先生一次性支付租赁费用4万元，满足了方先生夫妻二人养老住房的需求，圆了他们的“田园梦”。

第十三章

壮大农村集体经济发展的影响因素及路径

“农村产权制度改革不能仅仅停留在产权明晰层面，最终落脚点还是要推动集体经济持续发展。”（黄延信，2014）集体经济发展是根本，探索集体经济实现的有效形式具有重要的意义。农村集体经济是社会主义公有制经济在农村的重要体现。随着农村经济社会深刻变化和市场化步伐日益加快，一些地方的村级集体经济发展明显滞后，难以实现集体资产保值增效和提高村集体自我发展与保障能力，与推进农业现代化、促进农村经济社会发展和完善乡村治理的要求不相适应。财政部出台的《扶持村级集体经济发展试点的指导意见》（财农〔2015〕197 号）指出：“扶持村级集体经济发展，壮大村级集体经济实力，是新时期新阶段对农村集体经济组织实行家庭承包经营为基础、统分结合的双层经营体制的完善，是推进农业适度规模经营、优化配置农业生产要素、实现农民共同富裕、提高农村公共服务能力、完善农村社会治理的重要举措，也是挖掘农村市场消费需求潜力、培育农村经济新增长点的重要手段，对于统筹城乡发展、促进社会和谐、巩固执政基础和全面建成小康社会具有重大意义”（中华人民共和国财政部，2015）。从集体资产的分布情况来看，村落类型一般来说可以分成三类，一类是城中村，大部分已经实现农转非，主要有经营性资产和公益性资产；二类是城郊村，有部分是经营性资产，也有部分是资源性资产；三类是纯农业村，即没有经营性资产的村。根据村落的实际情况，选择集体经济有效的实现形式是一个重大的课题。城中村集体所有土地全部或大部分耕地被征用，村民已实现“农转非”。城郊村地处位于城市与乡村的交汇处，集体土地部分被征用，还有一些预征地和农用地，部分农民实现“农转非”。由此看出，城中村和城郊村的最大的区别在于是否有农用地的存在，这一区别影响了村集体经济发展方式的选择。

集体经济发展的方式有许多种，主要包括土地流转型、产业带动型、资源开发型、物业服务型、合作服务型和资产运营型。

在当前的政策环境下，影响农村集体经济有效发展的因素是多方面的，学者从发展问题、制约因素、动力机制等不同角度、宏微观两个层次进行了研究。如发展问题，有学者认为根源在于无税费时代，农村集体经济收入渠道缩减，加之家庭联产承包责任制实施以来，集体资产被拆分殆尽，导致集体经济发展困难。制约因素主要表现在人才、债务、融资、区域发展不平衡以及信任度等方面；由于集体产权及其模糊性，农村集体经济本身具有封闭性，无法有效聚合各种有利社会资源。农村集体经济发展的动力机制包括资源禀赋、人力资本及内部管理机制；干部队伍、外部持续支持和村庄经济基础是发展集体经济的动力基础。宏观层面，有些学者论述了农村集体经济发展在思想观念、经济环境、现行政策法律、农村现状方面存在问题；微观方面，有学者通过个案调研认为目前农村集体经济发展缓慢，缺乏必要的资源、资金、技术、人才等生产要素。依托现有理论研究，结合实地调研，主要从基础保障、内部条件、外部动力 3 个方面分析影响因素。

一、基础保障

（一）县域经济发展状况

县域是城乡经济的连接点，是国民经济的基本组成单元。县域内农村集体经济的发展不可能超越相应县域经济发展水平所能提供的物质条件。县域经济的繁荣，一方面有利于改变村集体经济组织被动发展模式，为农村集体经济组织建设提供资金支援，实现村集体经济组织由依靠外在条件转为依靠自身发展，推动村集体内部结构调整；另一方面有利于激发村干部的发展活力，使潜在需求变现实需求。由于县域经济发展之间存在差异，一般而言，县域经济发展越缓慢的地区，相应农村集体经济收入就越低，县域经济发展较好的地区，相应村集体经济收入就越高。

（二）集体资产积累

集体资产的积累情况，决定了集体经济组织发展速度与发展活力。就全国而言，农村集体经济发展极不平衡，东部发达地区好于中西部地区，同一地域近郊村发展好于远郊村，其根源就在于非农化程度、集体资产积累程度不同。自家庭联产承包经营以后，大部分村庄历年积累的集体资产在拆分之后由农户经营，村集体缺乏可经营性资源有无合适的开发项目，长期以来几乎不存在经营性收入，同时村级刚性支出逐年增多，负债累累，形成“空壳村”。集体经济发展滞后，既无实力改善村民生产生活条件，也没能力招商引资上项目，形成农村劳动力的外流，最终陷入集体经济发展缓慢到集体经济缺乏实力，发展停滞最终成为空壳村的恶性循环状态。

（三）资源禀赋

我国作为一个农业大国，农业的发展依赖于特定的气候、水源、土壤条件，这对自然禀赋提出了一定的要求，可以说资源禀赋是农村发展经济的基础。自然禀赋优良的村庄，农作物的高产量保证了农民收入的基础，也是村庄经济持续、稳定运行的潜在动力，资源禀赋较差的村庄，农业产量仅能满足农民的生存需求，既有的条件不能满足村庄发展、农民致富的需求。此外自然景观、自然资源的差异性，也为农村集体经济发展提供不同增收途径，如土地丰富的地区，可以精做细农业，发展高效益农业；村内有丰富矿产资源的，建矿产资源开发型村办企业；具有特色的农产品、自然景观、民俗风情等特有资源要素的，可以利发展各自独具特色的农业观光、绿色旅游等第三产业，促进农村集体经济的发展。

二、内部条件

（一）资产利用效率

发展农村集体经济资源是重要条件，而决定农村集体经济能否稳步发展，资产利用效率是主要因素。集体资产的利用效率越高，则集体资产带来的收入越高，也更具发展潜力。大量实践表明，在农业经济条件下，除受区域工业化、城镇化水平影响外，农村集体经济组织通过集体产权制度改革，盘活集体资源、提升资源管理配置能力，就能获得保障村级组织的增收及正常运转。而在工业经济条件下，农村集体组织配置的资源由自然资源扩展到厂房、设备或存量资金，集体资产将转化为金融资本或产业资本，利润空间进一步拓展，集体资产的管理配置能力的作用更为显著。

（二）村庄精英

村庄精英在集体经济组织的创办和发展中发挥着关键作用，尤其在当下农民素质整体不高的情况下，精英及精英治理有其特殊作用。当前我国发展较为成功的集体经济组织绝大部分由村干部能人、经济能人、外来人员领办，如山东东平县安村返乡企业家孙庆元，河南南街村王洪斌等。张晓山、孔祥智等多位学者认为集体行动困境可以通过村庄精英的引领作用来打破，其可以提高集体经济组织的组织效率。村庄精英居于村庄内外部社会关系网络的中介地位，其特征是拥有一定的资本积累，容易获得组织发展所需的经济社会资源；具备经营管理才能，富有创新精神，能发现和利用外部机会、通过整合生产要素获取利润，具有实现集体合作的能力。

（三）农户认知度

农民是主要的社会群体，也是乡村治理的主体，农户参与农村集体经济发展的意愿与否会影响整体效率。人民公社时期，农民在经济建设中发挥了重要作用，这一时期对农民主体性的调动属于被动的行政调动。实行家庭联产承包责任制之后，农民开始自主参与。《邓小平文选》第 3 卷写道："正是由于给了农民更多的自主权，充分调动了农民的积极性，才使得农村改革初见成效。"但土地分包到户以后，土地所有权虽为集体所有，其实质仅是一种形式上的集体经济，农民集体意识开始弱化，对新形势下的新型集体经济发展还存在误区。因此当下发展新型集体经济，"重新找回农民"，农户能否正确理解集体经济组织及其作用即农户认知度，进而提升集体归属感和民主参与意识是关键因素。

三、外部动力

（一）政府引导

政府在农村集体经济的发展中扮演着重要的外部推动作用，具有推动经济增长的灵活性和有效性。第一，村集体整合资源，扩大规模经营，如果没有资金的力量，发展就变成一句空话，尤其在自主发展能力较差的条件下，发展集体经济必须依靠政府提供物质资源支持。第二，制度变迁可以分为诱致性制度变迁和强制性制度变迁两类。纵观各地集体经济的发展及实现形式的创新，大体都属于内生型制度变迁，但内生型制度变迁也离不开政府的引导。在进行一项新的改革时，往往是政策先行，法律则相对滞后；发展集体经济的过程中，加强政府政策制定的先导性功能、在实施中的因势利导，产生政策效应并达到拉动发展的目的也是关键一环。第三，集体的组织运行需要政府规范，受传统小农意识影响，多数农民对市场经济规律认识不足，组织、经营和民主管理能力匮乏，需要依靠政府引导、规范，保障集体经济的良性发展。

（二）社会经济环境的开放程度

农村集体经济的发展是在一定的社会环境空间下进行的，所处地域是否毗邻或位于国内市场中心、信息传递是否畅通、对外交通是否便利，其经济环境是否开放及其开放程度决定了内部输出与外部输出的成本，进而决定集体经济组织开展产业经营交易成本的高低。较为开放的经济环境和相对较好的社会环境会促进外部能量在村域的输入和村域内部经济能量的释放，进而助推农村集体经济的快速发展。

四、发展壮大集体经济的路径探索

（一）土地流转型

土地是农村的重要资源。在城郊村有部分农地、农业村采用土地流转，建立土地股份合作社的方式居多。

【案例分享】以大理市阳波村为例。阳波村在2016年开始进行改革，将集体机动地和承包地的承包经营权入股，成立土地股份合作社。具体做法如下。①界定集体经济组织成员，共有755户，3 112人享有成员身份。②股权设置。合作社设置集体股和个人股。集体经济组织的机动田75亩按“一亩一股”标准按量做股，共75股为“集体股”。具备集体经济成员资格的成员按照自主自愿的原则，将承包地的承包经营权入股，共有660户，1 126亩，按“一亩一股”的标准量化作股，设立“个人股”，个人股共有1 126股，归集到户。③股权管理。股权在无征地等情况下实行静态管理，“个人股”可依法继承、转让，但不得抵押和退股体现。股权受让和受赠者，只享有收益分配权，不享有决策管理权。若遇征占用地，是集体经济组织的机动田的，对集体股进行相应增减；是农户承包地的，对个人股进行相应增减。④收益分配。现阶段，“集体股”的份额并未分配到每个成员，收益归属集体经济组织所有，主要用于公益事业建设，其权利、义务及风险亦由全体股东共同行使与承担。改革后，集体经济组织形成新的经营性资产或资源，由具备本集体经济组织成员资格的人员，按“一人一股”配股。个人股股东目前每年可获1 300~1 500元/股的固定分红，并逐年增加红利。⑤组织管理。理事会、监事会成员原则上采取与党组织成员、村民委员会成员交叉任职，每届任期3年，与全市村两委同时换届。财务负责人不得兼任监事。财务管理人员不用聘用理事会、监事会成员的直系亲属。⑥经营方式。土地股份合作社流转统一经营的集体土地和承包地，再统一出租给农业经营主体。

（二）产业带动型

在城郊村，一方面拥有地理位置的优势，另一方面拥有资源优势，一般来说会采用自主发展，探索以混合经营为主的产业带动的实现形式。

【案例分享】河北省承德市双滦区肖店村最为典型。肖店村股份经济合作社立足实体经济、发展产业，实现一二三产业融合发展，是实行这种实行形式的典型。肖店村股份经济合作社牵头成立了“承德成龙建筑有限公司”，成立肖店农民专业合作社，建设农家游项目、果树种植、建立“民鑫油坊”进行加工、建立绿色杂粮加工厂和酿酒坊，实现一二三产融合发展，壮大了集体经济，提高了农民财产性收入，2013年开始实现分红53.7万元，且每年持续增长。

（三）资源开发型

这种类型主要表现在农业生态资源丰富的村落。一般采用村企联手共建，探索以资源有效利用为主要内容的实现形式。

【案例分享】河北双滦区二兴营村是实行这种形式的典型，该村村集体领办土地股份合作社，按照入社自愿、退社自由、利益共享、风险共担的原则，鼓励和引导村集体成员以土地承包经营权折股入社。采取村集体成员认可的经营方式，发展农业适度规模经营，提高劳动生产率和土地产出率，实现土地经营收益最大化。二兴营村土地股份合作社，通过招商引资与北京中盛通远国际文化传媒公司成功签约，建设“三杨生态谷农业休闲观光项目”。一方面，三杨公司流转合作社的土地300亩，种植油菜花、油葵作为观光基地，计划改选农宅15户，打造原生态的农宅住宿；出资5万元加宽景区道路，安装道路表示、指示牌，以应对油菜花盛开时期的人流、车流高峰。另一方面，合作社自己经营300亩，种植大榛子，套种土豆、苏子、谷子等。通过村企联手共建，优化农业产业结构，逐步实现二兴营村的“六区一环”产业格局，“六区”分别是指大榛子栽植区、油菜花观光区、有机杂粮生产区、小东沟特色养殖区、错季蔬菜种植区、休闲果品采摘区。“一环”是依托二兴营村山场资源和土壤、气候条件，充分利用周边擅长和弃耕地，环绕六区大力发展椴数栽植产业。提高了经济效益，走上可持续发展道路。

（四）物业服务型

这一类型主要发生在城中村。城中村有商铺、宾馆饭店、市场、加油站乃至住宅等物业，提供仓储、物流、超市等物业性质的服务。

【案例分享】以双滦区西地乡西地村股份合作社为典型。该合作社开发利用“城中村”改造，农民搬迁上楼的契机，量力而行建设物业项目，建立鼎合物业公司，承包校区的物业管理，发展物业经济。

（五）合作服务型

我国农民专业合作社发展迅速，在遇上农村集体产权制度改革的历史机遇，农民专业合作社和农村集体经济组织展开合作，共同服务于农村。

【案例分享】以江西余江县山底村为例，该村于2010年10月成立了余江县山底优质稻专业合作社，社员103户，水稻种植面积2 200亩。目前合作社固定资产达260万元，年实现销售收入150万元，纯利55万元，社员从中人均获利2 100元，比未入社社员年人均增收300元以上。目前与农村集体经济组织合作，推行“统一组织、统一劳力、统一技术、统一品种、统一管理、统一生产资料”服务模式；完善了利益分配机制，承包权股份占30%、劳力股份占30%、技术服务股份占30%，集体经济组织占10%。该专业合作社的社员，不仅吸纳了本村村民，也吸纳了外村村民。而集体经济组织的加入，即集体资产入股到合作社，以农民专业合作社的发展为平台，该集体经济组织成员也获得了相应的利益。

（六）资产营运型

这个主要发生在有经营性资产的村。有些地区采取公开竞标出租的方式经营性资产，保障资产保值增值。改革后，股份经济合作社将原有发包租赁合同到期的资产，经过公开竞标，提高资产的市场价值，同样可增加农民的财产性收入。

【案例分享】以大理市天井办事处登龙村为例。登龙村在1995年代征安置地28亩蔬菜批发市场，在1995年经过多次发包，最终以每亩5 000元，3年按5%的比例递增，到2016年租金总额递增到200万元左右，合同在2016年10月31日到期。登龙村资产股份合作社抓住产权改革的契机，收回这28亩蔬菜场地及周边铺面，经多方协调定于2016年11月10日委托云南聚和招标咨询有限公司公开向社会招投标，每家单位的报名费为500万元，共有四家企业参加竞标，最终中红石化公司以每年246万元，且3年按5%递增的高价取得租赁权，并且需为登龙村老协支付每年8万元的慰问金，规定承包期为19年，合同结束后，该企业的固定资产属于农村集体的，在开始动工前需支付2 000万元押金，以抵御风险。通过竞价以后，相较2016年，2017年的租金提高54万元。

总而言之，这几种方式也不是决然分开的，有时一个村可以采用多种方式，而且有些方式可以互相融合，如土地流转和资源开发方式，土地流转往往是前提。划分这几种模式是根据集体经济发展有效形式的主要方面来归纳的，不是互斥的。

参考文献

柏能，2017. 论新型城镇化下的集体经营性建设用地使用权流转［D］. 兰州：兰州大学.

蔡虹，2008. 农村土地纠纷及其解决机制研究［J］. 法学评论（2）：143-150.

陈海素，陈凯，2017. 农村集体经营性建设用地租赁产权制度构建研究——以广东省南海区为例［J］. 广东土地科学（4）：4-8.

陈璐，2017. 农村宅基地使用权立法现存问题与完善建议［J］. 农业经济与管理（1）：94-100.

陈沫，杨帆，2016. 农地“三权分置”实现机制探析——以黑龙江省为例［J］. 知与行（2）：107-111.

陈小君，蒋省三，2010. 宅基地使用权制度：规范解析、实践挑战及其立法回应［J］. 管理世界（10）：1-12.

陈耀东，2017. 农地“三权分置”怎样与现行法律衔接［J］. 人民论坛（4）：92-94.

陈志刚，曲福田，黄贤金，2007. 转型期中国农地最适所有权安排［J］. 管理世界（7）：57-65.

崔超，2019. 农村集体经济组织发展的内部困境及其治理［J］. 山东社会科学（4）：148-153.

戴威，陈小君，2012. 论农村集体经济组织成员权利的实现——基于法律的角度［J］. 人民论坛（2）：20-23.

丁关良，2008. 1949 年以来中国农村宅基地制度的演变［J］. 湖南农业大学学报（社会科学版）（4）：9-21.

丁关良，阮韦波，2009. 农村集体土地产权“三权分离”论驳析——以土地承包经营权转移中“保留（土地）承包权、转移土地经营权（土地使用权）”观点为例［J］. 山东农业大学学报（社会科学版）（4）：1-8，121.

丁琳琳，孟庆国，2015. 农村土地确权羁绊及对策：赣省调查［J］. 改革（3）：56-64.

东颖慧，2017. 关于当前我国农村土地确权的几个重要问题［J］. 科技经济导刊（17）：229.

杜伟，2006. 关于我国农村土地股份合作制的制度经济学分析［J］. 农村经济（4）：23-26.

杜伟，黄善明，2006. 农村土地股份合作制的研究与实践问题探讨［J］. 生产力研究（8）：38-40.

方志权，2014. 农村集体经济组织产权制度改革若干问题［J］. 中国农村经济（7）：4-14.

方志权，2015. 农村集体产权制度改革：实践探索与法律研究［M］. 上海：上海人民出版社.

费孝通，2007. 志在富民：从沿海到边区的考察［M］. 上海：上海人民出版社.

冯蕾，2014. 中国农村集体经济实现形式研究［D］. 长春：吉林大学.

冯潇，2019. 集体经营性建设用地流转收益内部分配探析［J］. 中国国土资源经济（5）：1-8.

傅广宛，韦彩玲，2012. 农村土地股份合作模式：潜在问题及对策——以“龙头企业+合作社+农民”模式为研究对象［J］. 学习与实践（8）：37-41.

高圣平，刘守英，2007. 集体建设用地进入市场：现实与法律困境［J］. 管理世界（3）：62-72.

高文萍，2017. 农村土地确权存在的主要问题［J］. 农民致富之友（7）：234.

高艳梅，田光明，李景刚，2017. 集体建设用地再开发中产权政策焦点、困境与对策［J］. 经济体制改革（1）：96-101.

耿未名，张华义，2017. “镇级统筹”新模式下的集体建设用地利用——北京市大兴区的探索与经验［J］. 中国土地（8）：8-11.

关锐捷，黎阳，郑有贵，2011. 新时期发展壮大农村集体经济组织的实践与探索［J］. 毛泽东邓小平理论研究（5）：28-34.

郭光磊，2016. 北京市农村集体产权制度改革研究［M］. 北京：中国言实出版社.

郭强，2014. 农村集体产权制度的创新过程解析与发展路径研究——以北京市为例［D］. 北京：中国农业大学.

郭晓鸣，廖祖君，2013. 从还权到赋能：实现农村产权的合法有序流动——一个“两股一改”的温江样本［J］. 中国农村观察（3）：2-9.

国家林业和草原局规划财务司（2019-06-07）. 2018 年全国林业和草原发展统计公报［R/OL］.［2020-8-30］. https：//www. sohu. com/a/319234016_328572.

韩俊，1998. 土地政策：从小规模均田制走向适度规模经营［J］. 调研世界（5）：3-5.

韩立达，王艳西，韩冬，2018. 农村宅基地“三权分置”：内在要求、权力性质与实现形式［J］. 农业经济问题（7）：36-45.

韩松，2008. 集体建设用地市场配置的法律问题研究［J］. 中国法学，3（68）：53.

何虹，叶琳，2018. 集体经营性建设用地入市改革的实践与思考——以江苏省常州市武进区的实践探索为例［J］. 中国土地（1）：43-45.

何立猛，王理，2018. 创新土地流转机制 推进城乡要素融合——农村集体经营性建设用地使用权作价出资（入股）有限责任公司的郫都实践［J］. 农村经济与科技（3）：29-32.

洪燕，2019. 乡村振兴战略背景下农村集体经济组织的职能重构［J］. 农村经济（9）：42-49.

黄金辉，2019. 乡村振兴与城镇化视域下集体建设用地产权改革与基层治理创新研究［J］. 社会科学研究（1）：201-202.

黄延信，余葵，师高康，等，2014. 对农村集体资产产权制度改革若干问题的思考［J］. 农业经济问题，35（4）：8-14.

黄中廷，2012. 新型农村集体经济组织设立与经营管理［M］. 北京：中国发展出版社.
黄祖辉，傅夏仙，2001. 农地股份合作制：土地使用权流转中的制度创新［J］. 浙江社会科学（5）：40-43.
惠建利，2016. 农村宅基地使用权及流转规范与法律制度创新［J］. 湖南农业大学学报（社会科学版），17（5）：69-74.
霍宏光，苏胜利，2017. 蹄疾而步稳的改革富民之路——常州市武进区农村土地制度改革试点观察［J］. 群众（12）：58-59.
江民，2007. 高位推动 整体推进——江西省林权制度改革的做法和经验［J］. 湖南林业（3）：6-7.
蒋三省，刘守英，2003. 土地资本化与农村工业化——广东佛山市南海经济发展调查［J］. 经济学（季刊），4（11）：87-97.
焦富民，2019.《民法总则》视域下农村集体经济组织制度研究［J］. 江海学刊（5）：240-246.
金光吉，2017. 土地确权实践中存在的问题及优化路径［J］. 乡村科技（2）：12-13.
金丽馥，2009. 新时期农村土地股份合作制探析［J］. 当代经济研究（1）：33-35.
瞿理铜，2016. 基于功能变迁的农村宅基地制度改革研究［D］. 北京：中国农业大学.
孔祥智，高强，2017. 改革开放以来我国农村集体经济的变迁与当前亟需解决的问题［J］. 理论探索（1）：116-122.
孔有利，王荣，2004. 农村集体经济组织产权结构分析［J］. 财经问题研究（4）：51-56.
雷慕郊，王长庆，雷慕班，2009. 农村土地流转方向及其应注意的问题——武汉市新洲区土地流转调查［J］. 今日科苑（11）：77-78.
李红梅，1996. 农村土地股份合作制的几个理论问题综述［J］. 农业经济问题（3）：13-23.
李太淼，2019. 农村集体经营性建设用地入市的难点问题论析［J］. 中州学刊（1）：43-49.
李茵苹，2017. 丽水市集体林权制度改革问题研究［D］. 南昌：江西财经大学.
梁智喻，2016. 我国现行法律中集体林权立法的规范分析［D］. 北京：中国社会科学院研究生院.
刘璨，黄和亮，刘浩，等，2019. 中国集体林产权制度改革回顾与展望［J］. 林业经济问题，39（2）：113-127.
刘璨，张永亮，刘浩，2015. 我国集体林权制度改革现状、问题及对策——中国集体林产权制度改革相关政策问题研究报告［J］. 林业经济，37（4）：3-11.
刘成玉，杨琦，2010. 对农村土地流转几个理论问题的认识［J］. 农业经济问题（10）：48-52.
刘法威，张来凤，2018. 集体建设用地产权制度改革实现机制研究［J］. 渤海大学学报（哲学社会科学版）（5）：83-88.
刘晖，2016. 农村集体经营性建设用地抵押登记制度研究［D］. 南京：南京农业大学.
刘金海，2006. 产权与政治——国家、集体与农民关系视角下的村庄经验［M］. 北京：中国社会科学出版社.
刘俊杰，2019. 农村集体经营性建设用地入市改革需解决好四大问题［J］. 农村工作通讯（2）：41-44.
刘明正，吴一平，1998. 关于土地股份合作制若干问题的探索［J］. 调研世界（9）：20-22.
刘锐，2014. 农村宅基地性质再认识［J］. 南京农业大学学报（社会科学版），14（1）：75-82.
刘守英，2015. 农村宅基地制度的特殊性与出路［J］. 国家行政学院学报（3）：18-24，43.
刘小红，2012. 论统筹城乡背景下农村经济的国家干预［J］. 特区经济（2）：180-182.
刘亚辉，2018. 农村集体经营性建设用地使用权入市的进展、突出问题与对策［J］. 农村经济（12）：18-23.
刘玉军，2017. 开展农村土地流转 真正实现规模效益——吉林省农村土地流转发展方向探究［J］. 吉林农业（15）：43-44.
刘子豪，史卫民，2019. 农村集体经营性建设用地流转法律规则的构建［J］. 江苏农业科学（7）：315-318.
楼建波，2016. 农户承包经营的农地流转的三权分置——一个功能主义的分析路径［J］. 南开学报（哲学社会科学版）（4）：53-68.
陆剑，陈振涛，2019. 集体经营性建设用地入市改革试点的困境与出路［J］. 南京农业大学学报（社会科学版）（2）：112-122.
吕晓，周晓迪，牛善栋，2015. 改革开放以来我国农村宅基地管理政策体系的梳理与思考［J］. 上海国土资源，36（1）：16-19，25.
罗必良，2000. 经济组织的制度逻辑［M］. 太原：山西经济出版社.
罗猛，2005. 村民委员会与集体经济组织的性质定位与职能重构［J］. 学术交流（5）：51-55.
罗明梅，2017. 论农村土地确权存在的问题及对策［J］. 中国集体经济（1）：15-16.
马义华，2011. 农村土地股份合作制创新思路［J］. 商业时代（22）：99-100.
梅雨晴，2018. 温州市农村股份合作制改革后村级集体经济发展研究［D］. 杭州：浙江农林大学.
农业部，1989. 中国农村 40 年［M］. 郑州：中原农民出版社.
欧阳安蛟，2010. 农村宅基地使用管理制度研究［D］. 杭州：浙江大学.
平建党，2018. 农村集体土地确权工作存在的问题及对策［J］. 河南农业（1）：

58-62.
邱芳荣，赵旭，2018. 同权同价 流转顺畅 收益共享——记德清县农村集体经营性建设用地入市试点工作［J］. 浙江国土资源（1）：55-56.
屈茂辉，2018. 农村集体经济组织法人制度研究［J］. 政法论坛，36（2）：28-40.
宋志红，2015. 集体经营性建设用地入市改革的三个难点［J］. 行政管理改革（5）：38-43.
孙宪忠，2016. 推进农地三权分置经营模式的立法研究［J］. 中国社会科学（7）：145-163.
孙昱辉，2017. 农村集体土地确权发证难点与解决策略分析［J］. 农村经济与科技，28（8）：221-222.
孙中华，2017. 深化农村改革研究与探索［M］. 北京：中国农业出版社.
谭芝灵，2010. 新时期发展农村新型集体经济问题研究进展［J］. 经济纵横（5）：24-29.
汤艳红，2005. 农村土地股份合作制效用分析［J］. 中国库学通报（4）：373-375.
唐浩，曾福生，2008. 农村土地股份合作制产生原因解析［J］. 中国土地科学（10）：46-51.
唐勇，2018. 集体经营性建设用地入市改革：实践与未来［J］. 治理研究（3）：122-128.
陶镕，2014. 集体建设用地使用权流转的法律规制研究［D］. 南京：南京师范大学.
王冬银，2017. 农村集体经营性建设用地入市的实践与思考——以四川省成都市郫都区为例［J］. 中国土地（6）：9-12.
王景新，陈敏，严海淼，2013. 村级集体经济经营方式及结构转型的区域差异——以浙江省为例［J］. 中国乡村发现（1）：97-104.
王景新，严海淼，2011. 少边穷地区村集体经济有效发展研究——来自新疆和田地区的调查［J］. 中国集体经济（30）：18-24.
王礼生，2001. 中国农村人民公社的回顾与思考［D］. 长沙：湖南师范大学.
王利明，2007. 物权法研究（修订版）（下卷）［M］. 北京：中国人民大学出版社.
王晓丽，2016. 农村土地确权中的问题与解决对策［J］. 科技经济导刊（35）：258.
王燕舞，2018. 安徽省集体林权制度改革现状分析及对策研究［D］. 合肥：安徽农业大学.
王一凡，2018. 农村集体经营性建设用地“入市”法律问题研究［D］. 保定：河北大学.
王琢，许浜，1996. 中国农村土地产权制度论［M］. 北京：经济管理出版社.
魏景容，岑梦苗，2016. 基层组织“政经分离”改革实践探究——以广东佛山南海区为例［J］. 广西青年干部学院学报，26（5）：82-86.
魏宪朝，于学强，2008. 发展我国农村集体经济组织的几点思考［J］. 当代世界与社会主义（5）：150-154.
伍振军，林倩茹，2014. 农村集体经营性建设用地的政策演进与学术论争［J］. 改革（2）：113-119.
夏英，曲颂，袁崇法，等，2014. 农村集体产权制度改革中的股权设置与管理分析——基于北京、上海、广东的调研［J］. 农业经济问题，35（8）：40-44.
夏英，钟桂荔，曲颂，等，2018. 我国农村集体产权制度改革试点：做法、成效及推进对策［J］. 农业经济问题（4）：36-42.
项继权，2014. 我国农地产权的法律主体与实践载体的变迁［J］. 华中农业大学学报（社会科学版）（1）：5-14，22.
肖卫东，梁春梅，2016. 农村土地“三权分置”的内涵、基本要义及权利关系［J］. 中国农村经济（11）：17-29.
肖欣伟，黄蕊，肖晶，2017. 深化集体林权制度改革的主要障碍与措施［J］. 经济纵横（4）：54-58.
解安，2002. 农村土地股份合作制：市场化进程中的制度创新［J］. 甘肃社会科学（2）：53-55.
解安，周英，2016. 土地股份合作制股权设置与实现研究——以京郊为例［J］. 河北学刊（4）：140-144.
辛逸，2000. 关于农村人民公社的分期［J］. 山东师范大学学报（社会科学版）（1）：23-27.
徐勇，邓大才，2015. 土地股份合作与集体经济有效实现形式［M］. 北京：中国社会科学出版社.
许泉，万学远，张龙耀，2016. 新型农村集体经济发展路径创新［J］. 西北农林科技大学学报（社会科学版），16（5）：101-106.
许中缘，崔雪炜，2018. “三权分置”视域下的农村集体经济组织法人［J］. 当代法学，32（1）：83-92.
杨俊卿，涂维亮，2016. 当前农村土地确权中存在的问题及其对策［J］. 农村经济与科技（1）：32-34.
杨璐璐，2017. 农村宅基地制度面临的挑战与改革出路——基于产权完善的收益共享机制构建［J］. 南京社会科学（11）：17-22.
杨一介，2019. 论农村宅基地制度改革的基本思路［J］. 首都师范大学学报（社会科学版）（4）：42-49.
叶红玲，2018. 探索集体经营性建设用地入市新模式——广东南海农村土地制度改革试点观察［J］. 中国土地（7）：4-9.
佚名，2018. 2017 年农村集体经济组织资产情况［J］. 农村经营管理（188）：16.
尹成杰，2017. 三权分置：农地制度的重大创新［J］. 农业经济问题（9）：4-6.
于建嵘，石凤友，2012. 关于当前我国农村土地确权的几个重要问题［J］. 东南学术（4）：4-11.
喻文莉，陈利根，2009. 农村宅基地使用权制度嬗变的历史考察［J］. 中国土地科学，23（8）：46-50.
张斌，唐家锦，陶小培，2009. 对当前农村土地流转问题的调查与思考［J］. 现代金融（3）：29-30.
张菡冰，李翔，柳乾坤，等，2015. 宅基地使用权去身份化改革的两难困局及其突破［J］. 中国土地科学，29（8）：49-54.
张红宇，2020. 深入推进农村集体产权制度改革［J］. 农村工作通讯（4）：18-20.
张建龙，2016. 继续深化集体林权制度改革全面提升集体林业经营发展水平［J］. 林业经济（1）：3-8.
张蕾，黄雪丽，2016. 深化集体林权制度改革的成效、问题与建议［J］. 西北农林科技大学学报（社会科学版），16（4）：131-137.
张萍，2017. 农村集体经济组织收入可持续增长的对策研究——以农村集体经济为例［D］. 镇江：江苏大学.
张秋，2013. 现行土地流转制度改革的理性反思：制度缺陷及矫正［J］. 现代经济探讨（5）：18-22.
张田生，谢元态，李贤海，1999. 土地股份合作制三题［J］. 农村经营管理（8）：10-12.
张笑寒，2009. 农村土地股份合作制的若干问题思考［J］. 调研世界（5）：25-27.
张义博，2017. 我国农村宅基地制度变迁研究［J］. 宏观经济研究（4）：35-42，54.
张友占，张建，张博，2012. 农村集体土地确权发证难点与对策［J］. 中国土地（12）：40-41.
张振勇，2013. 农村宅基地制度演化研究［D］. 泰安：山东农业大学.
章超，2015. 临安市集体林权制度改革及其成效探析［D］. 杭州：浙江农林大学.
赵旦，2011. 长江三角洲村域集体经济转型发展研究［D］. 金华：浙江师范大学.
郑亚，赵钰，2015. 农村集体建设用地流转：从产权制度安排到土地产权市场构建［J］. 广东第二师范学院学报（2）：57-61.
中国农业大学农民问题研究所，2007. 农村社区合作组织理论与实践探讨［M］. 北京：中国大地出版社.
中华人民共和国财政部（2015-10-12）. 财政部关于印发《扶持村级集体经济发展试点的指导意见》的通知［EB/OL］.［2020-8-10］. http：//www.mof.gov.cn/zhengwuxinxi/caizhengwengao/wg2015/201511wg/201603/t20160328_ 1926829.html.
钟永光，2019. 林业产业经济结构调整的问题及对策［J］. 中国林业经济（3）：109-110.
周望，2016. 如何“由点到面”？——“试点—推广”的发生机制与过程模式［J］. 中国行政管理（10）：111-115.
朱莉华，马奔，温亚利，2017. 新一轮集体林权制度改革阶段成效、存在问题及完善对策研究——基于全国 10 省（区）800 农户问卷调查数据分析［J］. 宁夏林业（6）：41-50.

朱文，2007. 新农村建设中农村集体土地流转制度改革与创新［J］. 农村经济（9）：17-19.

朱新华，陈利根，付坚强，2012. 农村宅基地制度变迁的规律及启示［J］. 中国土地科学，26（7）：39-43.

朱有志，2013. 中国新型农村集体经济研究［M］. 长沙：湖南人民出版社.

祝天智，王亚星，2016. 全面深化改革视域下的农地三权分置研究［J］. 当代经济管理（5）：25-29.

ACEMOGLU D，2003. Why not a political Coase theorem? Social conflict，commitment，andpolitics［J］. Journal of Comparative Economics，31（4）：620-652.

ACEMOGLU D，2006. Economic origins of dictatorship anddemocracy［M］. Cambridge：Cambridge University Press.

GREIF A，2006. Institutions and the path to the modern economy：Lessons from medievaltrade［M］. Cambridge：Cambridge University Press.

GREIF A，2000. The fundamental problem of exchange：a research agenda in historical institutional analysis［J］. European Review of Economic History，4（3）：251-284.

NORTH D C，1990. Institutions，institutional change and economic performance［M］. Cambridge：Cambridge University Press.

后　记

在书稿付梓之际，最欣慰的是有关农村产权改革和新型集体经济发展的长期观察思考和研究暂可告一段落。本书的研究主题始于2013年笔者主持的农业部经管司课题“农村集体产权制度改革重大理论与政策问题研究”，此后至2019年持续进行相关跟踪研究，先后主持的课题有“农村集体产权市场交易平台建设试点方案研究”（农业部经管司，2014—2015年）、“农村产权交易市场培育和规范发展研究”（农业部软科学课题，D201508）、“农村集体产权制度改革跟踪研究”（农业部农村经济体制与经营管理司，2016—2017年）、“农村集体经济改革发展研究”（农业农村部农村经济体制与经营管理司，2018年）、“农村集体产权制度改革理论与政策研究”（农业农村部农村经济体制与经营管理司，2019年）。与单纯的理论研究有别的是，我带领团队同时参与了我国农村产权制度改革试点的指导评估和验收工作，这为理论研究增添了实践之活水，所到之地产改后农民的反应令我们欣喜不已，农村的新面貌也如同云南大理的蓝天碧水、成都郊外的田园风光、贵州湄潭的万亩茶海一样令人心怡，留下难忘回忆。可以说我们的研究工作是踩着改革的鼓点出发，乘着改革深入推进的成效扬帆远行，也才有了今天呈现在读者面前的在多个相关课题研究基础上，前后延续七年多最终集结而成的本书。

为此，由衷感谢长期支持本研究的农业农村部主管司局，如果说我们的工作对改革能有所支撑和指导意义的话，是与政府部门有关支持分不开的。这期间团队李芸、刘文勇、王明昊等多名老师参与了多轮农村集体产权制度改革试点评估验收工作，有多名博士生参与了课题调研和部分研究工作，他们是曲颂、张法顺、钟桂荔（博士后）、张瑞涛、王海英、朱婷、王鑫，在此特别感谢他们的付出与贡献。同时感谢中国农业科学院农业经济与发展研究所资助本书的出版。并向中国农业科学技术出版社为书稿完善提供的优质编辑服务致谢！

书稿因作者较多，研究内容较广、时间跨度长，难免有不足之处，作为一定时段的研究成果的记录，奉献给同行和关心农村改革事业的朋友，恳请读者不吝指教。随着农村集体产权制度改革的深化，我们的研究仍将继续，不断传递农村改革发展成果，助力乡村振兴。

夏　英

2020年9月